大家小书

晚明思想史论

嵇文甫　著

北京出版集团公司
北京出版社

图书在版编目（CIP）数据

晚明思想史论 / 嵇文甫著 . — 北京 ：北京出版社，2016. 7

（大家小书）

ISBN 978-7-200-12100-1

Ⅰ. ①晚… Ⅱ. ①嵇… Ⅲ. ①哲学思想—思想史—研究—中国—晚期 Ⅳ. ①B248

中国版本图书馆CIP数据核字（2016）第077133号

总策划：安 东 高立志 责任编辑：高立志 邓雪梅

· 大家小书 ·

晚明思想史论

WANMING SIXIANG SHILUN

嵇文甫 著

*

北 京 出 版 集 团 公 司
北 京 出 版 社 出版

（北京北三环中路6号 邮政编码：100120）

网 址：www.bph.com.cn

北京出版集团公司总发行

新华书店经销

北京华联印刷有限公司印刷

*

880毫米×1230毫米 32开本 11.875印张 196千字

2016年7月第1版 2022年9月第4次印刷

ISBN 978-7-200-12100-1

定价：36.00元

质量监督电话：010-58572393

序　　言

袁行霈

“大家小书”，是一个很俏皮的名称。此所谓“大家”，包括两方面的含义：一、书的作者是大家；二、书是写给大家看的，是大家的读物。所谓“小书”者，只是就其篇幅而言，篇幅显得小一些罢了。若论学术性则不但不轻，有些倒是相当重。其实，篇幅大小也是相对的，一部书十万字，在今天的印刷条件下，似乎算小书，若在老子、孔子的时代，又何尝就小呢？

编辑这套丛书，有一个用意就是节省读者的时间，让读者在较短的时间内获得较多的知识。在信息爆炸的时代，人们要学的东西太多了。补习，遂成为经常的需要。如果不善于补习，东抓一把，西抓一把，今天补这，明天补那，效果未必很好。如果把读书当成吃补药，还会失去读书时应有的那份从容和快乐。这套丛书每本的篇幅都小，读者即使细细地阅读慢慢地体味，也花不了多少时间，可以充分享受读书的乐趣。如果把它们当成补药来吃也行，剂量小，吃起来方便，消化起来也容易。

我们还有一个用意，就是想做一点文化积累的工作。把那些经过时间考验的、读者认同的著作，搜集到一起印刷出版，使之不至于泯没。有些书曾经畅销一时，但现在已经不容易得到；有些书当时或许没有引起很多人注意，但时间证明它们价值不菲。这两类书都需要挖掘出来，让它们重现光芒。科技类的图书偏重实用，一过时就不会有太多读者了，除了研究科技史的人还要用到之外。人文科学则不然，有许多书是常读常新的。然而，这套丛书也不都是旧书的重版，我们也想请一些著名的学者新写一些学术性和普及性兼备的小书，以满足读者日益增长的需求。

“大家小书”的开本不大，读者可以揣进衣兜里，随时随地掏出来读上几页。在路边等人的时候，在排队买戏票的时候，在车上、在公园里，都可以读。这样的读者多了，会为社会增添一些文化的色彩和学习的气氛，岂不是一件好事吗？

“大家小书”出版在即，出版社同志命我撰序说明原委。既然这套丛书标示书之小，序言当然也应以短小为宜。该说的都说了，就此搁笔吧。

前　　言

聂保平

中国古代社会大致有“五变”：殷周之际有制度风俗之变，秦汉之际有国家形态之变，汉唐间有社会阶层之变，宋明间有中枢权力与军制之变，明清之际则有家国与士气之变。每逢一“变”，中国思想、学术、文艺都因为新血脉的注入而更为繁荣。二十世纪以来，中外学人对此“五变”的形态、原由等进行了穷心竭力的探究，各有经典著作行世，如王国维有《殷周制度论》以论殷周之变，谷川道雄有《中国中世社会与共同体》、陈寅恪有《隋唐制度渊源论稿》以论汉唐之变，等等。而对明清之际思想演变的梳理，嵇文甫先生的《十七世纪中国思想史概论》和《晚明思想史论》，可谓相辅而成的开山之作。

嵇文甫（1895—1963），著名哲学家和历史学家。1913年夏，考入北京大学预科，不久即因家境困难而被迫辍学。

1915年，在积累了一年半的微薄收入之后，又赴北京，考上了北京大学，同学中包括冯友兰、陈钟凡等后来著名学者。1926年又赴苏联莫斯科中山大学学习。1928年回国后先后任教于清华大学、北京大学、燕京大学、中国大学、北平女子师范大学等。建国后任河南大学副校长、校长；郑州大学首任校长等职务；1957年当选中国科学院学部委员。他的思想史研究主要专注于先秦及晚明清初时段，其先秦段研究从《老子发凡》开始，到《春秋战国思想史话》这部晚年定谳之作；其晚明清初段的研究从《船山哲学》开始，《十七世纪中国思想史概论》（1931，后文简称《概论》）、《左派王学》（1934），到《晚明思想史论》（1943，后文简称《史论》）等著作均享誉学林。

《史论》是一部对宋明心学余绪（即通常所说的“阳明后学”）进行“正名”的著作。一方面，晚明思想有其重要的文化思想史意义，因为晚明时期不仅是“宋明道学转向清代朴学的枢纽”，还是“中西两方文化接触的开端”；另一方面，晚明人物及其思想也有其非同寻常之处，嵇先生说，照耀晚明这个动荡时代的，不是“赫然当空的太阳”（喻指像程朱陆王那样的大思想家），而是光彩纷呈的“明霞”（喻指王畿、聂双江、王艮等王门后学）。纵览全书，嵇先生认为王阳明的理论极富自由精神，开启了晚明思想解放的新潮流。因而他以刚健的行动力和自由精神的洋溢来赞誉书中所梳理的晚明人物。比如，他说王龙豁“不厌不倦，绝不肯作自了汉，专去自己受用”；说王艮“要做个顶天立地的大丈夫，以一身撑持宇宙”，认为他“提倡一种尊身主义，一种自我中心主义……赤身承当，以天下为己任”。

《史论》对晚明思想演变进程的把握有四个向度：

第一向度是有关阳明后学中“左派”和“右派”的分化。所谓左派，指王畿等“以使徒般的精神，到处传播阳明教义”，其质地是狂达，行动力强；所谓右派，指聂豹等以阐发和实践王阳明“致良知”思想为业，其质地是“敬”“静”修为，讲究虔敬专一、慎独自励。嵇先生不同意黄宗羲在《明儒学案》中按地域对王门诸子进行划分，而认为“东廓（邹守益）、绪山（钱德洪）诸子，谨守师门矩镬，‘无大得亦无大失’；龙豁（王畿）、心斋（王艮）使王学向左发展，一直流而为狂禅派；双江（聂豹）、念庵（罗洪先）使王学向右发展，事实上成为后来各种王学修正派的前驱。王学的发展过程，同时也就是它向左右两面分化的过程。左派诸子固然是‘时时越过师说’，右派诸子也实在是自成一套。他们使王学发展了，同时也使王学变质而崩解了。”

第二向度是对王门后学学理上的争论与修正的探究。《史论》对左右派学理进行了分析，认为王学“修正运动”经历了三个阶段，第一阶段主要是右派对左派空疏狂放的矫弊；第二阶段是右派对左派“念起念灭”等功夫理论进行修正；第三阶段是东林党人“以学术影响政治”，东林诸贤不仅学理上有笃实之处，行动上更能“善善恶恶”，激浊扬清，这既避免了左派的狂，又超越了右派的静。

第三向度是洞见其时士风与学风间的潜在关联。嵇先生认为，看似玄妙空灵的心学，其实有着平易笃实的内涵。比如，他分析王阳明死前一个月给聂双江的信时说，“这样讲良知，何等的亲切简易，这还能算玄妙么？……只叫人照着自己当下那一点真诚恻怛实做将去。现现成成，甲不向乙借，乙不向甲赐。”正是本着这样的理解，嵇先生认为心学的发展过程里，“在不读书的环境中，也潜藏着读书的种子；在师心蔑古的空气中，却透露着古学复兴的曙光”。也因为此，王门后学才衍生出那么多行动力极强的人物，衍变出扎实平易的朴学。这个面向，作者在《概论》里梳理得更为详细和充分。

第四向度是作者以自己的会通中西的学养考察其时西学对中学的影响所在。他认为，晚明时天算、舆地、音韵等专门之学的发展，与传教士密切相关。重要的是，“名物度数利用厚生之学，因受西学影响而都渐渐为人所注意了”。而在《概论》中，嵇先生又特别指出西方学者对中国的赞美“不过是当作一种海外奇谈，当作一个乌托邦，藉以寄托其新社会的理想”。这种衡量中西学关系的识见，恐怕正是我们阅读这两部著作要特别接着深思的。

嵇先生在《史论》中对心学一些关键概念和问题也作出了极具启发性的理解。“致良知”是王阳明思想的核心所在，嵇先生认为，“良知无间于动静，所以致良知也无间于动静。我们必须从动静顺逆当前应感极复杂的境界中煎销磨练出来，方能真有得力处。”与朱熹认为学、问、思、辨属于“知”、笃行才算“行”的理解不同，王阳明始终贯以“行”，问、思、辨都只是“行”到滞碍地方时解决疑难的方式。人只需要循着良知的指示，直“行”下去，“行”不通时，它自然会使你学、问、辨，“知”因此便消纳在“行”中。阳明学说中，有著名的“四句教”，即“无善无恶心之体，有善有恶心之动，知善知恶是良知，为善去恶是格物”，围绕这四句教，王门后学生发出许多争论，以致形成所谓“天泉证道”的公案。嵇先生以此公案为关节点解析晚明思想衍变，对后来学者研究王门后学有莫大的启示之功。

《史论》极具史识地另辟专章（第四章）详论张居正的学

术，显现出嵇先生对“经世致用”传统的理解与重视。嵇先生认为张居正把王学中“最粹美的精神发扬光大起来”，他不仅梳理出张居正立身行事的法家路数，还缕出张居正“自有一套‘心学’，还很得力于‘禅’”。他说：“江陵（张居正）出来，有左派之阔达而凝其神，有右派之坚实而宏其用，既见‘头脑’，更窥‘实际’，亲体默证，把王学确实受用一番。”在对有关狂禅派的疏解里，嵇先生把李贽对张居正的评价拈出来详解，认为李贽同情并理解了张居正的苦心作为。从另一面讲，由于古代政治思想一直是嵇先生研究的重点，故关注张居正自是他梳理晚明思想所自然而有的内容。除此而外，作者还专门写了两篇有关张居正“同僚”和“对手”高拱的政治思想的文章，读者可参看。

总的说来，《史论》不仅是一部简明精当、纵横捭阖的思想衍变史，同时也是一部激情洋溢、文采斐然的学术著作。

在写作时间上，《概论》在《史论》之先，《概论》不曾单独出版，后收入《嵇文甫文集》上卷。这次出版两书，以《概论》附于《史论》之后，主要是学理上的考虑——《概论》所论内容在《史论》之后，两书合观，自然绘出了一幅上自王阳明，中间经过李贽，张居正，顾宪成、高攀龙等东林学人，云栖、紫柏、藕益、憨山等四大师，杨慎、方以智，徐光启、利玛窦，刘宗周、孙夏峰等，直到黄宗羲、顾炎武、王夫之、颜习斋等晚明清初群星璀璨的思想影像。需要稍作说明的是：《概论》是以西方知识体系为参照而写作的；《史论》则基本遵循本土“史”之路数而写作的。《概论》对有关治学方法的梳理，对当时知识人派别趣向的梳理，以“务实”和“好古”作为当时思想界的特征，这在如今看来，依然极具学理而发人深省。

最后需要提请读者注意的还有：作为经典，老一代知识分子用字用词都是有自己独特的理解和把握的，所以本次再版的编校工作没有以今人绳古人地做严格的所谓规范化处理，望读者自行鉴别。

2013年12月8日

于苏州大学

目　录

附　十七世纪中国思想史概论

序

晚明这短短数十年，一方面是从宋明道学转向清代朴学的枢纽；另一方面又是中西两方文化接触的开端。其内容则先之以王门诸子的道学革新运动，继之以东林派的反狂禅运动，而佛学、西学、古学，错综交织于其间。这一幕思想史剧，也可算得热闹生动了。

然而就我所知，似乎还没人把这一段思想史写出来。不揣浅陋，想承其乏，而又苦于参考书之不足。无已则只就手边所有材料，略事钩稽整理，描画出一个雏形来。补充润色，且待异日。

1943. 6. 28

嵇文甫

王阳明先生遗像

第一章　从王阳明说起

本书所要讲的晚明时代，是一个动荡时代，是一个斑驳陆离的过渡时代。照耀着这时代的，不是一轮赫然当空的太阳，而是许多道光彩纷披的明霞。你尽可以说它“杂”，却决不能说它“庸”；尽可以说它“嚣张”，却决不能说它“死板”；尽可以说它是“乱世之音”，却决不能说它是“衰世之音”。它把一个旧时代送终，却又使一个新时代开始。它在超现实主义的云雾中，透露出现实主义的曙光。这样一个思想史上的转形期，大体上断自隆万以后，约略相当于西历十六世纪的下半期以及十七世纪的上半期。然而要追溯起源头来，我们还得从明朝中叶王阳明的道学革新运动讲起。

王阳明是宋明五百年道学史上一位最有光辉的人物。由他所领导起来的学术运动，是一种道学革新运动，也就是一种反朱学运动。当朱子在世的时候，正是道学的全盛时代，他以伊川为宗，上探明道、横渠、濂溪、康节诸家以穷其源，出入程门诸子如游、杨、谢、吕、尹、胡之属以尽其流。其与同时各派，则左排陆学，右排浙学，毅然以道学正统自任。广收门徒，编注群经。道学到他手里，可算是纲举目张，灿然大备。先儒说朱子集道学之大成，诚可以当之而无愧了。然而朱子讲学有时候嫌太烦琐。“字字而比，节节而较”。把许多道理支分节解，往往弄得不成话说。就如他讲“端”，既把“仁义礼智”四字并提以配“春夏秋冬”，复并提“仁义”二字以配“阴阳”，并提“仁智”二字以明“终始”，更单提“仁”字以贯“四端”，又有什么“四端相连而至”，“四端迭为宾主”种种说法。这样一分，那样一合，看他配置得多么巧吧！然而这不是讲心性，这只是变戏法，只是文字的游戏。又如他讲太极图说道：“盖中也，仁也，感也，所谓☾也，○之用所以行也，正也，义也，寂也，所谓☾也，○之用所以行也，正也，义也，寂也，所谓☾也，○之体所以立也。”从仁义寂感上分阴阳，分体用，甚至从“中正”二字上也能分出阴阳体用来。这些地方，多亏他苦心体会。这简直是做起八股来了。陆象山在当时就挖苦他道：

> 揣量模写之工，依仿假借之似，其条画足以自信，其

习熟足以自安。（《与朱元晦书》）

又《象山语录》载：

> 有立议论者，先生云，“此是虚说”；或云，“此是时文之见”。学者遂云：“孟子辟杨、墨，韩子辟佛、老，陆先生辟时文。”先生云：“此说也好。然辟杨、墨、佛、老者，犹有些气道，吾却只辟得时文。”因一笑。

朱子依照着圣人样子，描摹刻画，制造出多少道理格式。四平八稳，面面俱到。但从象山看来，那只是一种“议论”，一种“时文”。这种时文化的道学后来竟成为道学的正统。从南宋末年，到明朝中叶，完全成一个朱学独占的局面。所谓一代大儒，如许鲁斋、薛敬轩辈，都不过陈陈相因，谨守朱子门户。道学至此，几乎纯成一种烂熟的格套了。于是乎首先出来个陈白沙，既而又出来个王阳明，都举起道学革命的旗帜，一扫二百余年蹈常袭故的积习，而另换一种清新自然的空气，打倒时文化八股化的道学，而另倡一种鞭辟近里的新道学。阳明赠白沙大弟子湛甘泉有一段话：

……自是而后，言益详，道益晦，析理益精，学益支离；无本而事于外者益繁以难。盖孟氏患杨、墨，周、程之际释、老大行。今世学者皆知宗孔、孟，贱杨、墨，摈释、老，圣人之道若大明于世。然吾从而求之，圣人不得而见之矣，其能有若墨氏之兼爱者乎？其能有若杨氏之为我者乎？其能有若老氏之清静自守，释氏之究心性命者乎？吾何以杨、墨、老、释之思哉？彼于圣人之道异，然犹有自得也。而世之学者，章绘句琢以夸俗，诡心色取，相饰以伪；谓圣人之道劳苦无功，非复人之所可为，而徒取辩于言词之间。古之人有终身不能究者，今吾皆能言其略。自以为若是亦足矣。而圣人之学遂废。则今之所大患者，岂非记诵词章之习；而弊之所从来，无亦言之太详、析之太精者之过欤？（《别谌甘泉序》）

这段话很能揭出陈、王两家道学革新运动的共同宗旨。他们所反对的是“记诵词章之习”，换句话说，就是八股化的道学。这种八股化的道学，看着最平正，最周到，最近圣人，然而实际上直类乎“非之无举、刺之无刺”的乡愿，依门傍户，俯仰随人，比着杨、墨、佛、老之各有其自得者，尚相去绝远。“言益详，道益晦，析理益精，学益支离”，这是暗斥朱子，而认为八股化道学所自出。平心论之，朱子自是中国近古思想史上头等的伟大人物，但他那种烦琐支离的学风，实开后来道学八股化之渐，这也是无可讳言的。二百多年的因袭墨守，朱学的流弊已十分显著，以这因缘，白沙、阳明辈的道学革新运动应时而起了。

这次革新运动，发端于白沙，而大成于阳明。我们分析阳明的学说，处处是打破道学的陈旧格套，处处表现出一种活动自由的精神，对于当时思想界实尽了很大的解放作用。首先看他讲“致良知”。提起这三个字，常使人觉得一片空灵，不可捉摸。不错，阳明有时候把良知讲得的确太玄妙，如什么“天植灵根”，“造化的精灵”，真算是玄之又玄。不过这里要分别看。假使这种学说就单是一个玄妙，再无其它东西，它还怎能会震动一世人心，在思想史上占有那样重要地位？我们须要知道这种学说虽然是很玄妙，但玄妙之中，却潜藏着一种时代精神，自有不玄妙者在。阳明当临死的前一月，写信给聂双江，其中有一段说：

> 盖良知只是一个天理自然明觉发见处，只是一个真诚恻怛，便是他本体。故致此良知之真诚恻怛以从兄便

是弟，致此良知之真诚恻怛以事君便是忠。只是一个良知，一个真诚恻怛。（《全书》卷二《答聂文蔚》）

这样讲致良知，何等的亲切简易。这还能算玄妙么？他不管什么圣贤榜样，道理格式，而只教人照着自己当下那一点真诚恻怛实做将去。现现成成，甲不向乙借，乙不向甲赐。他以为虽古圣人也不过如此。《传习录下》载：

问良知一而已，文王作《彖》，周公系《爻》，孔子赞《易》，何以各自看理不同？先生曰：圣人何能拘得死格！大要出于良知同，便各为说，何害？且如一园竹，只要同此枝节，便是大同。若拘定枝枝节节，都要高下大小一样，便非造化妙手矣。汝辈只要去培养那良知。良知同，更无妨有异处。汝辈若不肯用功，连笋也不曾抽得，何处去论枝节！（《全书》卷三《传习录下》）

各凭自己良知，同便听其同，异便听其异。道理没有死格，须从本源上流出，须是内发的。“君子一仁而已矣，何必同？”这已经是很自由很活动了。他更说道：

我辈致知，只是各随分限所及。今日良知见在如此，只随今日所知扩充到底；明日良知又有开悟，便从明日所知扩充到底。如此方是精一工夫。与人论学，亦须随人分限所及。如树有这些萌芽，只把这些水去灌溉；萌芽再长，便又加水。自拱把以至合抱，灌溉之功皆是随其分限所及。若些小萌芽，有一桶水在，尽要倾上，便浸坏他了。（《全书》卷三同上）

各人良知有一定的分限，并且今天有今天的良知，明天有明天的良知。只要从良知上出发，非特我和你不必相同，就是今日的我和昨日的我也不必相同，这里全没有定格。我们只须就当下分限所及，切实做去，使良知得遂其有机的发展，自然日有进境。无论自修或教人，都只宜这样办法。试再看《传习录》上这两段：

门人有言邵端峰论童子不能格物，只教以洒扫应对之说。先生曰：洒扫应对就是一件物。童子良知只到此，便教去洒扫应对，就是致他这一点良知了。又如童子知畏先生长者，此亦是他良知处。故虽嬉戏中，见了先生长者，便去作揖恭敬，是他能格物以致敬师长之良知

了。童子自有童子的格物致知。(《全书》卷三同上)

问孔子谓武王未尽善，恐亦有不满意。先生曰：在武王自合如此。(《全书》卷一《传习录上》)

大人有大人的良知，童子有童子的良知；文王有文王的良知，武王有武王的良知。“武王自合如此”做，也就不必管什么尽善不尽善。童子自去致他那一点洒扫应对的良知，也无须去强学大人。各适其适，各得其得。彼非有余，此非不足。这样自由自在，把道理完全看活了。他还有这一段话：

诸君工夫最不可助长。上智绝少，学者无超入圣人之理。一起一伏，一进一退，自是工夫节次。不可以我前日用得工夫了，今却不济，便要矫强，做出一个没破绽的模样。这便是助长，连前些子工夫都坏了。此非小过。譬如行路的人，遭一蹶跌，起来便走，不要欺人，做那不曾跌倒的样子出来。诸君只要常常怀个遁世无闷，不见是而无闷之心，依此良知，忍耐做去。不管人非笑，不管人毁谤，不管人荣辱。任他工夫有进有退，我只是这致良知的主宰不患，久久自然有得力处。(《全书》卷三《传习录下》)

跌了就起，起来便走，不管他进也罢，退也罢，誉也罢，毁也罢，我只是老老实实，埋头自致其良知。除下良知，什么都看不见了。独往独来，又奋迅，又坚决，把所有世习客套一扫而空。在这样意义下讲致良知，不是也很切实很平易么？自然，这里面也有它玄妙神秘的地方。良知究竟是个什么玩意儿？它会变化，会发展，今天是这样，明天是那样，你的是那样，我的是这样。倘若不是另有某种客观条件来决定它，那只好说它是“天植灵根”，“造化的精灵”了。然而不管它“灵根”也好，“精灵”也好，事实上他打破了道学的陈旧格套，充满着自由解放的精神，不靠圣人而靠自己的良知，在这一点上，他要比朱学更带些近代的色彩。

我们再看讲“知行合一”。“知行合一”的理论，正是针对朱学而发。朱子把知行看作两件事，并且主张先知后行。阳明却不然。照他的意思，说个知已经有行在，说个行已经有知在。知行是一个整体的两面，是不可分离的。他最精要的解释是：

知之真切笃实处即是行，行之明觉精察处即是知。（《传习录中·答顾东桥书》）

阳明讲知行是从本体上讲的，也就是从良知上讲的。从良知上发出的“知”，自然是真切笃实”，带情味的“知”，而不是揣摸影响的“知”；从良知上发出的“行”，自然是“明觉精察”，自觉的“行”，而不是懵懂乱撞的“行”。只用一个“致良知”，也就即“知”即“行”了。但这种说法似乎不易了解，又未免带点谈玄意味。究其真精神之所在，只是不离“行”以求“知”而已。试看他说：

> 夫人必有欲食之心然后知食，欲食之心即是意，即是行之始矣。食味之美恶，必待入口而后知。岂有不入口而已先知食味之美恶者耶？必有欲行之心然后知路，欲行之心即是意，即是行之始矣。路歧之险夷，必待身亲履历而后知。岂有不待身亲履历而已先知路歧之险夷者耶？（《答顾东桥书》）

这段话分析极精，以一念动处为行之始，“行”一步，“知”一步，知”常与“行”相伴而不能分离。阳明虽讲“知行合一”，但因其针对着从“知”入手的朱学而发，所以事实上特重在“行”字。始于“行”，终于“行”，而“知”只是“行”的一种过程。他在《答顾东桥书》中还有一段很痛快的话：

> 夫问、思、辨、行皆所以为学，未有学而不行者也。如言学孝，则必服劳奉养，躬行孝道，然后谓之学。岂徒悬空口耳讲说而遂可以谓之学孝乎？学射则必张弓挟矢，引满中的；学书则必伸纸执笔，操觚染翰。盖天下之学，无有不行而可以言学者，则学之始固已即是行矣。笃者，敦实笃厚之意。已行矣，而敦笃其行，不息其功之谓尔。盖学之不能以无疑则有问，问即学也，即行也；又不能无疑则有辨，辨即学也，即行也。辨既明矣，思既慎矣，问既审矣，学既能矣，又从而不息其功焉，斯之谓笃行，非谓学、问，思、辨之后而始措之于行也。是故以求能其事而言谓之学，以求解其惑而言谓之问，以求通其说而言谓之思，以求精其察而言谓之辨，以求履其实而言谓之行。盖析其功而言则有五，合其事而言则一而已。

朱子以学、问、思、辨属“知”，以笃行属“行”。阳明却始终贯以一“行”，学之始已即是“行”，到最后仍是“笃行之”。问、思、辨，都只是“行”到滞碍地方，一种解决疑难的手段，并不是离“行”而独立的。离“行”而茫茫荡荡去求“知”，阳明最反对。他决不泛然问，泛然思，泛然辨，而一以当下现行为指归。普通以为阳明单提个“致良知”，好像把什么读书、稽古、求师、访友一切都抛弃了，总疑其太简。其实何尝如此。阳明只是不泛泛去求“知”，至于当下切身所应当“知”的，他还要尽量的“知”，彻底的“知”，一件也不遗弃。他说：

> 天下事物，如名物、度数、草木、鸟兽之类，不胜其烦。圣人虽是本体明了，亦何缘能尽知得？但不必知的，圣人自不消求知；其所当知的，圣人自能问人。如“子入太庙每事问”之类。先儒谓虽知亦问，敬谨之至，此说不可通。圣人于礼乐名物，不必尽知。然他知得一个天理，便自有许多节文度数出来。不知能问，亦即是天理节文所在。（《全书》卷三）
>
> 学校之中，惟以成德为事。而才能之异，或有长于礼乐，长于政教，长于水土播植者，则就其成德而因使益精其能于学校之中。迨夫举德而任，则使之终身居其职而不易。……皋、夔、稷、契所不能兼之事，而今之初学小生

皆欲通其说，究其术……（《答顾东桥书》）

孟子说：“尧舜之智，而不遍物，急先务也。”这个意思，象山已经发挥得极其警切，到阳明讲得更透澈了。颜习斋所谓“孔门诸贤，礼、乐、兵、农各精其一，唐虞五臣，水、火、农、教各习其一；后世菲资，乃思兼长”，不意陆、王乃都先说到。阳明的教育主张，虽说以“成德”为中心，而并不妨害“达才”。他很能打破世儒无所不知而实一无所知的虚诞习气，而教人各就自己才性所近以成专长。又正大，又切实，又活动，在中国教育思想上实为一重要贡献。后来章实斋论浙东学术，对此别有发挥。他专在切要地方下工夫，一点精力不浪费。你只须遵着良知所指示，直“行”下去。“行”不通时，它自然会使你“学”，使你“问”，使你“思”，使你“辨”。“知”消纳在“行”中，而学、问、思、辨莫非所以致良知。这样进修方法和朱学实有毫发千里之辨。所以阳明答当时朱学代表人物罗整庵的信中说：

凡执事所以致疑于格物之说者，必谓其是内而非外也，必谓其专事于反观内省之为而遗弃其讲习讨论之功也，必谓其一意于纲领本原之约而脱略于支节条目之详也，必谓其沉溺于枯槁虚寂之偏而不尽于物理人事之变也。审如是，岂但获罪于圣门，获罪于朱子，是邪说诬民，叛道乱正，人得而诛之也。而况于执事之正直哉？审如是，世之稍明训诂，闻先哲之绪论者，皆知其非也。而况执事之高明哉？凡某之所谓格物，其于朱子九条之说，皆包罗统括于其中。但为之有要，作用不同，正所谓毫厘之差耳。然毫厘之差，而千里之缪，实起于此，不可不辨。

王学决不象普通所想象的那样简单，它和朱学的差别也很微妙，不是随便一瞥就可以辨认出来的。凡什么读书稽古讲习讨论，朱子所从事者，阳明也未尝不从事。但在朱子，知是知，行是行，讲习讨论是讲习讨论，反观内省是反观内省，划然各为一事；在阳明，则提出个良知作头脑，讲习讨论也是致良知，反观内省也是致良知，无论“知”啦，“行”啦，都是从良知出发。只要一个“致良知”，就把什么工夫都“包罗统括于其中”。前者是多元的，而后者是一元的。前者是头疼治头，脚疼治脚，而后者是直抉根源，“溥博渊泉，而时出之”。只有把一切工夫都消纳到一个致良知上，而后工夫才实实落落，近里着己，问方是“切问”，思方是“近思”，行方是“笃行”。除下一切工夫别无可以致良知，而致良知却把一切工夫都点活了。这正是所谓“为之有要，作用不同”，其妙处只在一转手之间。就由这一转手，而“博文”成为“约礼”的工夫，“惟精”成为“惟一”的工夫，“道问学”成为“尊德性”的工夫，“知”和“行”亦合为一体了。我常奇怪，阳明学说和后来的颜、李学说，一个极玄妙而一个极平实，本是决不相容，但他们却有许多共鸣之点。他们都主张学不离行，都反对以读书为学。习斋骂当时学者，不是“博学”，而是“博读、博讲、博著”，这和阳明力辟口耳之学精神颇相契合。其学琴之喻，和阳明学射之喻尤绝相类。原来王、颜两家之学所以极端相反者，因为一个专讲“心”，一个专讲“事物”。但实际上，阳明所谓“心”者，又和“事物”混一不分。他说：

> 目无体，以万物之色为体；耳无体，以万物之声为体；鼻无体，以万物之臭为体；口无体，以万物之味为体；心无体，以天地万物感应之是非为体。（《全书》卷三）

离开“天地万物感应之是非”，别无所谓“心”。所谓“致良知”，亦不外乎在种种事物感应上下工夫。象山早有“在人情事变上用功”之说，阳明亦有“在事上磨炼”之说。可见这班心学家虽然尽管在那里掉弄玄机，尽管在道学范围内变花样，兜圈子；但不知不觉间早已渗入些新成分，为下一个时代开先路。在这种情形下，王学和颜学竟暗通了消息。总之，阳明并不反对读书稽古讲习讨论种种工夫，但这种种工夫须隶属在“致良知”一个总题目之下；他并不反对求“知”，但求知不能当作“行”以外的另一件事。从行动中，从生活中，自然涌现出来的问题，才是活问题；从行动中，从生活中，自然涌现出来的知识，才是活知识。这种思想，直到现代哲学界才可以见到它充分的健全的发展形态，然而早在四百多年前，阳明已经很明显的启示给我们了。

综上所述，我们分析阳明学说，无论从“致良知”上或“知行合一”上，处处可以看出一种自由解放的精神，处处是反对八股化道学，打破道学的陈旧格套。倘若我们再把他的“心即理”和“万物一体”等等说法都加以分析，这种自由主义的倾向当更容易看出来，这里也不必一一赘述。我们只看他说：

> 夫学贵得之心。求之于心而非也，虽其言之出于孔

> 子，不敢以为是也。而况其未及孔子者乎？求之于心而是也，虽其言之出于庸常，不敢以为非也。而况其出于孔子者乎？（《答罗整庵少宰书》）

他居然敢不以孔子的是非为是非，而只信自己的心。独断独行，自作主张。什么圣贤榜样，道理格式，都不放在眼里。这种大胆的言论，正可和当时西方的宗教革命家互相辉映。他们都充满自由主义和现实主义的精神。大体说来，阳明实可算是道学界的马丁·路德。他使道学中兴，使道学更加精炼。然而这已经是一种新道学了，已经渗入新时代的成分了。道学的体系未破，但其内部成分却已变更。他一方面大刀阔斧，摧毁传统思想的权威，替新时代做一种扫除工作，同时他又提出许多天才的启示，替新时代做一种指导工作。他既为宋明道学放出极大的光芒，同时却也为清代思想开其先路。清代思想一方面是他的反动，同时却也有许多地方是继承他的。当晚明时代，王学的余焰方炽，而正在解体。一部晚明思想史，几乎可以说是一部王学解体史。这个解体过程结束了，新时代也就出现了。在下面几章，我们就可以看见这一段历史过程怎样一幕一幕地展开。

第二章　王学的分化

在思想史上，一个大师的门下往往是“学焉各得其性之所近，源远而末益分”；于是乎“儒分为八，墨分为三”，形成许多小派别，而向各方面分途发展。孔子门下如此，程子门下如此，康德门下如此，黑格尔门下如此，阳明门下亦如此。王龙谿说：

> 良知宗说，同门虽不敢有违，然未免各以其性之所近，拟议搀和。有谓良知非觉照，须本于归寂而始得；如镜之照物，明体寂然，而妍媸自辨，滞于照则明反眩矣。有谓良知无现成，由于修证而始全；如金之在矿，非火符锻炼，则金不可得而成也。有谓良知是从已发立教，非未发无知之本旨。有谓良知本来无欲，直心以动，无不是道，不待复加销欲之功。有谓学有主宰，有流行，主宰所

以立性，流行所以立命，而以良知分体用。有谓学贵循序，求之有本末，得之无内外，而以致知别始终。此皆论学同异之见，不容不辨者也。（《拟岘台会语》）

观此可知王门诸子对于“致良知”这个总口号解释得如何纷歧。根据这些不同的解释，可以把他们分成许多派别。但是我们没有这样细分的必要。黄梨洲的《明儒学案》，对于王门诸子，是按地域分配的。他们共占有浙中、江右、南中、楚中、北方、粤闽、泰州七个学案，（如算入止修学案则分为八个）其中势力最大而又各自显出一种特色者，当推浙中、江右、泰州三派。但实际上各家主张有不能以地域限者。如王龙谿和钱绪山，虽同属浙中，但恰相对立。如聂双江和罗念庵，在未发已发问题上，不仅迥殊于浙中诸子，并且亦迥殊于同属江右之邹东廓、欧阳南野、黄洛村、陈明水一班人也。大体说来，东廓、绪山诸子，谨守师门矩矱，“无大得亦无大失”，龙谿、心斋使王学向左发展，一直流而为狂禅派；双江、念庵使王学向右发展，事实上成为后来各种王学修正派的前驱。王学的发展过程，同时也就是它向左右两方面分化的过程。左派诸子固然是“时时越过师说”，右派诸子也实在是自成一套。他们使王学发展了，同时却也使王学变质而崩解了。

王学由他们而更和新时代接近了。我们且把这左右两派分别讲述一下：

（一）左派王学

黄梨洲说：“阳明先生之学，有泰州、龙谿而风行天下，亦因泰州、龙谿而渐失其传。泰州、龙谿时时不满其师说，益启瞿昙之秘而归之师，盖跻阳明而为禅矣。”（《明儒学案》卷三十二）禅不禅姑不必论。但龙谿、心斋时时越过师说，把当时思想解放的潮流发展到极端，形成王学的左翼；并且以使徒般的精神，到处传播阳明的教义，热情鼓舞，四方风动，这倒是实在的。不管后来学者对于他们怎样排诋，但究竟不能抹杀他们在王学中的极高地位。

首先说王龙谿。他名畿，字汝中，浙之山阴人，与阳明为同郡。生于孝宗弘治十一年（1498），卒于神宗万历十一年（1583），寿八十六岁。当正德、嘉靖间，阳明归越讲学。龙谿年方二十余岁，即往受业。时阳明门人众多，不能遍授，初来学者常使先见龙谿及钱绪山等诸高弟。龙谿坦易和厚，随机启发，所成就者尤多。及阳明卒后，曾一出仕为南京职方主事，稍迁至武选郎中。以忤宰相夏贵溪，不久即罢官去。此后退处林下四十余年，无日不讲学。自两都及吴、楚、闽、越皆有讲舍，而江、浙为尤盛。年至八十，犹周流不倦。他勤勤恳恳地说:

区区身外百念都忘，全体精神只干办此一事。但念东廓、双江、念庵、荆川诸兄相继沦谢，同心益孤。会中得几个真为性命汉子，承接此件事，方得放心。不然，老师一脉，几于绝矣。（《与徐成身书》）

区区八十老翁，于世界更有恁放不下？惟师门一脉如线之传，未得一二法器出头担荷，未能忘情，切切求友于四方者，意实在此。（《与沈宗颜书》）

区区入山既深，无复世虑。而求友一念，若根于心，不容自已。春夏往赴水西白山之会，秋杪赴江右之会，岁暮始返越。知我者谓我心忧，不知我者谓我何求。人生惟此一事。六阳从地起，师道立则善人多。挽回世教，叙正人伦，无急于此。惟可与知己道也。（《与萧来凤书》）

眼前后辈，真发心为性命者少。去年往江右吊念庵兄，双江、东廓、鲁江、明水相继沦谢，吾党益孤。老师一脉，仅仅如线。自分年衰时迈，须得真发心者二三辈传此微言，庶免断灭宗传。不知相接中亦得几人否？年来海内风声虽觉鼓动，针针见血者亦不多得。科中敬吾、纬川颇深信此件事，部中鲁源、思默皆有超卓之见，可时时觅会以尽究竟之谈。所谓不有益于彼，必有益于此也。（《与贡玄略书》）

这些话在《龙谿集》中引不胜引。他简直是以讲学为性命饥渴。数十年中，专为这一件大事到处奔忙，满腔热情，缠绵固结，生生死死而不能自已。他不顾毁誉荣辱，不管当局者之“不悦学”，不管来学者是否“真发心为性命”，而只是栖栖皇皇，强聒不舍地哓哓然以师说鼓动天下。象这样放下一切，热心拼命地讲学，古今来能找出几个人？当时就有人劝他休息，但他总是不肯。如《龙谿集》卷五载：

子充、继实跪而请曰：先生辙环天下，随方造就引掖，固是爱人不容已之心。但往来交际，未免陪费精神，非高年所宜。静养寡出，息缘省事，以待四方之来学，如神龙之在渊。使人可仰而不可窥，风以动之，更觉人皆有所益。先生曰：二子爱我可谓至矣。不肖亦岂不自爱？但其中亦自有不得已之情。若仅仅专以行教为事，又成辜负矣。时常处家，与亲朋相燕昵，与妻奴佃仆相比狎，以习心对习事，因循隐约，固有密制其命而不自觉者。才离家出游，精神意思便觉不同。与士大夫交承，非此学不究；与朋侪酬答，非此学不谈。晨夕聚处，专干办此一事。非惟闲思妄念无从而生，虽世情俗亦无从而入。精神自然专一，意思自然冲和。教学相长，欲究极自己性命，不得不与同志相切劘，相观法。同志中因此有所兴起，欲与共了性命，则是众中自能取益，非吾有法可以授之也。男子以天地四方为志，非堆堆在家可了此生。吾非斯人之徒与而谁与，原是孔门家法。吾人不论出处潜见，求友取益，原是己分内事。若夫人之信否，与此学之明与不明，则存乎所遇，非人所能强也。至于闭关独善，养成神龙虚誉，与世界若不相涉，似非同善之初心，予非不能，盖不忍也。（《天柱山房会语》）

聚会讲学，不惟成人，亦以成己。在一种讲学空气中，人己融成一片，薰蒸鼓舞，即教即学，此之谓教、学、做合一。王学本是常讲“万物一体”的，本是认为“亲民”即可以“明明德”的。试看阳明《答聂双江第一书》，及他的“拔本塞源论”，全是一片热烈救世心肠。这种精神龙谿发挥得最恳切。他不厌不倦，知其不可而为，绝不肯作自了汉，专去自己受用。他抱着一体同善不容已之情，真觉得人己之间，疾痛疴痒，息息相关。王敬所称他道："龙谿公非独其透悟处不可得而泯灭也，其一腔爱人热心肠亦必不可得而泯灭。"在这一点上，龙谿实在不愧为阳明的嫡传。他又说：

吾人未尝废静坐，若必藉此为了手，未免等待，非究竟法。圣人之学，主于经世，原与世界不相离。古者教人，只言藏、修、游、息，未尝专说闭关静坐。若日日应感，时时收摄精神，和畅充周，不动于欲，便与静坐一般。况欲根潜藏，非对境则不易发。如金体被铜铅混杂，非遇烈火则不易销。若以见在感应不得力，必待闭关静坐，养成无欲之体，始为了手，不惟蹉却见在工夫，未免喜静厌动，与世间已无交涉，如何复经得世？独修独行，如方外则可。大修行人于尘劳烦恼中作道场。吾人若欲承接尧、舜、姬、孔学脉，不得如此讨便宜也。（《三山丽泽录》）

孔门教人之法，见于《礼经》。其言曰："辨志，乐群，亲师，取友，谓之小成，强立而不反，谓之大成。"未尝有静坐之说。静坐之说，起于二氏，学者殆相沿而不自觉耳。古人自幼便有学，使之收心养性，立定基本。及至成人，随时随地，从事于学，各有所成。后世学绝教衰，自幼不知所养，薰染于功利之习，全体精神，奔放在外，不知心性为何物。所谓欲反其性情而无从入，可哀也已！程门见人静坐，便叹以为善学。盖使之收摄精神，向里寻求，亦是方便法门，先师所谓因以补小学一段工夫也。若见得致知工夫下落，各各随分做去，在静处体玩也好，在事上磨察也好。譬诸草木之生，但得根株着土，遇着和风暖日固是长养他的，遇着严霜烈日亦是坚凝他的。盖良知本体，原是无动无静，原是变动周流。此便是学问头脑，便是孔门教法。若不见得良知本体，只在动静二境上拣择取舍，不是妄动，便是着静，均之为不得所养，欲望其有成也难矣哉。（《东游会语》）

他讲经世，讲事上磨炼。他居然指摘静坐，居然指出古儒家的修学方法。有些话简直像清代大师说的。假使抛开其他的玄谈，而只看他这些话，你也许要疑惑他是个事功派或实用派了。自然他承认静坐自有其相当的用处，也算一种方便法门，但总不认为究竟法。良知无间于动静，所以致良知也无间于动静。我们必须从动静顺逆当前应感极复杂的境界中煎销磨炼出来，方能真有得力处。若专去习静，那便是讨便宜，其结果会喜静厌动，这种工夫是靠不住的。这种地方最足表现时代精神，也最足表现王学的特色。然而从来讲王学的专宗右派，把这些地方全给他抹杀了。考龙谿所以致纷纷之议者，大部分由于他的“四无”说。《龙谿集》中有一篇《天泉证道纪》，其大概是：

阳明夫子之学，以良知为宗。每与门人论学，提四句为教法：无善无恶心之体，有善有恶心之动，知善知恶是良知，为善去恶是格物。学者循此用功，各有所得。绪山钱子谓此是师门教人定本，一毫不可更易。先生谓夫子立教随时，谓之权法，未可执定。体用显微，只是一机；心意知物，只是一事。若悟得心是无善无恶之心，意即是无善无恶之意，知即是无善无恶之知，物即是无善无恶之物。……绪山谓若是是坏师门教法，非善学也。先生谓学须自证自悟，不从人脚跟转。若执着师门权法以为定本，未免滞于言诠，亦非善学也。时夫子将有两广之行……晚坐天泉桥上，因各以所见请质。夫子曰：正要二子有此一问。吾教法原有此两种。四无之说，为上根人立教；四有之说，为中根以下人立教。上根之人，悟得无善无恶心体，便从无处立根基。意与知物，皆从无生，一了百当，即本体便是工夫。易简直截，更无剩欠，顿悟之学也。中根以下立人，未尝悟得本体，未免在有善有恶上立根基。心与知物，皆从有生。须用为善去恶工夫，随处对治，使之渐渐入悟。从有以归于无，复还本体，及其成功一也。世间上根人不易得，只得就中相以下人立教。……汝中所见，我久欲发，恐人信不及，徒增躐等之病，故含蓄至今。此是传心秘藏，颜子、明道所不敢言者。……汝中此意，正好保任，不宜轻以示人。概而言之，反成漏泄。德洪却须进此一格，始为玄通。德洪资性沈毅，汝中资性明朗，故其所得亦各因其所近。若能互相取益，使吾教法上下皆通，始为善学耳。

天泉证道是晚明思想界一大公案。东林学派即专攻"无善无恶"四字而并上及于阳明。至刘蕺山、黄梨洲则谓《天泉证道纪》与阳明平日所言不类，疑其为龙谿自己学说。且引邹东廓《青原赠处记》相对勘。其实天泉证道一事，钱绪山所编《阳明年谱》及《传习录》均有记载，"四有"、"四无"之说，与《龙谿集》中所载并无多大差异。念庵与绪山谓闻之黄洛村，亦正与此处所述相同。可见《天泉证道纪》决非龙谿一家之私言，不能单据《青原赠处记》来疑它。至于"四无"

之说，虽由龙谿自己证悟出来，但与阳明本旨实相贯通，所以阳明亦甚称许之。王学本包含一种自然主义，本不拘泥迹象。直往直来，任天而动。善恶双泯，尧桀两忘。“四无”之说，实为其应有的结论。然而龙谿在这一点上实在还没有大放厥辞。要看到这种自然主义的充分发展，还有待于泰州学派。比起泰州学派，龙谿倒还算谨严的。

泰州学派的开创者王心斋，是阳明门下最奇怪的一个人物。他名艮，字汝止，生于宪宗成化十九年（1483），卒于世宗嘉靖十九年（1540），寿五十八岁。他原是一个盐丁，并没读过几本书。他常常袖着《孝经》、《论语》、《大学》，逢人质难，久则能借口谈解。以经证悟，以悟证经。有所得辄向人讲授。并榜其门曰：“此道贯伏羲、神农、黄帝、尧、舜、禹、汤、文、武、周公、孔子，不论老幼贵贱贤愚，有志愿学者传之。”后来往江西访阳明，毫不客气，昂然上座。及反覆论致知格物，乃大叹服曰：“简易直截，吾不及也。”遂下拜称弟子。退而寻思，间有不合。悔曰：“吾轻易矣。”明日入见且告之悔。阳明曰：“善哉，子之不轻信从也。”心斋复上坐辩难，久之，始大服，遂为弟子如初。阳明谓门人曰：“向者吾擒宸濠无所动，今却为斯人动矣。”后阳明归越，心斋从之。既而叹曰：“千载绝学，天启吾师，可使天下有不及闻者乎？”遂自创蒲轮，招摇道路，一直讲学到北京。当时阳明之学，谤议蜂起。而心斋冠服言动，不与人同，都人以怪魁目之。同门之在京者劝之归，阳明亦移书责之，他才返回会稽。及阳明卒，他回家设教。同门会讲者，常请他为主席。心斋之学，以悟性为宗，以反己为要，以孝弟为实，以乐学为门，以太虚为宅，以古今为旦暮，以明学启后为己任，以九二见龙为正位，以孔氏为家法。有以伊、傅称之者，则曰：“伊、傅之事我不能，伊、傅之学我不由。伊、傅得君，可谓奇遇。如其不遇，终身独善而已。孔子则不然也。”看他热心经世处，和龙谿没有两样，这正是从阳明“万物一体”的思想一脉演来。他提倡一种尊身主义，一种自我中心主义。他把身看得很大，自尊，自信，赤身承当，以天下为己任。他说：

> 圣人以道济天下，是至尊者道也。人能宏道，是至尊者身也。道尊则身尊，身尊则道尊。故学也者，所以学为师也，学为长也，学为君也。以天地万物依于身，不以身依于天地万物。舍此皆妾妇之道。（《学案》引）

他要做个顶天立地的大丈夫，以一身撑持宇宙。他岸然以师道自处，甚至以君道自处。磊磊落落，一点婞婀媚世之态也没有。他讲“格物”的“格”字如“格式”之“格”。他要以身为家、国、天下的“格式”，换句话说，就是要以身作则。己身爱则一家爱，一国爱，而天下皆爱；己身敬则一家敬，一国敬，而天下皆敬。这不是以身为家、国、天下的“格式”么？这不是以身作则吗？身为本而家、国、天下为末，家、国、天下是跟着身走的。行有不得，皆反求诸己。反己正是格物的实功。这就是有名的“淮南格物说”。这样讲法，个人地位特别重要。帅天下以仁，帅天下以让，“出为帝者师，处为天下万世师”。看这样一个人何等的伟大。这是一种大我主义，一种健全的个人主义，也正是一种时代精神的表现。在这里个人主义和万物一体主义融洽无间，群和己简直不可分了。心斋还有一个最为人传诵的《东学歌》。其辞云：

> 人心本自乐，自将私欲缚。私欲一萌时，良知还自觉。一觉便消除，人心依旧乐。乐是乐此学，学是学此乐。不乐不是学，不学不是乐。乐便然后学，学便然后乐。乐是学，学是乐。呜呼！天下之乐，何如此学。天下之学，何如此乐。

从前周濂溪曾教二程寻孔、颜乐处。阳明也说：“乐是心之本体”。至如曾点、庄周、康节、白沙辈，大抵专向“乐”这一路走。这个“乐”字原是自古所重。但特别提出“乐学”二字作宗旨，却要算心斋的发明。所谓“乐”，不过是生机畅遂的意思。生机畅遂则乐，生机阻抑则不乐。行乎其不得不行，止乎其不得不止，哭乎其不得不哭，笑乎其不得不笑。一片天机，洒落自在。这种自得之乐，是人心本体的真乐。倘能不为私欲所缠绕，则生机自然畅遂，本体真乐自然呈现。所谓“学”，亦不过任此本体，使生机常常畅遂；不为私欲所戕害而已。“乐”是生机畅遂，“学”亦正是学此生机畅遂。只要使生机畅遂，那就是“乐”，也就是“学”。所以说，“乐是乐此学，学是学此乐”。“乐”和“学”融成一片，洒洒落落，任天而动，这里充满着自然主义。《心斋语录》载：

> 一友持功太严。先生觉之曰，“是学为子累矣”。因指斫木者示之曰，“彼却不曾用功，然亦何尝废事”。

学本是学此乐，本是要使生机畅遂，若用功太严，反妨害生机的自然发展，反成苦事，倒还不如不学。至理并妙道，运水与搬柴，只如那斫木者平平常常自自然然的做将去便了，何必用什么功。

> 心斋曾与徐波石散步月下，波石刻刻检点，他就厉声道："天地不交，否。"又一夕，和波石至一小渠，他立即跳过，顾谓波石道："何多拟议也？"心斋指点人处类如此。在日用常行中，直往直来，当机立断，全是一种自然主义。后来他的儿子东崖，继承父学，把他的乐学主义尽量阐发，更表现自然主义的色彩。鸟啼花落，山峙川流，饥食渴饮，夏葛冬裘，至道无余蕴矣。（《东崖语录》）

由此可以想见东崖的学风，亦可以想见心斋的学风。

阳明门下以泰州一派为最盛。从王心斋发端，中经徐波石、赵大洲、颜山农、何心隐、罗近溪、周海门、陶石篑……发皇光大，一代胜似一代。颜、何一派，流入"狂禅"，另详下章。其余诸人亦不能一一叙述。兹只把最重要的罗近溪讲一讲：

罗近溪，名汝芳，生于武宗正德十年（1515），卒于神宗万历十六年（1588），寿七十四岁。少读薛文清语，谓万起万灭之私乱吾心久矣，今当一切决去，以全吾澄然湛然之体。决志行之。闭关临田寺，置水镜几上，对之默坐，使心与水镜无二。久之而病心火。偶遇僧寺，见有榜急救心火者，以为名医，访之则聚徒而讲学者也。近溪从众中听良久，喜曰，“此真能救吾心火”。问之为颜山农，得泰州王心斋之传。近溪闻其言，如大梦得醒，明日五鼓即往纳拜为弟子，尽受其学。其后山农以事系留京狱，近溪尽鬻田产脱之，侍养狱中六年，不赴廷试。及归田后，身已老。山农至，近溪不离左右，一茗一果必亲进之。诸孙以为劳，近溪曰，“吾师非汝辈所能事也”。楚人胡宗正，故为近溪举业弟子，已闻其有得于《易》，反北面受学焉。大抵近溪十五而定志于张洵水，二十六而正学于山农，三十四而悟《易》于胡生，四十六而证道于泰山丈人，七十而问心于武夷先生，其生平进学历程约略如此。其学以赤子良心不学不虑为的，以天地万物同体彻形骸忘物我为大。此理生生不息，不须把持，不须接续，当下浑沦顺适。工夫难得凑泊，即以不屑凑泊为工夫；胸次茫无畔岸，便以不依畔岸为胸次。解缆放船，顺风张棹，无之非是。学人不省，妄以澄然湛然为心之本体，沉滞胸膈，留恋景光，是为鬼窟活计，非天明也。论者谓龙谿笔胜舌，近溪舌胜笔。微谈剧论，所触若春行雷动。虽素不识学之人，俄顷之间，能令其心地开明，道在眼前。一洗理学肤浅套括之气，当下便有受用。其《语录》载：

昆阳州守夏鱼请曰："恒谓圣贤非人可及，故究情考索，求之愈劳而去之益远。岂知性命诸天，本吾固有。日用之间，言动事为，其停当处，即与圣贤合一也。"罗子曰："停当二字，尚恐未是。"夏守瞿然曰："言动事为可不要停当耶？"曰："可知言动事为方才可说停当。则子之停当，有时而要，有时而不要矣。独不睹兹柏林之禽鸟乎？其飞鸣之相关何如也？又不观海畴之青苗乎？其生机之萌茁何如也？子若拘拘以停当求之，则此鸟此苗何时而为停当，何时而不为停当耶？《易》曰：'水流而不息，物生而不穷。'造化之妙，原是贯澈浑融。吾子蚤作而夜寐，嬉笑而偃息，无往非此体。岂待言动事为方思量得个停当？又岂直待言动事为停当方始说道与古先圣哲不殊？若是用功，如是作见，则未临言动事为固是错过，而既临言动事为，亦总是错过矣。"夏守憬然自省，作而言曰："子在川上，不舍昼夜。吾人心体未尝一息有间。今当下生意津津，不殊于禽鸟，不殊于新苗，往时万物一体之仁，果觉浑沦成片矣。欲求停当，岂不是个善念？但善则便落一边。既有一边善，便有一边不善，既有一段善，便有一段不善。如何能得昼夜相通？如何能得万物一体？颜子得此不息之体，其乐自不能改。若说以贫自安而不改，浅之乎窥圣贤矣。

宇宙间只此一片生机洋溢，禽鸟飞鸣，新苗萌茁，皆天机鼓动而不能自已。这原是超乎善恶的，无所谓停当不停当。无论怎样严正的道德家，他能就鸟语花香加以善恶的判断么？人生朝作夜息，饥食渴饮，推而至于爱亲敬长，成仁取义，也无非此一片天机流行，如花自开，如鸟自鸣。这一点自然不容已的生机，通乎人物，通乎圣凡，通乎大人赤子。只此便是“仁”，便是“乐”，与世俗苦乐善恶不啻云泥之别。近溪常把“仁”和“乐”混在一起，讲得极亲切，如云：

所谓乐者，窃意只是个快活而已。岂快活之外复有所谓乐哉？生意活泼，了无滞碍，即是圣贤之所谓乐，即是圣贤之所谓仁。盖此仁字其本源根柢于天地之大德，其脉络分明于品汇之心元。故赤子初生，孩而弄之则欣笑不休，乳而育之则欢爱无尽。盖人之出世，本由造物之生机。故人之为生，自有天然之乐趣。故曰，“仁者，人也”。此则明白开示学者以心体之真，亦指引学者以入道之要。后世不省仁是人之胚胎，人是仁之萌蘖，生化浑融，纯一无二；故只思于孔、颜乐处竭力追寻，而忘却于自己身中讨求着落。诚知仁本不远，方识乐不假寻。

看他无论讲“仁”，讲“乐”，都只是从生机讲。就从这生机二字上，他推演出多少微言妙谛来。我们简直可以称他为生机主义者。他有一段最深切的话：

向从《大学》至善推演到孝弟慈。尝由一身之孝弟慈而观之一家，未尝有一人而不孝弟慈者；由一家之孝弟慈而观之一国，未尝有一人而不孝弟慈者；由一国之孝弟慈而观之天下，亦未尝有一人而不孝弟慈者。又由缙绅士大夫以推之群黎百姓，又由孩提少长以推之壮盛衰老，孩提少年皆是爱亲敬长，以能知能行此孝弟慈也。又时乘闲暇，纵步街衢，肆览大众，其闲人数何啻亿兆之多，窥觑其中，总是父母妻子之念固结维系，所以勤谨生涯，保护躯体，而自有不能已者。故某自三十登第，六十归山，中间侍养二亲，敦睦九族，入朝而遍友贤良，远仕而躬御魑魅，以至年载多深，经历久远，乃叹孔门《学》、《庸》全从《周易》生生一语化将出来。盖天命不已，方是生而又生，生而又生，方是父母而己身，己身而子，子而又孙，以至曾而且玄也。故父母兄弟子孙是替天命生生不已显现个肤皮，天命生生不已是替孝父母弟兄长慈子孙通透个骨髓。直竖起来，便成上下今古；横亘将去，便作家国天下。孔子谓“仁者人也，亲亲为大”，其将《中庸》、《大学》已是一句道尽。孟氏谓“人性皆善”，“尧、舜之道，孝弟而已矣”，其将《中庸》、《大学》亦是一句道尽。

他看全宇宙是一个大生命，是一个生命之流，即显即微，即天即人，纵横上下，沦浃融贯，全无丝毫间隙，既亲切恳到，又广大深远，从来讲孔家哲学的还没人讲得这样彻骨彻髓。这真可算是一种唯生论。他还有一段很精彩的话：

方自知学，即泛观虫鱼，爱其群队恋如，以及禽鸟之上下，牛羊之出入，形影相依，悲鸣相应，浑融无少间隔，辄恻然思曰，何独于人而异之？后偶因远行，路途客旅相见，即忻忻谈笑终日，疲倦俱忘，竟亦不知其姓名，别去，又辄恻然思曰，何独于亲戚骨肉而异之？噫！是动于利害，私于有我焉耳。从此痛自刻责，善则归人，过则归己；益则归人，损则归己。久渐纯熟，不惟有我之私不作间隔，而家国天下翕然孚通。甚至肤发不欲自爱，而念念以利济为急焉。三十年来，觉恕之一字得力独多也。

他不断说以恕求仁，本来也是老生常谈。但经他发挥起来，却真使人恻然心动。他看物我之间，息息相关，本着自己那点一体不容已的心情，专从事于利世济人。他肯牺牲，肯管闲事。如《语录》载：

先生过麻城，民舍失火，见火光中有儿在床。先生拾拳石号于市，出儿者予金视石。一人受石出儿，石重五两，先生依数予之。其后先生过麻城。人争睹之曰，此救儿罗公也。

这种做法，叫普通的道学先生看来，已稍嫌张皇。然而近溪就不止此。他有时候太热心了，简直什么嫌疑都不避。如：

一邻媪以夫在狱，求解于先生，辞甚哀苦。先生自嫌数干有司，令在座孝廉解之，售以十金，媪取簪珥为质。既出狱，媪来哀告，夫咎其行贿，詈骂不已，先生即取质还之，自贷十金偿孝廉，不使孝廉知也。

像这样行贿的事，不必说道学先生，稍自好者谁肯沾手？然而近溪放手做去，自赔十金，代人行贿，名利两丧，全不顾惜，他只知道救人而已。又如：

耿天台行部至宁国，问耆老以前官之贤否。至先生，耆老曰："此当别论，其贤加于人数等。"曰："吾闻其守时亦要金钱。"曰："然。"曰："如此恶得贤？"曰："他何曾见得金钱是可爱的。但遇朋友亲戚所识穷乏便随手散去。"

他这样满不在乎，无怪乎杨止庵议他：

……用库藏充馈遗，归者如市。……归来请托烦数，取厌有司。……

这种路数显然带游侠气味，已经完全是颜山农、何心隐一流人物，和普通儒者面目大不相同了。

（二）右派王学

黄梨洲说："姚江之学，惟江右为得其传，东廓、念庵、两峰、双江其选也。再传而为塘南、思默，皆能推原阳明未尽之意。是时越中流弊错出，挟师说以杜学者之口，而江右独能破之，阳明之道赖以不坠。盖阳明一生精神俱在江右，亦其感应之理宜也。"（《明儒学案》卷十六）。大概浙中之学近左方，江右之学近右方。虽不尽然，取其多者论之。兹单就双江、念庵、塘南讲一讲：

聂双江，名豹，字文蔚，生于宪宗成化二十三年（1487），卒于世宗嘉靖四十二年（1563），寿七十七岁。累官至兵部尚书，太子少傅，赠少保，谥贞襄。当阳明在越时，双江以御史按闽，过武林，渡江往见。去后复上书，阳明答之。即现在《传习录》中所存《答聂文蔚第一书》也。及阳明征思田，他又上书问学，于是又有《答聂文蔚第二书》，亦存《传习录》中。阳明既殁，双江时官苏州，曰："昔之未称门生者，冀再见尔。今不可得矣。"于是设位北面再拜，始称门生。以钱绪山为证，刻两书于石以认之。后为辅臣夏贵溪所恶，逮系诏狱，逾年始出。狱中闲久静极，忽见此心真体，光明莹澈，万物皆备。乃喜曰：“此未发之中也。守是不失，天下之理皆从此出矣。”于是始与来学立静坐法，使之归寂以通感，执体以应用。是时同门为良知之学者，以为未发即在已发之中，盖发而未尝发，故未发之功却在发上用，先天之功却在后天上用。他们都不赞成双江的说法。王龙谿、黄洛村、陈明水、邹东廓、刘两峰各致难端，钱绪山至谓“未发意从何处觅”。只有罗念庵深相契合，谓“双江所言，真是霹雳手段，许多英雄瞒昧，被他一口道着，如康庄大道，更无可疑”。两峰晚乃信之，曰：“双江之言是也。”双江曾把他们的反对论调总括为三端：

> 疑予说者，大略有三：其一谓道不可须臾离也，今日动处无功，是离之也；其一谓道无分于动静也，今日工夫只是主静，是二之也；其一谓心事合一，仁体事而无不在，今日感应流行著不得力，是脱略事为类于禅悟也。（《寄王龙谿》）

这些反对论调虽自各方攻来，然而双江根据自己的切实体验，根据自己的得力处，坚决主张，断然不惑，他是振振有辞的。他辩护自己的主张而反击他们道：

源泉者，江、淮、河、汉之所从出也；然非江、淮、河、汉，则亦无以见所谓源泉者。故浚源者，浚其江、淮、河、汉所从出之源，非以江、淮、河、汉为源而浚之也。根本者，枝叶花实之所从出也。培根者，培其枝叶花实所从出之根，非以枝叶花实为根而培之也。今不致感应变化所从出之知，而即感应变化之知而致之，是求日月于容光必照之处，而遗其悬象著明之大也。（《答许玉林》）

心无定体之说，谓心不在内也，百体皆心也，万感皆心也。亦尝以是说而求之，譬之追风逐电，瞬息万变，茫然无所措手，徒以乱吾之衷也。（同上）

夫无时不寂，无时不感者，心之体也；感惟其时，而主之以寂者，学问之功也。故谓寂感有二时者，非也；谓工夫无分于寂感，而不知归寂以主夫感者，又岂得为是哉？（《答东廓》）

感上求寂，和上求中，事上求止，万上求一，只因格物之误，蔓延至此。（《答邹西渠》）

子思以后，无人识中字。随事随时，讨求是当，谓是为中而执之，何啻千里。明道云："不睹不闻便是未发之中。"不闻曰隐，不睹曰微，隐微曰独。独也者，天地之根，人之命也。学问只有此处，人生只有这件，故曰天下之大本也。慎独便是致中，中立而和生焉，无下之能事毕矣。（《答应容庵》）

龟山一派，每言静中体认，又言平日涵养。只此四字，便见吾儒真下手处。考亭之悔，以误认此心作已发，尤明白直指。（《困辨录》）

或问，周子言静，而程子多言敬，有以异乎？曰：均之为寡欲也。周曰无欲故静，程曰主一之谓敬。一者，无欲也。然由敬而入者，有所持循，久则内外斋庄，自无不静。若入头便主静，惟上根者能之。盖天资明健，合下便见本体，亦甚省力。而其弊也，或至厌弃事物，赚入别样蹊径。是在学者顾其天资力量，而慎择所由也。近世学者猖狂自恣，往往以主静为禅学，主敬为迂学，哀哉！（同上）

看这些话可知双江立论之大概。他确乎把握住一个枢机，对于致良知别有会心，故言之真切如此。本来未发已发问题是宋明道学界一大公案。自从周濂溪有主静立极之说，后来程子以“静”字稍偏，恐易生流弊，乃改用一“敬”字。但程门诸子即已发生纷歧，最明显的如：李延平继承杨龟山、罗豫章的传统，默坐澄心，体验喜怒哀乐未发以前气象，是专走未发一路，同时胡五峰有“察识端倪”之说，是专走已发一路。朱子虽早从延平，但于未发一着，并未得力。及遇张南轩，得闻五峰之学，对于“察识端倪”之说倒切实体会一番。但不久他感觉“急迫浮露”，“无深潜纯一之味”，“浩浩茫茫，无下手处”，乃复归于延平。几经反覆，乃又觉得还是只有程子妥当，延平之说终嫌稍偏。所以得后仍提出“敬”字作主脑，静时存养，动时省察，未发已发，双方兼顾。这场公案一时总算解决了。但朱子是二元论者，他的解决方法终不能融洽无间。及阳明提出个致良知，“良知之前，更无未发；良知之后，更无已发”，真可谓一了百当。然而他的门下又起分化了。双江以归寂为宗，专走未发一路，认已发无工夫可用，和他的许多同门，专走已发一路，而认未发上无工夫可用者，恰相对立。他所指摘当时已发派的毛病，和朱子所指“察识端倪”的毛病，也正相类似。他不把致良知的“致”字当作依照良知做去的意思，而当作一种收摄凝聚的工夫。愈收摄就是愈推致。这虽和阳明南京以前所走路径相合，但于致良知的口诀显然有所转手，所以才遭受同门的环攻。但是他有实在工夫，确乎能挽救左派猖狂之病，所以后来讲王学的很推重他。这种情形到罗念庵就更明显了。

罗念庵，名洪先，字达夫，生于孝宗弘治十七年（1504），卒于世宗嘉靖四十三年（1564），寿六十一岁。他是后来学者所公认为最能继承阳明之一人。然而他并没有见过阳明。当阳明年谱编定时，绪山语他道："子于师门，不称门生而称后学者，以师存日未得及门委贽也。子谓古今门人之称，其义止于及门委贽乎？子年十四时，欲见师于赣，父母不听，则及门者其素志也。今学其学者三纪于兹矣。非徒得其门，所谓升堂入室者，子且无歉焉，于门人乎何有？"谱中改称门人，绪山、龙谿证之也。念庵以濂溪无欲故静之旨为圣学嫡传。其于同门诸子，最心契双江。是时王门学者，除双江外，大概都说："知善知恶，即是良知；依此行之，即是致知。"念庵不以为然，对于"现成良知"之说力加反对。其言曰：

往年见谈学者皆曰："知善知恶，即是良知；依此行之，即是致知。"予尝从此用力，竟无所入，久而后悔之。（《甲寅夏游记》）

良知固出于禀受之自然而未尝泯灭，然欲得流行发现常如孩提之时，必有致之之功。非经枯槁寂寞之后，一切退听而天理炯然，未易及此。阳明之龙场是也。学者舍龙场之惩创，而第谈晚年之熟化。譬之趋万里者，不能蹈险出幽，而欲从容于九达之逵，岂止躐等而已哉？（《寄谢

高泉》）

从前为良知时时见在一句误却，欠缺培养一段工夫。培养原属收敛翕聚。甲辰夏，因静坐十日，恍恍见得，又被龙谿诸君一句转了。……阳明拈出良知，上面添一“致”字，便是扩养之意。……今却尽以知觉发用处为良知，至又易“致”字为“依”字，则是只有发用无生聚矣。（《与尹道舆》）

良知二字，乃阳明先生一生经验而后得之。……当时迁就初学令易入，不免指见在发用以为左券。至于自得，固未可以草草谬承。而因仍其说者，类借口实，使人猖狂自恣，则失之又远。（《寄张须野》）

他强调的讲那个“致”字。收摄凝聚，正是致良知的实功。必须从静中培养多少年，到枯槁寂寞，一切放下之后，然后良知的真面目炯然呈露。这样历程，阳明本人也是经过的。至于愚夫愚妇乍隐乍现的一点灵明，借以指点启发则可，若果然圣愚同视，专凭当下知觉信手做去，不下一种收摄凝聚的工夫，实实“致”它一番，终将流入猖狂一路，阳明当日并不如此。他学阳明是根据自己亲身所体验，在与阳明一生整个进学历程相对证，并不拘泥阳明的口诀，他讥斥那班专以师说压倒人的道:

阳明公门下争“知”字如敬师讳，不容人谈破。（《读双江致知议略》）

他认定解决自己性命问题要紧，不应该专在话头上拈弄。他说：

吾辈一个性命，千疮百孔，医治不暇，何得有许多为人说长道短耶？弟愿老兄将精一还尧、舜，感应还孔子，良知还阳明，无生还佛。直将当下胸中粘带，设计断除；眼前纷纭，设计平妥；原来性命，设计恢复。益于我者取之，而非徇其言也；害于我者违之，而非徒以言也。（《答何善山》）

他这样真切为性命，所以最注意工夫，而反对人空言本体。他说：

终日谈本体，不说工夫，才拈工夫，便指为外道，恐阳明先生复生亦当攒眉也。（《寄王龙谿》）

自来圣贤论学，未尝有不犯手做一言。未有学而不由

做者，惟佛家则立跻圣位。此龙谿极误人处。（《读双江致知议略》）

念庵和龙谿切磋处最多，其议论大部分都是为救龙谿之弊而发。但实际上龙谿尚不像泰州派那样撒手自在，他也有他的工夫。请看他说：

吾人包裹障重，世情窠臼，不易出头。以世界论之，是千百年习染；以人身论之，是半生依靠。见在种种行持点检，只在事情上寻得一件极好事业来做，终是看人口眼。若是超出事情汉子，必须从浑沌里立定根基，将一种要好心肠洗涤干净，枝叶愈活，灵根愈固。从此生天，生地，生人，生物，方是大生，方是生生不息真种子，今去此尚远也。（《与念庵书》，见念庵《冬游记》）

先师自谓："良知二字，是吾从万死一生中体悟出来，多少积累在。但恐学者见太容易，不肯实致其良知，反把黄金作顽铁用耳。"先师在留都时，曾有人传谤书，见之不觉心动，移时始化。因谓终是名根消煞未尽。譬之浊水澄清，终有浊在。余尝请问平藩事。先师云："在当时只合如此做，觉来尚有微动于气所在。使今日处之，更自不同。”夫良知之学，先师所自悟，而其煎销习心习气，积累保任工夫，又如此其密。吾党今日未免傍人门户，从言说知解承接过来，而其煎销积累保任工夫，又如此其疏。徒欲以区区虚见，影响缘饰，以望此学之明。譬如不务覆卵而即望其时夜，不务养珠而即望其飞跃，不务煦育胎元而即望其脱胎神化，益见其难也已。（《滁阳会语》）

看这样话简直和念庵如出一口。龙谿也深悉阳明进学的历程，用功的节次，知道良知一字不是容易得来。他也认为必须彻底煎销习心习气，从枯槁寂寞中培养生生不息的真种子。但他和念庵毕竟不同。他的煎销保任工夫，只在日常生活中。随处用力，无分动静。即发用，即收敛，即工夫，即本体。良知透出一分，就实“致”一分，愈“致”愈明，自然日有进境。依良知而行就是致良知，并不是另外还有“致”的工夫也。念庵却不是这样看法。他断然归宗于主静。如云：

致良知者，致吾心之虚静而寂焉，以出吾之是非；非逐感应以求其是非，使人扰扰外驰而无所于归，以为学也。未知，其发也；知而良，则其未发，所谓虚静而寂焉

者也。吾能虚静而寂，虽言不及感亦可也。（《双江七十寿序》）

今之言良知者，恶闻静之一言，以为良知该动静，合内外，主于静焉偏矣。此恐执言而未尽其意也。夫良知该动静，合内外，其统体也。吾之主静，所以致之，盖言学也。学必有所由而入，未有入室而不由户者。苟入矣，虽谓良知本静亦可也，虽谓致知为慎动亦可也。吾不能复无极之真者，孰为之乎？盖动而后有不善，有欲而后有动，动于欲而后有学。学者，学其未动焉者也。学其未动，而动斯善矣，动无动矣。（答董蓉山》）

周子所谓主静者，乃无极以来真脉络。其自注云：无欲固静。是一切染不得，一切动不得。庄生所言混沌者近之。故能为立极种子。非就识情中认得个幽闲暇逸者，便可替代为此物也。指其立极处，与天地合德，则发育不穷；与日月合明，则照应不遗；与四时合序，则错行不忒；与鬼神合吉凶，则感应不爽。修此而忘安排，故谓之吉；悖此而费劳攘，故谓之凶。若识认幽闲暇逸以为主静，便与野狐禅相似，便是有欲。一切享用玩弄安顿便宜厌忽纵驰隐忍狼狈之弊，纷然潜入而不自觉。即使孤介清洁，自守一隅，亦不免于偏听独任，不足以倡率防检，以

济天下之务。其与未知学者何异也。（《答门人》）

《传习录》有曰："无善无恶者理之静，有善有恶者气之动。不动于气，即无善无恶，是谓至善。夫至善者，非良乎？此阳明之本旨也。而今之言良知者，一切以知觉簸弄，终日精神随知流转，无复有凝聚纯一之时，此岂所谓不失赤子之心者乎？恐阳明公复出，不能不矫前言而易之以他辞也。洛村尝问独知时有念否？公答以戒惧亦是念，戒惧之念，无时可息，自朝至暮，自少至老，更无无念之时。盖指用功而言，亦即所谓不失赤子之心，非浮漫流转之谓也。今之学者，误相援引，便谓一切凡心，俱谓是念，实以遂其放纵恣肆之习。执事所见虽高，然大要以心属感，似与此辈微觉相类。自来闻良知之说以前，诸公之学颇多得力。自良知之说盛行，今二十余年矣。后之得力，较先进似或不勇。此岂无故耶？（《答陈明水》）

他对于主静一脉确有心得，确具正解，疑似之辨极精。他甚至议论到阳明的口诀上。龙谿曾说过："致良知三字，及门者谁不闻，惟我信得及。"念庵这种见解，若照龙谿看来，也就算对于致良知信不及了。然而从念庵看来，龙谿只是空谈，其所谓工夫简直不算工夫。如云：

> 龙谿之学，久知其详，不俟今日。然其讲工夫又却是无工夫可用。故谓之以良知致良知。……大抵本之佛氏。……直是与吾儒兢兢业业必有事一段绝不相蒙。（《与聂双江》）

念庵的主静，本是一种戒慎恐惧提撕警觉的工夫，所谓“尧舜兢业过一生”者，所以最不满意于龙谿的放荡。然而龙谿却也疑惑他枯寂。他曾经在石莲洞静修，默坐半榻间，不出者三年。龙谿访他于松原，问他行持比前何似，本想加以匡正，但他回答道：

> 往年尚多断续，近来无有杂念。杂念渐少，则感应处便自顺适。即如均赋一事，从六月至今半年，终日纷纷。未尝敢厌倦，未尝敢执着，未尝敢放纵，未尝敢张皇，惟恐一人不得其所。一切杂念不入，亦不见动静二境。自谓此即是静定工夫，非纽定默坐时是静，到动应时便无着静处也。（《松原志晤》）

这是他主静最得力处，龙谿也只有嗟叹而去。本来龙谿也未尝不静坐，未尝不说“静处体玩也好”，只是不把它当作少不了的主要工夫而已。念庵加强提出主静作把柄，这是他和龙谿毫发千里的地方。一个说，只要见得良知本体，静也好，动也好；一个说，非主静则良知无从致。两人所争只在这一点。然而念庵又说：

夫心一而已。自其不出位而言，谓之寂。位有常尊，非守内之谓也。自其常通微而言，谓之感。发微而通，非逐外之谓也。寂非守内，故未可言处，以其能感故也。绝感之寂，寂非真寂也。感非逐外，故未可言时，以其本寂故也。离寂之感，感非正感矣。此乃同出而异名，吾心之本然也。寂者一感者不一，是故有动有静，有作有止。人知动作之为感矣，不知静与动，止与作之异者境也，而在吾心未尝随境异也。随境有异，是离寂之感矣。感而至于酬酢万变，不可胜穷，而皆不外乎通微，是乃所谓几也。故酬酢万变，而于寂者未尝有碍。非不碍也，吾有所主故也。苟无所主，则亦驰逐而不返矣。声臭俱泯，而于感者未尝有息。非不息也，吾无所倚故也。苟有所倚，则亦胶固而不通矣。此所谓收摄保聚之功，君子知几之学也。学者自信于此灼然不移，即谓之守寂可也，谓之妙感亦可也；即谓之主静可也，谓之慎动亦可也。此岂言说之可定哉？……使于真寂端倪果能察识，随动随静，无有出入，不与世界物事相对待，不倚自己知见作主宰，不著道理名目生证解，不藉言语发挥添精神，则收摄保聚之功，自有准则，明道云："识得仁体，以诚敬存之，不须防检穷索，必有事而勿正，心勿忘勿助长，未尝致纤毫之力，此其存之之道。"固其准则也。（《甲寅夏游记》）

这段话讲得最精密，最圆融，比之双江似乎又进一步，可算是念庵的晚年定论。龙谿听罢，也笑着说："兄已见破到此，弟复何言。"似乎他们的意见已归一致了。黄梨洲谓念庵之学："始致力于践履，中归摄于寂静，晚彻悟于仁体。"在第二个阶段上，他对于双江《困辨录》中的意见完全一致。到第三阶段上，就稍有差别了。他在《读〈困辨录〉抄序》上说："余始乎笺是录，以为字字句句无一弗当于心；自今观之，亦稍有辨矣。"看他下文批评双江的地方，正和方所引《甲寅夏游记》中的话相契合；而这段话最后归结于明道的《识仁篇》，也许正是梨洲所谓"晚彻悟于仁体"的根据。前引诸段，亦与这段话很相类似的，或系同时期而言，此处未暇详考。总之，这些话都是周、程以降相传的微旨，无论阳明、龙谿、念庵都没有根本的异见，然而念庵终不肯苟同于龙谿者，特谓其认知觉情识为良知，遂至猖狂无忌惮耳。说到这里，我想起阳明进学的历程：

> ……自此之后，尽去枝叶，一意本源，以默生澄心为学的。有未发之中，始能有发而中节之和。视听言动，大率以收敛为主，发散是不得已。江右以后，专提致良知三字。默不假坐，心不待澄。不习不虑，出之自有天则。盖良知即是未发之中，此知之前更无未发；良知即是中节之和，此知之后更无已发。此知自能收敛，不须更主于收敛，此知自能发散，不须更期于发散。收敛者，感之体，静而动也；发散者，寂之用，动而静也。知之真切笃实处即是行，行之明觉精察处即是知，无有二也。居越以后，所操益熟，所得益化。时时知是知非，时时无是无非。开口即得本心，更无假借凑泊。如赤日当空，而万象毕照。是学成之后，又有此三变也。（《明儒学案》卷十）

这第一变分明就是后来双江、念庵所走路径，而前引念庵《甲寅夏游记》中那段话已庶几达到第二变。这第二变乃是王门普通口诀，龙谿讲得格外明朗。至龙谿四无之说，则庶几乎第三变了。照这样说，岂不是龙谿远非念庵所能及么？这倒不然。他们的高低，是不容轻易判定的。念庵有言：“善学者竭力为上，解悟次之，听言为下。龙谿是个“狂者”，全凭“解悟”，并非“竭力”实造其境。若念庵，却是个脚踏实地的人。他殊不喜欢唱高调，不像左派诸人那样张皇。他觉得左派诸人“承领本体太易”，也确乎能指出他们的症结所在。后来对于王学的各种修正意见，大概都是从这里发展出来的。

王塘南，名时槐，生于嘉靖元年（1522），卒于万历三十三年（1605），寿八十四岁。弱冠师事同邑刘两峰，刻意为学。仕而求贤于四方之言学者，未之或怠，终不敢自以为得。五十罢官，屏绝外务，反躬密体，如是三年，有见于空寂之体。又十年，渐悟生生真机，无有停息，不从念虑起灭，学从收敛而入，方能入微。故以透性为宗，研几为要。大体近念庵，而辨析磨勘，别出手眼，亦右派中之杰出者也。其言曰：

弟昔年自探本穷源起手，诚不无执恋枯寂。然执之之极，真机自生。所谓与万物同体者，亦盎然出之，有不容已者。非学有转换，殆如腊尽阳回，不自知其然也。兄之

学本从与物同体入手，此中最宜精研。若未能入微，则亦不无笼统漫过随情流转之病。（《与萧兑嵎》）

萧兑嵎，不详其来历，但从塘南这段话却可看出右派和左派不同地方。右派诸人自双江、念庵以至塘南，都是从枯槁寂寞中打熬出来的。左派诸人却没用过这种刻苦工夫，而直下承当，一出手就热哄哄的向万物一体处尽量发挥。在右派看来，这实在是“承领本体太易”，他们本源尚未清，真性尚未透，金银铜铁，混在一起，都只是“笼统漫过，随情流转”罢了。其流弊所极，当有如塘南所说：

学者以任情为率性，以媚世为与物同体，以破戒为不好名，以不事检束为孔、颜乐地，以虚见为超悟，以无所用耻为不动心，以放其心而不求为未尝致纤毫之力者多矣，可叹哉！（《三益轩会语》）

后来东林派就是用这些话攻击王学末流的。塘南认定学虽无分于动静，而必须从静入手。如云：

学无分于动静者也。特以初学之士，纷扰日久，本心真机尽汩没蒙蔽于尘埃中，是以先觉立教，欲人于初下手时，暂省外事，稍息尘缘，于静坐中默识自心真面目。久之，邪障彻而灵光露，静固如是，动亦如是。到此时，终日应事接物，周旋于人情事变中而不舍，与静坐一体无二。此定静之所以先于能虑也。岂谓终身灭伦绝物，块然枯坐，徒守顽空冷静以为究竟哉？（《答周守南》）

这些话和双江、念庵意思一样，而说得格外平易。他对于良知有个独到的解释：

知者，先天之发窍也。谓之发窍，则已属后天矣。虽属后天，而形气不足以干之。故知之一字，内不倚于空寂，外不堕于形气，此孔门之所谓中也。（《答朱易庵》）

性者，先天之理。知属发窍，是先天之子，后天之母也。此知在体用之间。若知前求体则着空，知后求用则逐物。知前更无未发，知后更无已发，合下一齐俱了，更无二功，故曰独。独者，无对也。（《答萧勿庵》）

生机者，天地万物之所从出，不属有无，不分体用。此几以前，更无未发，此几以后，更无已发。若谓生机以前，更有无生之本体，便落二见。……知者，意之体，非意之外有知也；物者，意之用，非意之外有物也。但举意之一字，则寂感体用悉具矣。意非念虑起灭之谓也，是生机之动而未形，有无之间也。独即意之入微，非有二也，意本生生。惟造化之机，不克则不能生。故学贵从收敛入，收敛即为慎独。此凝道之枢要也。（《与贺汝定》）

他从未发已发间把握住一个“窍”，就在这“窍”上，收摄凝聚，即此便是“知几”，便是“慎独”，便是“诚意”，便是“致良知”，一了百当。这些地方，虽然根本精神上仍是念庵一路，但立论已有微异。他更明显地说：

舍发而别求未发，恐无是理。既曰戒慎恐惧，非发而何？但今人将发字看得粗了，故以澄然无念时为未发。不知澄然无念正是发也。（《答钱启新》）

致良知一语，惜阳明发此于晚年，未及与学者深究其旨。先生没后，学者大率以情识为良知，是以见诸行事，殊不得力。罗念庵乃举未发以究其弊，然似未免于头上安头。夫所谓良知者，即本心不虑之真明，原自寂

然，不属分别者也。此外岂更有未发耶？（《三益轩会语》）

可见塘南对于未发已发的看法实不尽同于念庵，大足以折衷江右与浙中两派而解其纷。他辨析名理极精，如云：

断续可以言念，不可言意，生机可以言意，不可以言心；虚明可以言心，不可以言性。至于性则不容言矣。（《三益轩会语》）

澄潭之水，固发也；山下源泉，亦发也；水之性，乃未发也。离水而求水性，曰支；即水以为性，曰混；以水与性为二物，曰歧。惟时时冥念，研精入微，固道之所存也。（《答钱启新》）

这些地方真讲得剔透玲珑，头头是道。又说：

盈宇宙间，一气也。即使天地混沌，人物消尽，只一空虚，亦属气耳。此至真之气，本无终始，不可以先后天言。故曰“一阴一阳之谓道”。若谓别有先天在形气之外，不知此理安顿何处。通乎此则知洒扫应对便是形而

上者。（《与贺汝定》）

他很明澈的反对理气二元论。至于讲悟性、知几、慎独……许多精彩议论，我们不能一一阐述，总之，后来刘蕺山的许多说法，在塘南言论里早有发见了。

第三章 所谓狂禅派

当万历以后，有一种似儒非儒、似禅非禅的“狂禅”运动风靡一时。这个运动以李卓吾为中心，上溯至泰州派下的颜、何一系，而其流波及于明末的一班文人。他们的特色是“狂”，旁人骂他们“狂”，而他们也以“狂”自居。本来当年阳明就自命为“狂者”。如《传习录》载：

薛尚谦、邹谦之、马子莘、王汝止侍坐，因叹先生自征宁藩以来，天下谤议益众，请各言其故。有言先生功业势位日隆，天下忌之者众；有言先生之学日明，故为宋儒争是非者亦日博；有言先生自南都以后，同志信从者日众，而四方排阻者日益力。先生曰：“诸君之言，信皆有之。但吾一段自知处，诸君俱未道及耳。”诸友请问。先生曰：“我在南都以前，尚有些子乡愿的意思在。我今信得这良知真是真非，信手行去，更不着些覆藏。我今才做得个‘狂者’的胸次，使天下之人都说我‘行不掩言’也罢。”薛尚谦出，曰：“信得此过，方是圣贤的血脉。”

由此可知“狂”正是王学的本色。不过阳明究竟还不甚“狂”，后来左派就专从这一路发展了。龙谿极力辨别狂狷与乡愿，对于“狂者”大为赞扬。如云：

孔子不得中行，而思及于狂，又思及于狷。若乡愿则恶绝之甚，则以为德之贼。……狂者之意，只是要做圣人，其行有不掩，虽是受病处，然其心事光明超脱，不作些子盖藏回护，亦便是得力处。若能克念，时时严密得来，即为中行矣。狷者虽能谨守，未辨得必做圣人之志。以其知耻不苟，可使激发开展以入于道，故圣人思之。若夫乡愿，不狂不狷，初间亦是要学圣人。只管学成彀套，居之行之，象了圣人忠信廉洁；同流合污，不与世间立异，象了圣人混俗包荒。圣人则善者好之，不善者恶之，尚有可非可刺，乡愿之善既足以媚君子，好合同处又足以媚小人，比之圣人更觉完全无破绽。譬如紫色之夺朱，郑声之乱雅，更觉光彩艳丽。苟非心灵开霁，天聪明之尽者，无以发其神奸之所由伏也。……自圣学不明，世鲜中行，不狂不狷之习沦浃人之心髓。吾人学圣人者，不从精神命脉寻讨根究，只管取皮毛支节，趋避形迹，免于非刺，以求媚于世，方且傲然自以为是，陷于乡愿之似而不知，其亦可哀也已！（《与梅纯甫问答》）

夫狂者志存尚友，广节而疏目，旨高而韵远，不屑弥缝格套以求容于世。其不掩处虽是狂者之过，亦其心事光明特达，略无回护盖藏之态，可几于道。天下之过，与天下共改之，吾何容心焉。若能克念，则可以进于中行，此孔子所以致思也。（《与阳和张子问答》）

他看世儒，依照圣贤榜样，道理格式，专去陪奉旁人颜色行事，完全是一种乡愿学问，所以明显提倡狂者一路以矫其弊。张元益称他道：

宁为阔略不掩之狂士，毋宁为完全无毁之好人；宁为一世之嚣嚣，毋宁为一世之翕翕。（《龙谿墓志铭》）

唐荆川称他道：

笃于自信，不为形迹之防，包荒为大，无净秽之择。（《明儒学案》引）

这是龙谿的狂者作风。至于心斋，连阳明也觉得他“意气太高，行事太奇”，而加以裁抑，其“狂”更不用说了。然而他们究竟还都是名教中人，没有大越普通儒者的矩矱，没有干脆成为“狂禅”。直到颜、何一派，情形便不同了。他们已经真成为“狂禅”，而为李卓吾的先驱了。兹分述其学行大略如后：

（1）颜山农 山农名钧，吉安人。尝师事刘狮泉，无所得。乃从徐波石学，得泰州之传。尚游侠，好急人之难。赵大洲赴贬所，山农偕之行。徐波石战死元江府，山农寻其骸骨归葬。颇欲有为于世，以寄民胞物与之志。然世人见其张皇，无贤不省皆恶之。以他事下南京狱，必欲杀之。近溪为之营救，不赴廷对者六年。近溪谓周恭节曰：“山农与相处三十余年，其心髓精微，决难伪饰。不肖敢谓其学直接孔、孟，俟诸后贤，断断不惑。不肖菲劣，已蒙门下知遇。又敢窃谓门下虽知百近溪，不如今日一察山农子也。”山农以戍出，年八十余。

山农之学，大致谓：人心妙万物而不测者也。性如明珠，原无尘染。有何睹闻？着何戒慎？平时只是率性，所行纯任自然，便谓之道。及时有放逸，然后戒慎恐惧以修之。凡儒先见闻，道理格式，皆足以障道。其立说详情现在虽无从考究，但即就此所述大旨看来，已可知山农将传统的道理格套尽与扫除，即戒慎恐惧工夫亦抛置一旁。勇往直前，放手做去。触世纲，犯众怒。其张皇气象，游侠精神，已显然非名教所能羁绊了。

（2）何心隐　心隐本姓梁，名汝元，字夫山，后改姓名为何心隐。吉州永丰人。少补诸生，从学于山农，与闻心斋立本之旨。时吉州三四大老方以学显，心隐恃其知见，辄狎侮之。谓《大学》先齐家，乃构萃和堂以合族。身理一族之政，冠婚丧祭赋役，一切通其有无。行之有成。会邑令有赋外之征，心隐贻书以诮之。令怒，诬之当道，下狱中。孝感程后台在胡总制幕府，檄江抚出之。总制得心隐，语人曰："斯人无所用，在左右能令人神王耳。"已同后台入京师，与罗近溪、耿天台游。一日，遇江陵于僧舍。江陵时为司业。心隐率尔曰："公居太学，知《大学》道乎？"江陵为无闻也者，目摄之曰："尔意时时欲飞，却飞不起也。"江陵去，心隐嗒然若丧，曰："夫夫也，异日必当国，当国必杀我。"心隐在京师，辟谷门会馆，招来四方之士。方技杂流，无不从之。是时政由严氏，忠臣坐死者相望，卒莫能动。有蓝道行者，以乱术幸上。心隐授以密计，侦知嵩有揭帖，乩神降语，今日当有一奸臣言事。上方迟之，而嵩揭至，上由此疑嵩。御史邹应龙因论嵩败之。然上犹不忘嵩，寻死道行于狱。心隐踉跄南过金陵，谒何司寇。司寇者，故为江抚，脱心隐于狱者也，然而严党遂为严氏仇心隐。心隐逸去。从此踪迹不常，所游半天下。江陵当国，御史傅应祯、刘台连疏攻之，皆吉安人也，江陵因仇吉安人。而心隐故尝以术去宰相，江陵不能无心动。心隐方在孝感聚徒讲学，遂令楚抚陈瑞捕之。未获而瑞去。王之垣代之，卒致之。心隐曰："公安敢杀我，亦安能杀我。杀我者，张居正也。"遂死狱中。

心隐之学，不坠影响。有是理则实有是事。无声无臭，事藏于理，有象有形，形象于事。所以他说：

> 无极者，流之无君父者也。必皇建其有极，乃有君而有父也。必会极，必归极，乃有敬，敬以君君也，乃有亲，亲以父父也。又必易有太极，乃不堕于弑君弑父，乃不流于无君无父，乃乾坤其君臣也，乃乾坤其父子也。又曰："孔孟之言无欲，非濂溪之言无欲也。欲惟寡则心存，而心不能以无欲也。欲鱼、欲熊掌，欲也，舍鱼而取

熊掌，欲之寡也。欲生、欲义，欲也；舍生而取义，欲之寡也。欲仁，非欲乎？得仁而不贪，非寡欲乎？从心所欲，非欲乎？欲不逾矩，非寡欲乎？”

他反对无极，反对无欲，明白指斥濂溪，打破传统的道学旧套，其骏快处直接近后来的陈乾初、潘用微、颜习斋。然而机权变诈，纵横无碍，为目的不择手段，绝不类普通儒者的面目了。

（3）邓豁渠　豁渠，初名鹤，号太湖，蜀之内江人。为诸生时不悦学。赵大洲为诸生谈圣学于东壁，渠为诸生讲举业于西序，朝夕声相闻，未尝过而问焉。已渐有入，卒抠衣为弟子。一旦弃家出游，遍访知学者。以为性命甚重，非拖泥带水可以成就。遂落发为僧，访李中溪元阳于大理，访邹东廓、刘狮泉于江右，访王东崖于泰州，访蒋道林于武陵，访耿楚倥于黄安，与大洲不相闻者数十年。大洲起官，过卫辉，渠适在焉，出迎郊外。大洲望见惊异，下车执手，徒行十数里，彼此潸然流涕。大洲曰：“误子者余也。往余言学过高，致子于此，吾罪业重矣。向以子为死，罪恶莫赎。今尚在，亟归庐尔父墓侧，终身可也。吾割田租百石赡子。”因书券给之。时有来大洲问学者，大洲乃令渠答之。大洲听其议论，大恚曰："吾藉是以试子，近诣乃荒谬至此。"大洲入京，渠复游齐鲁间，初无归志。大洲入相，乃来京候谒。大洲拒不见，属官蜀者携之归。至涿州，死野寺中。

渠自序为学云："己亥，礼师，闻良知之学。不解。入青城山，参禅十年。至戊申，入鸡足山，悟人情事变外有个拟议不得妙理。当时不遇明师指点，不能豁然通晓。癸丑，抵天池，礼月泉，陈鸡足所悟。泉曰：'第二机即第一机。'渠遂认现前昭昭灵灵的，百姓日用不知，渠知之也。甲寅，庐山礼性空。……戊午，居澧州八年，每觉无日新之益。因入黄安，居楚倥茅屋。始达父母未生前的，先天地生的，水穷山尽的，百尺竿头外的，所谓不属有无，不属真妄，不属生灭，不属言语，常住真心，与后天事不相联属。向日鸡足所参人情事变的，豁然通晓。被月泉所悟二十余年。丙寅以后，渠之学日渐幽深玄远。如今也没有我，也没有道，终日在人情事变中，若不自与，泛泛然如虚舟飘瓦而无着落。脱胎换骨，实在于此。"梨洲谓："渠学之误，只主见性，不拘戒律。先天是先天，后天是后天；第一义是第一义，第二义是第二义。身之与性，截然分为二事。言在世界外，行在世界内。人但议其纵情，不知其所谓先天第一义者，亦只得完一个无字而已。"

看豁渠这样行径，真活画出一个"狂禅"样子。本来大洲对于禅学已经直认不讳，然而他却不“狂”。若豁渠则“狂”得连大洲也不能不骂他荒谬了。

（4）管东溟　东溟，名志道，字登之，苏之太仓人。江陵秉政，东溟时为刑部主事，上疏条九事以讥切时政，出为广东佥事。后以老疾致仕。万历三十六年卒，寿七十三岁。

东溟受业于耿天台，著书数十万言。大抵鸠合儒释，浩汗而不可方物。顾泾阳曾与辩难，其往复书牍见于泾阳《证性编》卷五。《明儒学案》撮述其大旨道：

> ……谓乾元无首之旨与华严性海浑无差别。易道与天地准，故不期与佛、老之祖合而自合。孔教与二教峙，故不期与佛、老之徒争而自争。教理不得不圆，教体不得不方。以仲尼之圆，圆宋儒之方，而使儒不碍释，释不碍儒。以仲尼之方，方近儒之圆，而使儒不滥释，释不滥儒。唐宋以来，儒者不主孔奴释，则崇释卑孔，皆于乾元性海中自起藩篱。故以乾元统天，一案两破之也。其为孔子阐幽十事言：孔子任文统不任道统，一也；居臣道不居师道，二也；删述六经，从游七十二子，非孔子定局，三也；与夷、惠易地则为夷、惠，四也；孔子知天命，不专以理，兼通气运，五也；一贯尚属悟门，实之必以行

门，六也；敦化通于性海，川流通于行海，七也；孔子曾师老聃，八也；孔子从先进，是黄帝以上，九也；孔子得位，必用桓、文做法，十也。

这些话真算大胆，直可放到清末今文学家启蒙运动者如康南海、潭浏阳诸人文集中。他打破儒术一尊的局面，极力抬高佛的地位。他把孔子看得很圆活，可以为夷、惠，可以为黄、老，可以为桓、文。道德、刑名、权谋、术数，兼容并包，随机运用，可算是思想上一大解放。狂禅派的理论大纲，已具备于此了。

除以上诸人外，尚有方湛一、程后台、钱怀苏等，兹不具述。梨洲总论他们道：

龙豀之后，力量无过于龙豀者，又得江右为之救正，故不至十分决裂。泰州之后，其人多能赤手以搏龙蛇。传至颜山农、何心隐一派，遂非复名教之所能羁络矣。顾端文曰："心隐辈坐在利欲胶漆盆中，所以能鼓动得人，只缘他一种聪明亦自有不可到处。"羲以为非其聪明，正其学术也。所谓祖师禅者，以作用见性。诸公掀翻天地，前不见有古人，后不见有来者。释氏一棒一喝，当

机横行，放下拄杖，便如愚人一般。诸公赤身担当，无有放下时节，故其害如是。（《学案》卷三十二）

梨洲把颜、何这般人的学术看作祖师禅一路。关于祖师禅的话，梨洲讲得很多，后面我们还要提到。总而言之，这是一种纵横无碍大活动的禅，也正可说是“狂禅”。这种狂禅运动到李卓吾算是发展到极端了。

李卓吾，名贽，泉州晋江人。生于嘉靖六年（1527），卒于万历三十年（1602），寿七十六岁。年十二，试老农老圃论，曰：“吾时已知樊迟之问，在荷蒉丈人间。”及长，身七尺，目不苟视。虽至贫，辄时时助朋友之急。读传注，愦愦不省，不能契朱子深心。欲弃置不事，而闲甚，无以消岁月。乃叹曰：“此直戏耳！但剽窃得滥目足矣，主司岂一一能通孔圣精蕴者耶？”既领乡荐，以道远，不再上公车，为共城校官。共城为宋李之才宦游地，有邵康节安乐窝，在苏门山百泉上。卓吾生于泉，泉为温陵禅师福地，故曾自号温陵居士。至是，日遨游百泉之上，曰：“吾泉而生，又泉而官，泉于吾有夙缘矣”。因又自号百泉居士。后官礼部司务，曰：“吾闻京师人士所都，盍访而学焉。”人曰：“子性太窄，苟闻道，当自宏阔。”卓吾曰：“然。”遂又自命为宏父。初未知学道，或语之曰："公怖死否？"卓吾曰："死安得不怖？"曰："公既怖死，何不学道？学道所以免生死也。"卓吾曰："有是哉？"遂潜心道妙。久之，有所契，超然于语言文字之表。出为姚安知府。为政举大体，一切持简易，任自然，务以德化，不贾世俗能声。自治清苦，僚属士民胥吏夷酋莫不向化。喜与衲子游，常住伽蓝判事。或坐堂上，置名僧其间，簿书有暇，即与参论玄虚。俸禄之外，了无长物。是时上官严刻，吏民多不安。卓吾曰："边方杂夷，法难尽执，仕于此者，携家万里而来，动以过失狼狈去，尤不可不念之。但有一长，即为贤者，岂宜责备耶？"居三年，以病告，不许。遂入大理之鸡足山，阅《藏经》，不出。御史刘维奇其节，疏令致仕。初与黄安耿子庸善，既罢郡，不归家，曰："吾老矣，得一二胜友，终日晤言，以遣余日，何必故乡也？"遂客黄安。中年，得数男，皆不育。体素癯，淡于声色，恶近妇人，故虽无子不置婢妾。旋至麻城龙潭湖上，与僧无念、周友山、邱坦之、杨定见聚。闭门下键，日以读书为事。性爱扫地，数缚帚不给。衿裾浣洗，极其鲜洁；拂身拭面，有同水淫。不喜俗客，不获辞而至，但一交手，即令之远坐，嫌其气味。其欣赏者，镇日言笑，意所不契，寂无一语。滑稽排调，冲口而发，既能解颐，亦可刺骨。所读书皆钞为善本，逐字雠校，肌襞理分，时出新意。其为文，不阡不陌，摅其胸中之独见。亦喜为书，每研墨伸纸，则解衣大叫，得意者瘦劲险绝，骨棱棱纸上。一日，头痒，倦于梳栉，遂剃其发，独存鬓须；去衣冠，即所居为禅院。居常与侍者论出家事曰："世间有三等人宜出家。其一，如庄周、梅福之徒，以生为我梏，形为我辱，智为我毒，灼然见身世如赘瘤然，不得不弃官隐者，一也。其一如严光、阮籍、陈抟、邵雍之徒，苟不得比于傅说之遇高宗，太公之遇文王，管仲之遇桓公，孔明之遇先主，则宁隐勿出，亦其一也。又其一者，陶渊明是也。亦爱富贵，亦苦贫穷。苦贫穷，故以乞食为耻，而曰"叩门拙言辞"；爱富贵，故求为彭泽令，然无奈其不肯折腰何？是以八十日便赋归去也，此又其一也。侍者进曰："先生于三者何居？"卓吾曰："卓哉庄周、梅福之见，我无是也。待知己之主而后出，必具盖世才，我亦无是也。其陶公乎？夫陶公清风被千古，余何人而敢云庶几焉。然其一念真实，不欲受世间管束，则偶与之同也。"卓吾喜接引人，来问学者，无论缁白，披心酬对，风动黄、麻间。时有女人来听法，或言女人见短，不堪学道。卓吾曰："谓人有男女则可，谓见有男女岂可乎？……且彼为法来者，男子不如也。"卓吾气概激昂，行复惊众，黄、麻间士大夫皆大噪，诋为左道惑众。因卓吾共彼中士女谈道，刻有《观音问》等书，忌者更以帷簿蜚语，思逐去之。卓吾笑曰：“吾左道耶？即加冠可也。”遂服其旧服。于时左辖刘东星迎卓吾武昌，自后屡归屡游。刘晋川迎之泌水，梅之丞迎之云中，焦弱侯迎之秣陵，皆推尊为圣人。无何，复归麻城。又有以蜚语闻当事者。当事乃逐卓吾而火其兰若。御史马诚所常问卓吾易义，大服，事以师礼，奉之入黄蘗山。壬寅，北游，抵郊外极亲寺，馆于通州诚所家。忽蜚语传京师，谓卓吾著书丑诋四明沈相。沈相恨甚，踪迹无所得。礼垣都谏张诚宇乃疏劾之，遂逮下诏狱。逮者至，邸舍匆匆。卓吾力疾起行数步。大声曰：“是为我也。为我取门片来。”遂卧其上，疾呼曰：“我罪人也，不宜留。”诚所愿从，曰：“朝廷以先生为妖人，我藏妖人者，死则俱死耳，终不令先生往而己独留。”卒同行。明日，大金吾寘讯，侍者掖而入，卧于阶上。金吾曰：“若何以妄著书？”卓吾曰:“罪人著书甚多，具在圣教，有益无损。”大金吾笑其倔强。狱竟，无所置辞，大略止回籍耳。久之，旨未下。卓吾于狱中作诗读书自如，当事亦未必遽欲之死也。一日，呼侍者剃发，遂持刀自割其喉，气不绝者两日，侍者问：“和尚痛否？”以指书其手曰：“不痛。”又曰：“和尚何自割？”书曰：“七十老翁何所求？”遂绝。诚所以事缓，归觐其父。至是，闻而伤之曰："吾护持不谨，以致于斯也。"乃葬其骸于通州北门外，为之大治塚墓，营佛刹焉。

卓吾所著有《焚书》、《藏书》、《说书》、《九正易因》等书。其学不守绳墨，出入儒、佛之间，而大旨渊于姚江。他自称"不曾四拜受业一个人以为师"，而对于王学左派诸人备致推崇。尤其倾倒的是龙谿，其次是近溪。僧深有述他道：

> 忆公告某曰："我于南都，得见王先生者再，罗先生者一。及入滇，复于龙里得再见罗先生焉。"然此丁丑以前事也。自后无岁不读二先生之书，无口不谈二先生之学。令某听之，亲切而有味，详明而不可厌。使有善书者执管侍侧，当疾呼手腕脱矣，当不止十纸百纸，虽千纸且有余矣。（《罗近溪先生告文》）

卓吾与龙谿、近溪，这样的津津乐道，惟恐不得尽传其秘旨。在这篇告罗先生文中，表示满腔向往的热诚，说的娓娓动人。他称龙谿道：

> 圣代儒宗，人天法眼；白玉无瑕，黄金百炼。……虽

生也晚，居非近，其所为凝眸而注神，倾心而悚听者，独先生而已。……我思古人，实未有如先生者也。（《王龙谿先生告文》）

先生此书，前无往古，后无将者。后有学者，可以无复著书矣。（《龙谿先生文录抄序》）

世间讲学诸书，明快透髓，自古及今，未有如龙谿先生者。……龙谿先生全刻，千万记心遗我！盖近溪《语录》，须领悟者乃能观于言语之外，不然，未免反加绳束，非如王先生字字皆解脱门，既得者读之足以印心，未得者读之足以证入也。（《复焦弱侯》）

这真是心悦诚服，倾佩到极点，其所以未得到入龙谿门下者，只差一拜耳。他称泰州学派道：

当时阳明先生门徒遍天下，独有心斋为最英灵。心斋本一灶丁也，目不识丁。闻人读书，便自悟性，径往江西见王都堂，欲与之辩质所悟，此尚以朋友往也。后自知其不如，乃从而受业焉。故心斋亦得闻圣人之道，此其气骨为何如者！心斋之后为徐波石，为颜山农。山农以布衣讲学，雄视一世，而遭诬陷；波石以布政使请兵督战而死广南。云龙风虎，各从其类，然哉！盖心斋真英雄，故其徒亦英雄也。波石之后为赵大洲，大洲之后为邓豁渠，山农之后为罗近溪，为何心隐，心隐之后为钱怀苏，为程后台，一代高似一代。所谓大海不宿死尸，龙门不点破额，岂不信乎！心隐以布衣出头倡道而遭横死。近溪虽得免于难，然亦幸耳，卒以一官不见容于张太岳。盖英雄之士，不可免于世，而可以进于道。（《为黄安二上人大孝文一首》）

泰州派下这一大批人物，在普通儒者眼中简直是一群怪物，而卓吾却极口称赞他们是英雄，把他们写得生龙活虎一般。他有一篇《何心隐论》，称心隐为“上九之大人”，极力替他伸冤道：

今观其时，武昌上下，人几数万，无一人识公者，无不知公之为冤也。方其揭榜通衢，列公罪状，聚而观者，咸指其诬，至有嘘呼叱咤不欲观焉者，则当日之人心可知矣。由祁门而江西，又由江西而南安，而湖广，沿途三千余里，其不识公之面而知公之心者，三千余里皆然也。非惟得罪于张相者、有所憾于张相而云然，虽其深相信以为大有功于社稷者，亦犹然以此举为非是，而咸谓杀公以媚张相者之为非人也。则斯道之在人心，真如日月星辰，不可盖覆矣。

读此段可以想见何心隐一流人在当时声势之大，影响之深。卓吾学风和心隐很相近，对于他尤其是深表同情，故为之扼腕太息如此。气求声应，从卓吾上面许多言论看来，可知其与王学左派关系之深了。

卓吾思想最狂放，最敢发惊人的议论，如云：

成大功者必不顾后患，故功无不成，商君之于秦，吴起之于楚是矣。而儒者皆欲之，不知天下之大功，果可以顾后患之心成之否也，吾不得而知也。顾后患者必不肯成天下之大功，庄周之徒是已。是以宁为曳尾之龟，而不肯受千金之聘；宁为濠上之乐，而不肯任楚国之忧。而儒者皆欲之，于是乎又有居朝廷则忧其民，处江湖则忧其君之论。不知天下果有两头马否也，吾又不得而知也。墨子之学术贵俭，虽天下以我为不拔一毛不恤也。商子之学术贵法，申子之学术贵术，韩非子之学兼贵法、术，虽天下以我为残忍刻薄不恤也。曲逆之学术贵诈，仪秦之学术贵纵横，虽天下以我为反覆不信不恤也。不惮五就之劳，以成夏、殷之绩，虽天下后世以我为事两主而兼利，割烹要而试功，立太甲而复反可也。此又伊尹之学术以任，而直谓之能忍诟焉者也。以至谯周、冯道诸老，宁受祭器归晋之谤，历事五季之耻，而不忍无辜之民日遭涂炭。要皆有一定之学术，非苟苟者。各周于用，总足办事。彼区区者欲选择其名实俱利者而兼之，得乎？此无他，名教累之也。以故瞻前虑后，左顾右盼。自己既无一定之学术，他日又安有必成之事功耶？而又好说时中之语以自文。又况依仿陈言，规迹往事，不敢出半步者哉？（《孔明为后主写申韩管子六韬》）

他竟敢说名教累人，竟敢贬斥儒家而推奖诸子，甚至连谯周、冯道，万世唾骂为无耻的老奸巨猾，他也竟替他们洗刷，表彰他们救民的苦心。他在《藏书》中，还称他们为“吏隐”。这真是不“以孔子之是非为是非”，一翻千古成案，可谓大胆已极。他又骂儒生道：

儒臣虽名为学，而实不知学。往往学步失故，践迹而不能造其域，卒为名臣所嗤笑，然其实不可以治天下国家，亦无怪其嗤笑也。自儒者以文学名为“儒”，故用武者遂以不文名为“武”，而文武从此分矣。……夫圣王之王也，居为后先疏附，出为奔走御侮，曷有二也？惟夫子自以“尝学俎豆，不闻军旅”辞卫灵，遂为邯郸之妇所证据，千百世之儒皆为妇人矣。可不悲乎！使曾子、有子若在，必知夫子此语，即“速贫速朽”之语，非定论也。呜呼！受人家国之托者，慎无刻舟求剑，托名为儒，求治而反以乱；而使世之真才实学，大贤上圣，皆终身空室蓬户已也，则儒者之不可以治天下国家信矣。（《藏书·纪传总目后论》）

他反对儒生，只因他们没有用。他所要求的是真才实学。只要有真才实学，黄、老也可，申、韩也可，苏、张也可，孙、吴也可，他们总都各有其用，不像“两头马”的儒家，欺世盗名，空谈无补。他有时候太忿激了，简直称赞起盗贼。《焚书》卷四《杂述·因记往事》中，借一个大盗林道乾大发议论道：

夫道乾横行海上，三十余年矣。自浙江、南直隶以及广东、福建数省近海之处，皆号称财赋之产，人物隩区者，连年遭其荼毒。攻城陷邑，杀戮官吏，朝廷为之旰食。除正刑都、总统诸文武大吏外，其发遣囚系，逮至道路而死者，又不知其几也。而林道乾固横行自若也。今幸圣明在上，刑罚得中，倭夷远遁，民人安枕，然道乾犹然无恙如故矣。称王称霸，众愿归之，不肯背离。其才识过人，胆气压乎群类，不言可知也。设使以林道乾当郡守二千石之任，则虽海上再出一林道乾，亦决不敢肆。设以李卓老权替海上之林道乾，吾知此为郡守林道乾者，可不数日而即擒杀李卓老，不用损一兵费一矢为也。又使卓老为郡守时，正当林道乾横行无当之日，国家能保卓老决能以计诛擒林道乾，以扫清海上数十年之逋寇乎？此皆事之可见者，何可不自量也。

嗟乎！平居无事，只解打恭作揖，终日匡坐，同于泥塑，以为杂念不起，便是真实大圣大贤人矣。其稍学奸诈者，又搀入良知讲席，以阴博高官。一旦有警，则面面相觑，绝无人色；甚至互相推诿，以为能明哲。盖因国家专用此等辈，故临时无人可用。又弃置此等辈有才有胆有识者而不录，又从而弥缝禁锢之，以为必乱天下，则虽欲不作贼，其势自不可耳。设国家能用之为郡守令尹，又何止足当胜兵三十万人已耶？又设用之为虎臣武将，则阃外之事可得专之，朝廷自然无四顾之忧矣。惟举世颠倒，故使豪杰抱不平之恨，英雄怀罔措之戚，直驱之使为盗也。

他极口称赞林道乾，以为胜过自己万万。他以为这等人有真本领，是真人才，而深惜国家不能收用，以致流为盗贼。他骂一般士大夫只会作揖打恭，骗取禄位，一点事情担当不了。他喜欢的是英雄豪杰，而不是木偶般的道学先生。他取人很宽，绝不拘定一途。他尊重邓豁渠，同时却也尊重赵大洲，他尊重何心隐，同时却也尊重张江陵。他说：

吾谓赵老真圣人也。渠当终身依归，而奈何其遽舍之而远去耶！然要之各从所好，不可以我之意而必渠之同此意也。（《复邓石阳》）

如其迹，则渠老之不同于大老，亦犹大老之不同于心老，心老之不同于阳明老也。若其人，则安有数老之别哉？（《又答石阳太守》）

豁渠和大洲，如上文所述，分明是两样行径。此是则彼非，此非则彼是，似乎不能并立。但卓吾两称之，以为尽不妨各从所好，后贤与前贤，弟子与师，是不必相袭的。这样论人已经是很宽大，很活动，不像一般道学家把世界上人都要限定在一条路上。尤其可以注意的是他称赞张江陵。江陵杀何心隐，本是他极痛心的事情，他所以和耿天台弄到绝交者，其根源实由于此。然而他对于江陵却极尊重。他说：

何公布衣之杰也，故有杀身之祸；江陵宰相之杰也，故有身后之辱。不论其败而论其成，不追其迹而原其心，不责其过而赏其功，则二老者皆吾师也。非与世之局琐取容，埋头顾影，窃取圣人之名，以自盖其贪位固宠之私者比也。（《答邓明府》）

江陵和心隐，都非俗流，都是豪杰，都可以奉为师表。江陵虽反对讲学，但其伟大不可及处不容因此而埋没，并且世俗一班讲学家也真太不成样子。关于心隐之死，卓吾颇为江陵出脱。他骂那班杀心隐以媚江陵者为非人，但那自是一班小人干的勾当；至于江陵本人，根本没有把心隐放在眼里，何尝必欲杀他呢？冤心隐而不恨江陵，公是公非，公好公恶，卓吾这种见识度量，殊非一般讲学家所能及。他对于江陵向慕不已。如云：

些小变态，便仓惶失措，大抵今古一局耳，今日真令人益思张江陵也。（《答陆思山》）

今惟无江陵其人，故西夏叛卒，至今负固。（《焚书·与友山》）

此语只可对死江陵与活温陵道耳。（同上）

他竟然要拉江陵为同志了。江陵曾说何心隐“尔意时时欲飞”，看卓吾这种张皇亢奋跃跃欲试的神情，亦正好以此语赠之。他很崇拜事功，所以称赞江陵，称赞管仲，斥董仲舒为章句腐儒，而反对其“正谊不谋利，明道不计功”之说。他昌言道：

天下曷尝有不计功谋利之人哉！若不是真实知其有利益于我，可以成吾之大功，则乌用正谊明道为耶？（《贾谊》）

这是多么明白干脆的功利主义！然而尚不止此，他还大谈术数呢。他说：

汉文有汉文之术数也，汉高有汉高之术数也，二五帝伯又自有二五帝霸之术数也。以至六家九流，凡有所挟以成大功者，未尝不皆有真实一定之术数。惟儒者不知，故不可以语治。（《晁错》）

卓吾、心隐这一流人，常被后儒骂为狂禅派。禅而大谈功利，大谈术数，好像是很奇怪的。但是我们须知禅也不止一种，他们所得力的不是枯槁寂灭的禅，而是大活动的禅；也就如梨洲所说，不是如来禅，而是祖师禅。当时儒、释疆界，已被冲破，王学左派诸人，多走向祖师禅一路。如管东溟混三教，汗漫不可方物，而却云，“孔子得位，必用桓、文做法”。从释、老到杂霸，和卓吾所走正是一样路径。他们都是狂放不羁的人物。什么正学，什么异端，根本没有放在他们眼里。掀翻天地，当机横行。金银铜铁，搅成一团。这班人是不能以寻常尺度相绳的。卓吾《焚书·豫约篇》有“感慨平生”一条，缕缕自述其生平遭际，只因“不受管束”之故，碰了许多钉子：

……余惟以不受管束之故，受此磨难，一生坎坷，将大地为墨，难写尽也。为县博士，即与县令、提学触；为太学博士，即与祭酒、司业触；如秦、如陈、如潘、如吕，不一而足矣。司礼曹务，即与高尚书、殷尚书、王侍郎、万侍郎尽触也。……最苦者，为员外郎，不得尚书谢、大理卿董并汪意。谢无足言矣，汪与董皆正人，不宜与余抵。然彼二人者，皆急功名，清白未能过人，而自贤则十倍矣，余安得免触耶？又最苦而遇尚书赵。赵于道学有名。孰知道学益有名而我之触益又甚也。最后为郡守，即与巡抚王触，与守道骆触……

最后他落发出家了。然而就只为这落发一事又引起许多麻烦。这段文章写得委委曲曲，凄恻动人，最足表现他爱好自由冲抉世网的精神，以文繁姑不具录。因为这种极端自由主义，极端发展个性主义，曾闹出一场笑话：

常志者，乃赵瀫阳门下一书吏。后出家，礼无念为师。龙湖（卓吾）悦其善书，以为侍者，常称其有志，数加赞叹鼓舞之。使抄《水浒传》。每见龙湖称说《水浒》诸人为豪杰，且以鲁智深为真修行，而笑不吃狗肉的诸长老为迂腐，一一作宝法会。初尚恂恂不觉，久之，与其侪伍有小忿，遂欲放火烧屋。龙湖闻之大骇，微数之。即叹曰："李老子不如五台山智证长老远矣。智证长老能容鲁智深，老子独不能容我乎？”时时欲学智深行径。龙湖性褊多嗔，见其如此，恨甚。乃令人往麻城招杨凤里至右辖处，乞一邮符，押送之归湖上。道中见邮卒牵马少迟，怒目大骂曰：“汝有几颗头？”其可笑如此。后龙湖恶之甚，遂不能安于湖上，北走长安，竟流落不振以死。痴人前说不得梦，此其一征也。（《袁小修日记》卷之八）

卓吾借《水浒》说法，特别赞扬鲁智深。这是当然的，鲁智深恰好是一个“狂禅”的标本。谁知那位侍者受卓吾薰染了，真要学鲁智深了，这却使卓老也受不住了。主仆二人，狂态可掬。当时崇拜卓吾的，直把他当成圣人，反对卓吾的，却又把他看成洪水猛兽。总而言之，他不是个寻常的人，他对于当时思想界有广泛而深刻的影响。邹颖泉《语录》载：

　　李卓吾倡为异说，破除名行，楚人从者甚众，风习为之一变。刘元卿问于先生曰：“何近日从卓吾者之多也？”曰：“人心谁不欲为圣贤，顾无奈圣贤碍手耳。今渠谓酒色财气一切不碍菩提路。有此便宜事，谁不从之。”

这种批评虽说不一定全合真情，但卓吾这班狂禅派确乎是大开方便之门，绝不是循规蹈矩的。他们也确乎是把圣人这个名字便宜出卖，如罗近溪称颜山农为圣人，杨复所称罗近溪为圣人，卓吾称赵大洲为圣人，焦弱侯亦称卓吾“可坐圣人第二席”，真可谓“满街都是圣人”了。这种狂禅潮流影响一般文人，如公安派、竟陵派以至明清间许多名士才子，都走这一路，在文学史上形成一个特殊时代。他们都尊重个性，喜欢狂放，带浪漫色彩。他们都津津乐道卓吾和左派王学家的故事。如袁伯修述：

> 前辈为余言：阳明接人，每遇根性软弱者，则令其诣湛甘泉受学。甘泉自负阳明推己，欢然相得。其实阳明汰去砂砾，直寻真金耳。于是王龙谿妙年任侠，日日在酒肆博场中，阳明亟欲一会，不来也。阳明却日令门弟子六博投壶，歌呼饮酒。久之，密遣一弟子瞰龙谿所至酒家，与其赌。龙谿笑曰：“腐儒亦能博乎？”曰：“吾师门下日日如此。”龙谿乃惊，求见阳明。一睹眉宇，便称弟子矣。（《白苏斋类集》卷二十二）

这段故事，《明儒学案》卷十九《魏良器传》中亦曾讲到，并没有特别奇异地方。可是一到这位公安派文学家笔下，就全成一片禅机。这样讲法，实在使王学另变一副面目，把王学完全狂禅化了。

第四章　异军特起的张居正

正当王门后裔各树旗帜纷纷讲学的时候，出来一位特异人物张居正。张居正是一位大政治家，这是谁都知道的。可是我们还应该知道，他的政治建树实以学术为根柢，在思想史上我们不能不给他一个特殊地位。

张居正，字叔大，号太岳，谥文忠，江陵人。生于嘉靖四年（1525），卒于万历十年（1582），寿五十八岁。年二十三成进士，在翰林者七年，归田修养者六年。三十六岁复出，历任右春坊右中允、国子监司业、右谕德兼太子讲读、翰林院学士等官。四十二岁初入内阁，兼掌部事，先后与徐阶、高拱、李春芳等共同辅佐穆宗者六年。神宗即位以后，进为首辅，独掌政权者十年，其为政综核名实，信赏必罚，一时内安外攘，号称富强。自从梁任公将他列为中国六大政治家之一，近年来论述他的很多。但大概都是关于政治方面。兹专就其学术思想谈一谈：

本来江陵并不讲学，甚至毁书院，杀何心隐，和当时讲学家正立在敌对地位，所以他被人指为“不悦学”，而向来讲明代学术的也提不到他。但是实际上他自有一套学术。请看他说：

> 今人妄谓孤不喜讲学者，实为大诬。孤今所以上佐明主者，何有一语一事背于尧、舜、周、孔之道？但孤所为，皆欲身体力行，以是虚谈者无容耳。（《答宪长周友山明讲学》）
>
> 夫学乃吾人本分内事，不可须臾离者。言喜道学者妄也，言不喜者亦妄也，于中横计去取，言不宜有不喜道学者之名，又妄之妄也。以指喻指之非指，不若以非指喻指之非指也；以马喻马之非马，不若以非马喻马之非马也。言不宜不喜道学之为学，不若离是非，绝取舍，而直认本真之为学也。孔子自言不如己之好学。三千之徒，日闻其论说而独以好学归之颜子。今不穀亦妄自称曰：“凡今之人，不如正之实好学者矣。”（《答宪长周友山讲学》）

人家说他不喜讲学，他认为诬罔，他偏说自己是“实好学”，是“直认本真”，不过不像那班讲学家的“虚谈”罢了。他对于那班讲学家的批评，他自己对于学术上的根本见解，大致见于《答南司成、屠平石论为学》那封信。他说：

> 夫昔之为同志者，仆亦尝周旋其间，听其议论矣。然窥其微处，则皆以聚党贾誉，行径捷举。所称道德之说，虚而无当。庄子所谓其嗌言者若哇，佛氏所谓虾蟆禅耳。而其徒侣众盛，异趋为事，大者摇撼朝廷，爽乱名实，小者匿蔽丑秽，趋利逃名。嘉、隆之间深被其祸，今犹未殄。此主持世教者所深忧也。记曰：“凡学，官先事，士先志。”士君子未遇时，则相与所以讲明所以修己治人者，以需他日之用。及其服官有事，即以其事为学，兢兢然求所以称职免咎者，以共上之命。未有舍其本事，而别开一门以为学者也。孔子周行不遇，不得所谓事与职者而能之，故与七十子之徒切磋讲究。其持论立言，亦各随根器，循循善诱，固未尝专揭一语，如近时所谓话头者，概施之也。告鲁哀公曰“政在节财”，齐景公曰“君臣父子”，在卫曰“正名”，在楚曰“近悦远来”，亦未尝独揭一语，不度其势之所宜者而强聒之

也。究观其经纶大略，则惟宪章文武，志服东周。以生今反古为戒，以为下不倍为准。老不行其道，犹取鲁史以存周礼。如曰："吾志在《春秋》。"其志何志也？志在从周而已。《春秋》所载，皆周官之典也。夫孔子，殷人也，岂不欲行殷礼哉？周官之法岂尽度越前代，而不可易者哉？生周之世，为周之臣，不敢倍也。假令孔子生今之时，为国子司成，则必遵奉我圣祖学规以教胄而不敢失坠；为提学宪臣则必遵奉皇上敕谕以造士而不敢失坠。必不舍其本业，而别开一门，以自蹈于反古之罪也。今世谈学者，皆言尊孔氏。乃不务孔氏之所以治世立教者，而甘蹈于反古之罪，是尚谓能学孔矣乎？明兴二百余年，名卿硕辅，勋业煊赫者，大抵皆直躬劲节，寡言慎行，奉公守法之人。而讲学者每诋之曰，彼虽有所建立，然不知学，皆气质用事耳。而近时所谓知学，为世所宗仰者，考其所树立又远出于所诋之下。将令后生小子何所师法耶？此仆未解也。仆愿今之学者，以足踏实地为功，以崇尚本质为行，以遵守成宪为准，以诚心顺上为忠。兔鱼未获，无舍筌蹄；家当未完，无撤藩卫，无以前辈为不足学而轻事诋毁，无相与造为虚谈，逞其胸臆，以挠上之法也。

他痛斥那班讲学家的流毒，骂他们为“虾蟆禅”。他教人就在自己职守以内去学，而不要舍其本事，别开一门以为学。他教人“足踏实地”，“崇尚本质”，“遵守成宪”，“诚心顺上”，真可谓卑之无甚高论。然而他却认为虽孔子复生也必须如此立教。他对于孔子另有一种看法，单从“生今反古”，“为下不倍”上发出一套大议论，简直和韩非、李斯“以法为教，以吏为师”的主张有些相类了。他这套议论很得意，在别处也时常提到。如《答楚学道金省吾论学政》，就和这段文字差不多。尤其是在《辛未会试程策》中，大发“法后王”之义，议论特别精彩，态度特别鲜明。其大旨谓：

> 夫法制无常，近民为要。古今异势，便俗为宜。……时宜之，艮安之，虽庸众之所建立，不可废也。戾于时，拂于民，虽圣哲之所创造，可无从也。后王之法，其民之耳而目之也久矣。久则有司之籍详，而众人之智熟。道之而易从，令之而易喻。故曰法后王便也。往代无论已。明兴高皇帝神圣统天，经纬往制，博稽遴采，靡善弗登。若六卿仿夏，公孤绍周，型汉祖之规模，宪唐宗之律令，仪有宋之家法，采胜国之历元。而随时制宜，因民立教，取之近代者十九，稽之往古者十一。又非徒然也。即如算商

贾，置盐官，则桑孔之遗意也；论停解，制年格，则崔亮之选除也；两税三限，则杨炎之田赋也；保甲户马，经义取士，则安石之新法也。诸如此类，未可悉数。固前代所谓陋习敝政也，而今皆用之，反以收富强之效，而建升平之业。故善用之，则庸众之法可使与圣哲同功。而况出于圣哲者乎？故善法后王者，莫如高皇帝矣。……夫汉宣帝，综核之主也。然考其当时所行，则固未尝新一令，创一制，惟日取其祖宗之法，修饰而振举之，如曰汉家自有制度耳。且其所任魏相，最为称上意者，亦未尝以己意有所论建，惟条奏汉家故事，及名臣贾谊、晁错等言耳。当其时，虽五日一视事，而上下相维，无苟且之意。吏不奉宣诏书，则有责；上计簿徒县文，则有责；三公不察吏治，则有责。其所以振刷综理者，皆未尝稍越于旧法之外。唯其实事求是，而不采虚声，信赏必罚，而真伪无眩，是以当时，吏称其职，民安其业，政事文学法理之士，咸精其能，下至技巧工匠，后世鲜及。故崔实称其优于孝文，而仲长统极其叹服，荀悦论美元帝，而李德裕深以为非，良不诬矣。……成宪俱存，旧章森列，明君贤臣，相与实图之而已。毋不事事，毋泰多事，祛积习以作颓靡，振绍纲以正风俗，省议论以行国是，核名实以行赏罚，则法行如流，而事功辐辏矣。若曰：此汉事耳，吾且为唐、虞，为三代，则荀卿所谓俗儒也。

他断言主张法后王，指斥那班高谈唐、虞、三代者为俗儒。他对于秦、汉以后的制度，尤其是他本朝之制度，极力表彰。他极口称赞王霸杂用谓汉家自有法度的汉宣帝。他说明朝制度，“取之近代者十九，稽之往古者十一”。这种鲜明的贵今主义，比陈同甫、叶水心辈所论还要痛快得多。他甚至说：

三代至秦，浑沌之再辟者也。其创制立法，至今守之以为利。史称其得圣人之威。使始皇有贤子，守其法而益振之，积至数十年，继宗世族，芟夷已尽。老师宿儒，闻见悉去。民之复起者，皆改心易虑，以听上之令。虽有刘、项百辈，何能为哉？惜乎，扶苏仁懦，胡亥稚蒙，奸宄内发，六国余孽尚存，因天下之怨，而以秦为招，再传而蹙。此始皇之不幸也。假令扶苏不死继立，必取始皇之法纷更之，以求复三代之旧。至于国势微弱，强宗复起，亦必乱亡。后世儒者徒见扶苏之谏焚书坑儒，遂以为贤，而不知乱秦者，扶苏者。（《杂著》）

这是何等大胆的翻案文章！他确乎有一种真知灼见，所以才能发出这样卓绝千古的议论。这些地方自然带些霸气，很接近申、韩。然而霸道本是他不讳言的。如云：

> 忆昔仆初入政府，欲举行一二事。吴旺湖与人言曰："吾辈谓张公柄用，当行帝王之道。今观其议论，不过富国强兵而已。殊使人失望。"仆闻而笑曰："旺湖过誉我矣。吾安能使国富兵强哉？"孔子论政开口便说："足食足兵。"舜命十二牧曰："食哉唯时。"周公立政，"其克诘尔戎兵"。何尝不欲国之富且强哉？后世学术不明，高谈无实。剽窃仁义，谓之王道。才涉富强，便云霸术。不知王霸之辨，义利之间，在心不在迹。奚必仁义之为王，富强之为霸也？仆自秉政以来，除密勿敷陈，培养冲德外，其播之政令者，实不外此二事。今已七八年矣，而闾里愁叹之声，尚犹未息，仓卒意外之变，尚或难支，焉在其为富且强哉？（《答福建巡抚耿楚侗谈王霸之辨》）

综观江陵生平言行，尊主威，振纲纪，明赏罚，核名实，讲富强，重近代，孤立一身，任劳任怨，纯是法家路数。在他的文章中，有许多地方绝类商鞅、韩非的口吻，甚至明白袭用《韩非子》中的成语，如：“小仁，大仁之贼也。”“夫婴儿不剔首则腹痛，不揊痤则浸益。剔首、揊痤，必一人抱之，慈母治之，然犹啼呼不止。婴儿子不知犯其所小苦而致其所大利也。”（《显学》）由此可知其受法家影响之深。抱这样思想，他当然不讳言霸道。陆象山有言：“商鞅是脚踏实地，他亦不问王霸，只要事成。介甫慕唐虞三代之名，不曾踏得实处，所以弄得王不成，霸不成。”从这一点上说，江陵倒是很近乎商鞅，比荆公爽快多了。

讲到这里，我联想起高拱。谁都知道新郑是江陵的政敌。然而在他们还没有成为政敌以前，他们还是志同道合的好朋友。他们同服务于太学，而互以相业相期许，虽然后来时移势易，终致乖离，但当初他们切磋共学的那段因缘，毕竟是不可泯灭的。我们现在看新郑所作《本语》，其中有些主张见解和江陵很相近。如云：

> 孔子宪章文、武，盖时王之法不可不守也。今言治者，正不可妄意纷更。只将祖宗之法，求其本意所在，而实心奉行之。纵有时异势殊，当调停者，亦只就中调停，处得其当便是，不可轻出法度之外启乱端也。此

不惟分所宜然，祖宗聪明睿知既迈伦夷，而又艰难百战以有天下，苦辛备尝，经炼久熟，其所贻谋，为法既善，为虑更深，固非后世疏浅之见所能及也。夫岂可以一事之未便而随乖天下之全，图以一时之便而遽梗万年之长计哉?

帝王创业垂统，必有典则贻诸子孙，以为精神命脉。我祖宗燕谋宏密，注意渊远，非前代可及。圣子神孙，守如一日，治如一日，猗欤盛矣。迨我穆皇，未获有所面授。我皇上甫十龄，穆皇上宾，其于祖宗大法，盖未得于耳闻也。精神命脉既所未悉，将何以鉴成宪绳祖武乎?今日讲经书，后又讲《贞观政要》等书。臣愚谓宜先知祖宗家法，以为主本，而后可证以异代之事。不然，徒说他人，何切于用?乃欲于祖宗列圣实录所载圣敬事天之实，圣学传心之法，如何慎起居，如何戒嗜欲，如何务勤俭，如何察谗佞，如何总揽大权，如何开通言路，如何进君子退小人，如何赏功罚罪，如何肃宫闱，如何御近习，如何董治百官，如何安抚百姓，如何镇抚四方，撮其紧切，编辑成书，进呈御览。在讲筵则日进数条，在法宫则日披数段。庶乎祖宗立国之规模，保邦之要略，防微杜渐之深意，弛张操纵之微机，可以得其大较。且今日之域中，祖宗之天下。即以祖宗之事行之今日，合下便是，不须更费商证，而自无所不当。我皇上聪明天纵，睿智日开，必因而益遡祖宗精神命脉所在，以观耿光，以扬大烈，以衍万年无疆之祚者，将在于是，则特为之引其端焉尔。

圣祖罢丞相，散其权于六卿，而上自裁决。成祖始制内阁，以翰林官七人处之，备问以言，商榷政务，极其宠密，然未有平章之任也。嗣后遂理机务谕旨。比其久也，则遂隆以师保之官，称辅臣焉。虽无宰相之名，有其实矣。然皆出诸翰林。翰林之官，皆出诸首甲与夫庶吉士之选留者。其选也以诗文，其教也以诗文，而他无事焉。夫用之为侍从，而以诗文，犹之可也。今既用于平章，而犹以诗文，则岂非所用非所养，所养非所用乎？旧制固不敢议，而就中有以为之处焉，亦无不可者。诚宜于其选也，必择夫心术之正，德行之良，资性聪明，文理之通顺者充之，而即教之以翰林职分之所在。如一在辅德，则教之以正心修身以为感动之本，明体达用以为开导之资，如何潜格于其先，如何维持于其后，不可流于迂腐，不可狃于曲学，虽未可以言尽，然日日提撕，日日闻省，则必有知所以自求者矣。其一在辅政，则教之以国家典章制度。必考其详，古今治乱安危必求其故，如何为安常处顺，如何为通权达变，如何以定官邪，如何以定国是，虽难事事预拟，亦必当有概于中也，于是乎教之以明解经书，发挥义理，以备进讲；教之以训迪播告之辞，简重庄严之体，以备代言；教之以错综事理，审究异同，以备纂修；而应制之诗文，程士之文艺，在其后焉。面命而耳提之，日省而月试之。养之既久，则拔其尤者留之翰林。既留之后，仍以旧业日加淬励，阁臣时时督课，与之讲论，试其所有之浅深，观其行履之实否。比其久也，则可拔其尤者而登用之。如此，庶乎相可得人，相业必有可观者。翰林庶吉士未尝不可也。今也止教诗文，更无一言及于君德治道，而又每每送行贺寿以为文，栽花种柳以为诗，群天下英才为此无谓之事，而乃以为养相才，远矣。

他尊重本朝制度，尊重祖宗成宪，认为“时王之法不可不守”，认为各朝代都有自己祖宗创造的根本大法以为“精神命脉”。他要当嗣君的首先研究本朝大法，能深悉其“精神命脉”之所在，然后才拿“异代之事”来作参考，什么经书以至《贞观政要》之类，都算次要的东西，这可以说是新郑对于帝王教育的主张。他又认定翰林院是培养相才的机关，不应该专学些无用的诗文，而应该把当代典章制度以及辅相君主办理政治所必需的各种事项，都一一预先讲习，以备他日之用，这可以说是新郑对翰林教育或宰相教育的主张。从这些言论里面，分明可以看出他的贵今主义和实用主义。试把上面所引江陵那几段话拿来作一对照，一定可以发现其一致之点。他主张“明刑”，反对“赦”，反对“放纵”。他综核名实，特别注意官吏的考察法。他替刘晏辩护，斥胡致堂“徒以不言利为高，而使人不可为国”。这一切都和江陵为同调。《明史》称他“练习政体，有经济才”，实在不错。江陵有这样一位学侣，互相切磋了好几年，当然不能不受很大影响。这是论江陵学术渊源和进学历程者所不可不注意的。

以上所述，是江陵学术接近法家的一方面，然而江陵并不是一个普通的法家，或简单的事业家，他还自有一套“心学”，还很得力于“禅”。在他的文集中有好多处讲禅学，如：

> 近日静中悟得心体原是妙明圆净，一毫无染。其有尘劳诸相，皆由是自触。识得此体，则一切可转识为智，无非本觉妙用。故不起净心，不起垢心，不起著心，不起厌心，包罗世界，非物所能碍。（《答高孝廉元谷》）

可见他很会谈禅，对于此道确有所得。但江陵所得于禅学者还不止此。《袁小修日记》卷五载：

> 江陵少时，留心禅学。见《华严经》："不惜头目脑髓为世界众生，乃是大菩萨行。"故立朝时，于称讥毁誉俱有所不避，一切利国福民之事，挺然为之。

这段话真能把江陵精神命脉心髓入微处表现出来。试看他文集中屡次提到《华严经》，如：

> 偶阅《华严经·悲智偈》，忽觉有省。即时发一宏愿，愿以深心奉尘刹，不于自身求利益。去年当主少国疑之时，以藐然之躯，横当天下之变。此时惟知办此深心，不复计身为己有。幸而念成缘熟，上格下孚，官府穆清，内外宁谧。而正以退食之余，犹得默坐澄心，寄意方外。如入火聚，得清凉门。以是知山寺幽栖，风尘寓迹，虽趋舍不同，静躁殊途，其致一也。（《答李中溪有道尊师》）
>
> 二十年前曾有一宏愿，愿以其身为蓐荐，使人寝处其上，溲溺之，垢秽之，吾无间焉。此亦吴子所知有欲割取

吾耳鼻，吾亦欢喜施与。（《答吴尧山言宏愿济世》）

可知小修的话确有根据。江陵一生，赤诚任事，置毁誉、得失、祸福、生死于度外。其精魂所寄，原来乃在《华严经》。旁人学禅，只学个遁世自了。江陵学禅，却学个宏愿济世。他还有句话：

使吾为剑子手，吾亦不离法场，而证菩提。（《答奉常陆五台论治体用刚》）

这样的禅真是普通人所梦想不到的。本来江陵也是个学道的人。他生平所最尊奉的老师徐存斋，是聂双江的门生，双江又是阳明的门生。当时的王学家，如罗念庵、胡庐山、王敬所、罗近溪、耿天台……都和江陵有来往，在《江陵文集》中有许多和他们论学的信。最有意义的如：

比来同类寥落，和者甚稀。楚侗南都，庐山西蜀，公在宛陵，知己星散。仆以孤焰，耿耿于迅飚之中，来知故我何似。闻公政致刑措，不言民从，盖皇农之再见。所治是信心任理，不顾流俗之是非，此固罗近溪本来面

> 目。然同志数君子，往来倡导，使人咸知有仁义道德，则所以助公道缘为不少也。学问既知头脑，须窥实际。欲见实际，非至琐细，至猥俗，至纷纠处，不得稳贴。如火力猛追，金体乃现。仆每自恨优悠散局，不曾做得外官。今于人情物理，虽妄谓本觉可以照了，然终是纱窗里看花，不如公等，只从花中看也。“圣人能以天下为一家，中国为一人，非意之也。必洞于其情，辟于其义，明于其分，达于其患”，然后能为之。人情物理不悉，便是学问不透。孔子云：“道不远人。”今之以虚见为默证者，仆不信也。（《答罗近溪宛陵尹》）

从这信的前一段，可以使我们想见江陵当年和那班王学家在一块讲学的情形。他称他们为“同类”，为“知己”。这正是前引《答南司成、屠平石论为学》那封信中所谓“昔之为同志者仆亦尝周旋其间”的事实例证。至于后一段论学的地方，具见江陵学术的特色，真是精彩极了。他要“窥实际”，要于“至琐细，至猥俗，至纠纷处”下工夫，要“从花中看花”，而反对“以虚见为默证”。这正是他和一般讲学家绝异的地方。他曾说过：

仆以寡昧，谬当重寄；别无他长，但性耐烦耳。（《答陵洋山》）

惟其“耐烦”，所以不怕“琐细”、“猥俗”、“纠纷”，而能从“人情物理”中切实磨炼。必须这样，才能“窥实际”，才算真得力，至于一般讲学家，只略略见得一个“头脑”，便要放手，所以只有“虚见”并非“默证”，其病正坐不“耐烦”耳。江陵最不喜欢虚见空谈，如云：

承教虚寂之说，大而无当，诚为可厌。然仆以为近时学者。皆不务实得于已，而独于言语名色中求之，放其说屡变而愈淆。夫虚故能应，寂故能感。《易》曰：“君子以虚受人。寂然不动，感而遂通天下之故。”诚虚诚寂，何不可者？惟不务实得于已，不知事理之如一，同出之异名，而徒兀然嗒然，以求所谓虚寂者，宜其大而无当，窒而不通矣。审如此，岂惟虚寂之为病。苟不务实得于已，而独于言语名色中求之，则曰致曲，曰求仁，亦岂得为无弊哉，愿与同志共助之也。（《答楚学道胡庐山论学》）

中世以后，大雄之法，分为宗、教二门。凡今吾辈之所讲研穷究，言语印证，皆教也。若夫宗门之旨，非略象忘诠，真超玄诣，讵可易言？然宗由顿契，教可依通，譬之法雨普沾，随根领受。而今之学者，皆舍教言宗，妄意揣量，执之为是。才欲略象，而不知已涉于象，意在忘诠，而不知已坠于诠。此竖拳喝棒狗子矢橛之徒，所以纷纷于世也。（《答周鹤川乡丈论禅》）

这两节表面上粗粗一看，好像冲突。前一节既然怕人独于言语名色中求之，后一节却又怕人“略象忘诠”，那末无论你讲“虚寂”、讲“致曲”、讲“求仁”，既然都只是在“言语名色上缴绕”，以致“其说屡变而愈淆”；及一离“言语名色”，“略象忘诠”，却又陷于“妄意揣量”的毛病。左支右绌，终无是处。假使反过来说，你是“实好学”的，是“务实得于己”的，那末你讲“致曲”、讲“求仁”可以，讲“虚寂”也可以，“言语印证”可以，“略象忘诠”也可以。总而言之，全看你实不实。因为这样，所以江陵对于当时那班讲学家“离是非，绝取舍”，超然独处于各派纠纷之外，而冥心孤往，直寻本真。他说：

窃谓学欲信心冥解。若但从人歌哭，直释氏所谓阅尽

他宝，终非己分耳。（《答聂司马双江》）

不穀生平，于学未有闻，惟是信心任真，求本元一念，则诚自信而不疑者。（《答藩伯周友山讲学》）

吾生平学在师心。不但一时之毁誉有所不顾，虽万世之是非亦所不计。（《答朱按院辞建三召亭》）

这些话正得着王学的真精神。章太炎谓王学的长处在“内断疑悔，外绝牵制”。王龙谿至于说不怕“恶名埋没一世”。这种断然自信敢作敢为的精神，江陵真发挥尽致了。原来江陵当十三岁时，即受知于顾东桥，东桥乃曾与阳明论学者也。及在翰林院，正是徐存斋、欧阳南野、聂双江、程松溪会讲灵宫，王学声势最盛的时候，当然和这班讲学家往来的机会很多，而深受其影响。虽然江陵后来很反对那班讲学家，但所反对者是他们的“虚谈”，而他自己的精神命脉实际上仍是从王学中孕育出来的。说到这里，一定有人怀疑，江陵既然崇尚实用，走的是法家路数，怎么还会和王学拉在一起？王学不是最玄虚的一种学术吗？关于这一层，我们应该知道，王学虽然有它极玄虚的地方，却也有它极实用的地方。要说玄虚，它可以直入佛、老，要说实用，它又可以直入申、韩。只要看一看本书前三章，你就知道王学中含有一种实用主义的成分。王学是经世的，主张“亲民”之外无所谓“明明德”的，是不拘故常而随机应变的。不过后来左派诸子既“承领本体太易”，而流于猖狂；右派诸子又转回李延平一路，而不免于枯寂。倒是江陵出来，有左派之阔达而凝其神，有右派之坚实而宏其用，既见“头脑”，更窥“实际”，亲体默证，把王学确实受用一番。他自称为“实好学”，我是绝对相信的。并且我确乎相信他能使王学得到新生命，能把王学中最粹美的精神发扬光大起来。

第五章　东林派与王学修正运动

明代思想解放的潮流，从白沙发端，及阳明而大盛，到狂禅派而发展到极端。于是乎引起各方面的反对。有的专攻击狂禅派或王学左派，有的竟直接牵涉到阳明。这里面最有力量能形成一个广大潮流的，要推东林派。此派以学术影响政治，在晚明历史上放过极大的光辉。其代表人物为顾泾阳与高景逸，而泾阳之弟泾凡，亦其卓卓者，兹分述其讲学大旨如后：

顾宪成，字叔时，别号泾阳，无锡人。生于嘉靖二十九年（1550），卒于万历四十年（1612），寿六十三岁。历仕至文选司郎中，因忤时相王锡爵，削籍归。乃兴复东林书院。大会四方之士，讲学其中。尝言："官辇毂，念头不在君父上；官封疆，念头不在百姓上；至于水间林下，三三两两，相与讲求性命，切磨道义，念头不在世道上，即有他美，君子不齿也。”故会中多裁量人物，訾议国政。天下君子以清议归于东林，而庙堂亦有所畏忌。后复起，为南京光禄少卿，乞致仕。当祸作，泾阳久已死，乃追夺其官。崇祯间，赠吏部右侍郎，谥端文。

泾阳少学问于薛方山，固亦王门后裔。但因目击王学末流之弊，遂昌言排之。其攻击目标，集中于“无善无恶”四字。如云：

> 管东溟曰：“凡说之不正而久流于世者，必其投小人之私心，而又可以附于君子之大道者也。”愚窃谓“无善无恶”四字当之。何者？见以为心之本体原是“无善无恶”也，合下便成一个“空”。见以为“无善无恶”，只是心之不着于有也，究竟且成一个“混”。“空”则一切解脱，无复挂碍，高明者入而悦之，于是将有如所云：以仁义为桎梏，以礼法为土苴，以日用为缘尘，以操持为把捉，以随事省察为逐境，以讼悔迁改为轮回，以下学上达为落阶级，以砥节砺行独立不惧为意气用事者矣。“混”则一切含糊，无复拣择，圆融者便而趋之，于是将有如所云：以任情为率性，以随俗袭非为中庸，以阉然媚世为万物一体，以枉寻直尺为舍其身济天下，以委曲迁就为无可

无不可，以猖狂无忌为不好名，以临难苟免为圣人无死地，以顽钝为不动心者矣。由前之说，何善非恶；由后之说，何恶非善。是故欲就而诘之，彼其所占之地步甚高，上之可以附君子之大道；欲置而不问，彼其所握之机括甚活，下之可以投小人之私心。即孔、孟复作，其奈之何哉！此之谓以学术杀天下万世。（《小心斋札记》卷十八）

“无善无恶”四字，最险最巧。君子一生，兢兢业业，择善固执，只着此四字，便枉了为君子；小人一生猖狂放肆，纵意妄行，只着此四字，便乐得为小人。语云：“埋藏君子，出脱小人。”此八字乃“无善无恶”四字膏肓之病也。（《还经录》）

这两段话推究“无善无恶”四字的极弊，穷形尽相，深恶痛绝，句句是针对左派王学而发。本来这四个字出自阳明，但阳明并没有多讲过。至左派诸人，才标此四字为宗旨，大加发挥。如周海门在南都讲会中，就拈出《天泉证道纪》作题目。当时许敬庵谓“无善无恶”不可以为宗，故作《九谛》以难之，海门乃作《九解》以伸其说，双方针锋相对，实为当时思想界一大公案。至泾阳所斥种种弊病，大概也都是当时的实况。综括来说，不外乎猖狂无忌，破坏名教而已。从“无善无恶”到猖狂无忌，破坏名教，本也是很自然的趋势。左派诸人如颜山农、何心隐以至李卓吾等，不都可说是无忌惮而出乎名教外么？泾阳明白说道：

> 东坡讥伊川曰：“何时打破这敬字！”愚谓近世如王泰州座下颜、何一派，直打破这敬字矣。（《小心斋札记》卷五）

打破敬字，就是说他们猖狂无忌。泾阳又明斥龙谿道：

> 详绎龙谿之旨，总是要人断名根。这原是吾人立脚第一义。“人不知而不愠”，“遁世不见知而不悔”，圣人已如此说了。却何等说得正当！龙谿乃曰，“打破毁誉关，即被恶名，埋没一世，不得出头，亦无分毫挂带”，则险矣。这便是为无忌惮之中庸立了一个赤帜。王塘南比诸洪水猛兽，有以也。且人不特患有名根，又患有利根。……若利根不断，漫说要断名根，吾恐名根愈死，则利根愈活，个中包裹藏伏有不可胜言者。季时尝言，“不好名三字是恣情纵欲的引子”，良可味也。（《南岳

商语》）

东林派以名节相砥砺，所以对于“不好名”、“打破毁誉关”一类口号，直看作洪水猛兽，本来左派诸人都是敢作敢为的。他们有时候为目的不择手段，大刀阔斧，横劈将去，些少受一点血腥污染，他们是满不在乎的。他们都好讲“万物一体”，不屑作洁身自好的儒生，而要做舍身救世的英雄好汉。为着“一体不容已之情”，他们把身体名誉乃至节操都可牺牲。罗近溪为帮助一妇人救其丈夫而不惜行贿，康德涵失身刘瑾之门以救知己而李卓吾称之。他们只知发挥其“一体不容已之情”，什么世俗的礼义节行都在所不顾了。所以泾阳说：

> 程伯子曰：“仁者浑然与物同体。”只此一语已尽，何以又云“义、礼、智、信皆仁也”？始颇疑其为赘。及观世之号识仁者，往往务为圆融活泼，以外媚流俗而内济其私；甚而蔑弃廉耻，决裂绳墨，闪烁回互，诳己诳人，曾不省义、礼、智、信为何称，犹偃然自命曰仁也，然后知伯子之意远矣。（《小心斋札记》卷一）

又引吴悟斋指斥龙谿的话道：

> 诚恐此老不察……不复向羞恶辞让是非用一针，即所谓恻隐者未免认贼作子，将一传而此学为世戒。（同上）

浑然一体之中，而义、礼、智、信皆具。离开义、礼、智、信而专讲仁，则仁亦不成其为仁了。孟子不肯再请发棠以救饥民，而说那是冯妇的行径，“众皆悦之，其为士者笑之”。又说：“今有同室之人斗者，救之，虽被发缨冠而往救之可也。乡邻有斗者，被发缨冠而往救之则惑也，虽闭户可也。”这是儒家的正宗思想。若龙谿诸人却不管这些。他们不论斗者是同室，或乡邻，都要被发缨冠而往救之，决不肯闭户。他们不管什么冯妇不冯妇，为士者笑不笑，只要能救了饥民，虽三请五请十请八请，“强聒不舍”，“上下见厌”，都可以的。他们不怕负污辱之名，见笑之行。他们尽可以“从井救人”。他们这种行径，不合于“儒”，而倒近于“侠”。“侠”是不能循规蹈矩的，并且有时候是干犯名教的。他们的道德伦理观念，根本另是一路。有人论何心隐道：

> 人伦有五，公舍其四，而独置身于师友贤圣之间，则

偏枯不可以为训。（见李卓吾《焚书》的《何心隐论》）

心隐既不做官，而又离开家庭，终年求师访友，漂泊在外，这便是舍去君臣、父子、兄弟、夫妇四伦而独留朋友一伦。其实不只心隐如此，左派诸人自龙谿、心斋以下几乎都是这样。特别是邓豁渠、李卓吾，他们干脆出家了。卓吾说：

非但释迦，即孔子亦然。孔子之于鲤，死也久矣，是孔子未尝为子牵也。鲤未死而鲤之母已卒，是孔子未尝为妻系也。三桓荐之，而孔子不仕，非人不用孔子，孔子自不欲用也。视富贵为浮云，惟与三千七十，游行四方，西至晋，南至楚，日夜皇皇，以求出世知己。是虽名为在家，实终出家者矣。故予谓释迦佛辞家出家者也，孔夫子在家出家者也。（《书黄安二上人手册》）

他竟然把孔子当作出家人，周流列国，乃是求出世知己，这是何等大胆的怪论。中国社会向来以家族制度或宗法制度为一切伦理道德的中心，一出家便把所有传统的纲常名教都抛弃了。佛教在中国所以始终被一般士大夫斥为异端者，其主因即由于此。但左派诸人是不拘守儒家门户的，是不顾士大夫礼貌规格的。他们冲破宗法制度的藩篱，作一个江湖侠客，游方道人，急急皇皇，以朋友为性命。何心隐死，至开程后台之棺而合葬焉。像这样路数，那能不遭东林派的攻击呢？泾阳把这一切流弊都归到“无善无恶”四字上，而认为这四个字在理论上本站不住，阳明当初立说本就有毛病。所以他不仅把后来流弊尽量揭发，而且更进一步，从理论上对阳明作根本的攻击。他说：

佛学三藏十二部五千四百八十卷，一言以蔽之曰：“无善无恶”。第辨四字于告子易，辨四字于佛氏难，以告子之见性粗，佛氏之见性微也。辨四字于佛氏易，辨四字于阳明难。在佛自立空宗，在吾儒则阴坏实教也。夫自古圣人，教人为善去恶而已。为善为其本有也，去恶去其本无也。本体如是，工夫如是，其致一而已矣。阳明岂不教人为善去恶？然既曰“无善无恶”，而又曰“为善去恶”，学者执其上一语，不得不忽其下一语也。何者？心之体无善无恶，则凡所谓善与恶，皆非吾之所固有矣；皆非吾之所固有，则皆情识之用事矣；皆情识之用事，则皆不免为本体之障矣，将择何者而为之？未也。心之体无善无恶，则凡所谓善与恶，皆非吾之所得有矣；皆非吾之所得有，则皆感遇之应迹矣；皆感遇之应迹，则皆不足为本体之障矣，将择何者而去之？犹未也。心之体无善无恶，吾亦无善无恶已耳。若择何者而为之，便未免有善在；若择何者而去之，便未免有恶在。若有善无恶，便非所谓无善无恶矣。阳明曰："四无之说，为上根人立教；四有之说，为中根以下人立教。"是阳明且以无善无恶扫却为善去恶矣。既已扫之，犹欲留之。纵曰，为善去恶之功，自初学至圣人，究竟无尽，彼直见以为是权教，非实教也。其谁肯听？既已拈出一个虚寂，又恐人养成一个虚寂。

纵重重教戒，重重嘱咐，彼直以为是为众人说，非为吾辈说也。又谁肯听？夫何故？欣上而厌下，乐易而苦难，人情大抵然也。投之以所欣，而复困之以所厌，异之以所乐，而复撄之以所苦，必不行矣。故曰，惟其执上一语，虽欲不忽下一语而不可得。至于忽下一语，其上一语虽欲不弊而不可得也。罗念庵曰："终日谈本体不说工夫，才拈工夫便以为外道，使阳明复生亦当攒眉。"王塘南曰："心意知物皆无善无恶，使学者以虚见为实悟，必依凭此语，如服鸩毒，未有不杀人者。"海内有号为超悟而竟以破戒负不韪之名，正以中此毒为然也。且夫四无之说，主本体言也。阳明方曰，是接上根人法，而识者至等之鸩毒。四有之说，主工夫言也。阳明第曰，是接中根以下人法，而昧者遂等之外道。然则阳明再生，目击此弊，将有摧心扼腕不能一日安者，何但攒眉已矣！（《与孟白》）

此就天泉证道一案，反复推勘，逐层批驳，对阳明深致遗憾，明快警透，比许敬安“九谛”之说有力多了。他更直比阳明于告子道：

阳明之无善无恶，与告子之无善无恶不同。然费个转语，便不自然。假如有人于此，揭兼爱为仁宗，而曰我之兼爱与墨氏之兼爱也不同；揭为我为义宗，而曰我之为我与杨氏不同也，人还肯之否？（《商语》）

只要讲无善无恶便与告子同流，更不许下一转语。他又说：

近世喜言无善无恶。就而即其旨，则曰：所谓无善，非真无善也，只是不着于善耳。予窃以为经言无方无体，是恐着了方体也；言无声无臭，是恐着了声臭也；

言不识不知，是恐着了识知也。何者？吾之心原是超出方体、声臭、识知之外也。至于善，即是心之本色，说恁着不着？如明是目之本色，还说得个不着于明否？听是耳之本色，还说得个不着于聪否？又如孝子，还可说莫着于孝否？如忠臣，还可说莫着于忠否？昔阳明遭宁藩之变，日夕念其亲不置。门人问曰：“得无着相？”阳明曰：“此相如何不着！”斯言足以破之矣。（《小心斋札记》）

用阳明自己的话打破“不着于善”之说，直使无善无恶论者无处可以躲闪。本来无善无恶，照周海门的说法，是：

维藩世俗，以为善去恶为提防；而尽性知天，必无善无恶为究竟。无善无恶，即为善去恶而无迹；而为善去恶，悟无善无恶而始真。教本相通不相悖，语可相济难相非。此天泉证道之大较也，今必以无善无恶为非然者，见为无善，岂虑入于恶乎？不知善且无，而恶更从何容，无病不须疑病；见为无恶，岂疑少却善乎？不知恶既无，而善不必再立，头上难以安头。故一物难加者，本来之体，而两头不立者，妙密之言。是为厥中，是为一贯，是为至诚，是为至善，圣学如是而已，经传中言善字固多

> 善恶对待之善，至于发心性处，善率不与恶对。如中心安仁之仁不与忍对，主静立极之静不与动对。《大学》善上加一至字，尤自可见。荡荡难名为至治，无得而称为至德。他若至仁至礼等，皆因不可名言拟议而以至名之。至善之善，亦犹是耳。夫惟善不可名言拟议，未易认识，故必以明善乃可诚。若使对待之善，有何难办，而必先明乃诚耶？“天地贞观”，不可以贞观为天地之善，“日月贞明”，不可以贞明为日月之善，“星辰有常度”，不可以常度为星辰之善。岳不可以峙为善，川不可以流为善。“人有真心”而莫不饮食者此心，饮食岂以为善乎？“物有正理”，而鸢飞鱼跃者此理，飞跃岂以为善乎？（《九解》中的第一、二两解）

前段只讲个至善无善的意思，后段只讲个天机自然不可以善恶名的意思，完全是一种自然主义。他看人生种种活动都和鸢飞鱼跃山峙川流一般。这些自然现象是超善恶的。人与自然为一体，所以也是超善恶的。无善无恶者，超自然之谓也。超善恶之善，才是至善。这都是自然主义者常有的论调。但关于善恶问题，是否能作自然主义的解释，人的道德行为是否能像渴饮饥食一样，这里面还大有讨论余地。“圣人贵名教，老、庄明自然”，这种判别由来久矣。一般道学家受佛、老影响，虽然对“名教”和“自然”的问题多持“将无同”的调和态度；但是如果自然主义的色彩太浓厚了，究竟和儒者名教主义的根本精神有点冲突。东林派特别强调的提倡名教，其反对自然主义的无善无恶论，那当然是无足怪的了。泾阳还批评阳明道：

> 阳明先生开发有余，收敛不足。当士人桎梏于训诂辞章间，骤而闻良知之说，一时心目俱醒，恍若拨云雾而见白日，岂不大快！然而此窍一凿，混沌遂亡。往往凭虚见而弄精魂，任自然而藐兢业。陵夷至今，议论益玄，习尚益下，高之放诞而不经，卑之顽钝而无耻。仁人君子又相顾裴回，喟然太息，以为倡始者殆亦不能无疑虑焉，而追惜之。（《小心斋札记》卷三）
>
> 阳明先生曰：“求诸心而得，虽其言之非出于孔子者，亦不敢以为非也；求诸心而不得，虽其言之出于孔子者，亦不敢以为是也。”此两言者，某窃疑之。夫人之一心，浑然天理。其是天下之真是也，其非天下之真非也。然而能全之者几何？惟圣人而已矣。自此以下，或偏或驳，遂乃各是其是，各非其非，欲一一而得其真，吾见其难也。故此两言者，其为圣人设乎？则圣人之心虽千百

载而上下冥合符契，可以考不谬，俟不惑，无有求之而不得者。其为学者设乎？则学者之去圣人远矣，其求之或得或不得宜也。于此正应沉潜玩味，虚衷以俟，更为质诸先觉，考诸古训，退而益加培养，洗心宥密，俾其浑然者果无愧于圣人，如是而犹不得，然后徐断其是非未晓也。苟不能然，而徒以两言横于胸中，得则是，不得则非，其势必至自专自用，凭恃聪明，轻侮先圣，注脚六经，无复忌惮，不亦误乎？阳明尝曰："心即理也。"某何敢非之。然而言何容易！孔子七十从心不逾矩，始可以言心即理，七十以前尚不知如何也。颜子其心三月不违仁，始可以言心即理，三月以后尚不知如何也。若漫曰心即理也，吾问其心之得不得而已，此乃五星之秤，无寸之尺，其于轻重、长短，几何不颠倒而失措哉？（《与李见罗》）

阳明给当时思想界打一吗啡针，把垂死的道学又复苏生起来。其激动当时人心，真如泾阳所说，"一时心目俱醒，恍若拨云雾而见白日"。然而也正如泾阳所说，"七窍凿而混沌亡"，连阳明也要为之惊惶失措了。自信本心，不以孔子之是非为是非，议论越痛快，越惊醒人，其流弊也越大。这是近代学者最喝采的地方，却也正是泾阳所最不安心而急欲加以挽救的地方。泾阳自己标出宗旨道：

> 语本体只是性善二字，语工夫只是小心二字。（《小心斋札记》）

这两句话看似平平淡淡，老生常谈，但其实全是切合时弊，针对着王学末流而发。断然要讲“性善”，不能说无善无恶；必须“小心”，不能放任自然，以至猖狂无忌惮，泾阳一切理论大体上可以总摄于此了。

顾允成，字季时，别号泾凡，泾阳之弟也，生于嘉靖三十三年（1554），卒于万历三十五年（1607），寿五十四岁。

泾凡初与泾阳同游薛方山之门，后又同讲学于东林书院，见义必为，其激扬振厉处似更过泾阳。一日，喟然而叹。泾阳曰：“何叹也？”曰：“吾叹夫今之讲学者，恁是天崩地陷，他也不管，只管讲学耳。”泾阳曰：“然则所讲何事？”曰：“在缙绅只明哲保身一句，在布衣只传食诸侯一句。”泾阳为之慨然。观此可想见其风采。他有许多这一类富于刺激性的言论，如：

> 三代而下，只是乡愿一班人名利兼收，便宜受用；虽

不犯手弑君弑父，而自为忒重，实埋下弑君弑父种子。

夫假节义乃血气也，真节义即理义也。血气之怒不可有，理义之怒不可无。理义之气节，不可无之而使骄，亦不可抑之而使馁。以义理而误认为血气，则浩然之气且无事养矣。近世乡愿道学，往往借此等议论，以消铄吾人之真元，而遂其同流合污之志。其言最高，其害最远。

平生左见，怕言中字，以为我辈学问须从狂狷起脚，然后能从中行歇脚。凡近世之好为中行，而每每堕入乡愿窠臼者，只因起脚时便要做歇脚事也。（以上皆《小辨斋笔记》）

王学左派骂乡愿，泾凡也骂乡愿。但左派走的是阔略不掩的狂者一路，泾凡走的却是砥砺廉隅的狷者一路。自然，泾凡是不会赞成这种说法的，因为他看左派诸人简直是洪水猛兽，决不肯承认他们是狂者。要说左派诸人是狂者，那只能用另一种含义，就是说他们猖狂无忌罢了。他也极力攻击无善无恶四字，如云：

无善无恶，本病只是一个空字，末病只是一个混字。故始也见为无一之可有，究也且无一不可有；始也

等善于恶，究也且混恶于善。其至善也，乃其所以为至恶也。（同上）

朱子尝曰："孟子一生，费尽心力，只破得枉尺直寻四字；今日讲学家只成就枉尺直寻四字。"愚亦曰："孟子一生，费尽心力，只破得无善无恶四字；今日讲学家只成就无善无恶四字。"（同上）

这种论调和泾阳一样。他自言其用功门路道：

上不从玄妙门讨入路，下不从方便门讨出路。

从玄妙门入，即流于"空"；从方便门出，即流于"混"。左派诸人正在这上面把佛、老、申、韩搅成一团，这是东林派所最反对的。泾凡又说：

炎祚之促，小人促之也；善类之殃，小人殃之也；绍圣之纷更，小人纷更之也。今不归罪于小人，而反归罪于君子；是君子既不得志于当时之私人，而仍不得志于后世之公论；为小人者，不惟愚弄其一时，仍并后世而愚之也。审如是言，则将曰：比干激而亡商，龙逢激而亡

夏，孔子一矫而春秋遂流为战国，孟子与苏秦、张仪分为三党而战国遂吞于吕秦，其亦何辞矣！（同上）

这真是快论，激浊扬清，善善恶恶，一扫模棱两可，严于责君子而宽于责小人的弊习，最足表现东林派的特殊学风。

高攀龙，字存之，别号景逸，无锡人。生于嘉靖四十一年（1562），卒于天启六年（1626），寿六十五岁。初为行人，因劾王锡爵谪归。遂与泾阳讲学于东林书院，在林下者二十八岁。天启初复起，历仕光禄寺丞、少卿、太常，大理太仆卿、邢部侍郎、左都御史。纠大贪御史崔呈秀。阉祸作，自沉水死。崇祯初，赠太子少保兵部尚书，谥忠宪。

景逸之学，得力静坐。当其谪赴揭阳时，于舟中厚设蓐席，严立规程，半日读书，半日静坐，于凡诚敬、主静，观喜怒哀乐未发、默坐澄心体认天理等一一行之。立坐食息，念念不舍。夜不解衣，倦极而睡，睡觉复坐，于前诸法反复更回。心气清澄时，便有塞乎天地气象。第不能常。在路二月，幸无人事。而山水清美，主仆相依，寂寂静静。晚间命酒数行，停舟青山，徘徊碧涧。时坐磐石，溪声鸟韵，茂树修篁，种种悦心，而心不着境。过汀洲，陆行，至一旅舍。舍有小楼，前对山，后临涧。登楼甚乐。偶见明道先生曰：“百官万务，兵革百万之众，饮水曲肱，乐在其中。万变俱在人，其实无一事。”猛省曰：“原来如此！实无一事也。”一念缠绵，斩然遂绝。忽如百斤担子，顿尔落地；又如电光一闪，透体通明。遂与大化融合无际，更无天人内外之隔。至此是六合皆心，腔子是其区宇，方寸信其本位。神而明之，总无方所可言也。自此工夫日进。丙午，方实信孟子性善之旨；丁未，方实信程子鸢飞鱼跃与必有事焉之旨；辛亥，方实信《大学》知本之旨；壬子，方实信《中庸》之旨。甲寅以后，涵养愈粹，工夫愈密。到头学力，自云“心如太虚，本无生死”，由此可知其造诣之深。他认为静定工夫不可少，其理由是：

> 盖各人病痛不同。大圣贤必有大精神。其主静只在寻常日用中。学者神短气浮，须数十年静力，方得厚聚深培。而最受病处，在自幼无小学之教，漫染世俗，故俗根难拔。必埋头读书，使义理浃洽，变易其俗肠俗骨；澄神默坐，使尘妄消散，坚凝其正心正气乃可耳。（《自序为学次第》）

以静坐补小学收放心一段工夫，程子早有此说。后来双江归寂，念庵主静，都是一脉相传。景逸自从其得力处立论，亦仍是走他们那一路也。他专写一篇《静坐说》，大意谓：

静坐之法，不用一毫安排，只平平常常，默然静去。此平常二字不可容易看过，即性体也。以其清净不容一物，故谓之平常。画前之易如此，人生而静以上如此，喜怒哀乐未发如此。乃天理之自然，须在人各各自体贴出，方是自得。静中妄念强除不得，真体既显，妄念自息；昏气亦强除不得，妄念既静，昏气自清。只体认本性，原来本色，还他湛然而已。大抵着一毫意见不得。才添一念，便失本色。由静而动，亦只平平常常，湛然动去。静时与动时一色，动时与静时一色。所以一色者，只是一个平常也。故曰无动无静。学者不过借静坐中认此无动无静之体云尔。静中得力，方是动中真得力；动中得力，方是静中真得力。所谓敬者此也，所谓仁者此也，所谓诚者此也。是复性之道也。

静坐之法，唤醒此心，卓然常明，志无所适而已。志无所适，精神自然凝复。不得安排，勿着方所，勿思效验。初入静者，不知摄持之法，惟体贴圣贤切要之言，自有入处。静至三日，必臻妙境。

景逸在揭阳道上深深做过一番静功，等于他的龙场一悟。对于静坐一道，他是确有所得的。然而他不喜欢“张皇说悟”，把旁人认为妙境的，只当作“平常”看，所以讲得格外平易近人。他自述道：

> 某自甲午年赴谪所，从万山中磐石上露出本来面目，修持十五年，只觉一毫尚在。去年一化，方知水穷山尽处耳。虽然，圣解一破立尽，凡情万叠难销。古德牧之为牛，某则奉之为君。夫何为哉？恭己正南面而已。（《答瞿洞观》）

旁人一语便了，他却认为悟后才正好下工夫。凡情习心，重重叠叠，非用长期工夫是不能脱胎换骨的。大概东林派有鉴于王学末流猖狂之病，渐转入稳健一路。东林书院既遵用朱子白鹿洞书院学规，而景逸用工夫处亦概属程、朱主敬法门。试看他《语录》上说：

> 朱子立主敬三法：伊川整齐严肃；上蔡常惺惺；和靖其心收敛不容一物。言敬者总不出此。然常惺惺，其心收敛，一著意便不是。盖此心神明，难犯手势。惟整齐严

肃，有妙存焉。未尝不惺惺，未尝不收敛，内外卓然，绝不犯手也。

明明归宗“主敬”，并且特别着落在“整齐严肃”四字上，惟恐稍涉玄虚，可想见其学风之笃实。他说：

尝妄意以为今日之学，宁守先儒之说，拘拘为寻行数墨，而不敢谈玄说妙，自陷于不知之妄作，宁禀前哲之矩，硁硁为乡党自好，而不敢谈圆说通，自陷于无忌惮之中庸。积之之久，倘习心变革，德性坚凝，自当恍然知大道之果不离日用常行，而步步踏实地，与对塔说相轮者远矣。（《与叶台山》）

不尚玄妙，不尚圆通，也是针对王学末流而发。他批评王学道：

姚江之弊，始也扫闻见以明心耳，究而任心而废学，于是乎诗书礼乐轻而士鲜实悟；始也扫善恶以空念耳，究且任空而废行，于是乎名节忠义轻而士鲜实修。（《崇文会语序》）

谈良知者，致知不在格物，故虚灵之用多为情识，而

非天则之自然，去至善远矣。吾辈格物，格至善也。以善为宗，不以知为宗也。故致知在格物，一语而儒释判矣。（《答王仪寰》）

“诗书礼乐”是“博学于文”，“名节忠义”是“行己有耻”，和后来顾亭林的论调已有些类似了。格物之说，从王返朱。以“善”为宗，亦正针对着“无善无恶”之说。景逸又谓：

本体本无可指，圣人姑拈一“善”字；工夫极有多方，圣人为拈一“敬”字。（《邹顾请益》）

和泾阳“性善”与“小心”之说如出一口，这可以说是东林派理论的核心。黄梨洲说：“东林之学，泾阳导其源，景逸始入细。”可知景逸在东林派地位之重要了。

以上所述顾、高二子，为东林首要。当时东林既以清议所归而为奸邪所忌，故后来所谓东林者，依草附木者有之，随便诬指者有之，不必其果曾参与东林讲席者也。周亮工曰：

……适忠宪起为总宪，风裁大著，疏发御史崔呈秀之赃。呈秀遂父事忠贤，日嗾忠贤曰，“东林欲杀我父子”。忠贤初不知东林为何地，东林之人为何人，辄曰，“东林杀我”。既而杨、左诸公交章劾珰，珰益信诸人之言不虚也。于是，有憾于诸君子者，牵连罗织，以逢逆珰之恶。锒铛大狱，惨动天地。遂首毁京师书院，而天下之书院俱毁矣。……朝廷之上，另用一番人。政事日新，议论日奇。刑尚苛刻，而以言宽大者为东林；饷主加派，而以言减免者为东林；贼议款抚，而以言战剿者为东林；至政本之地，司马之堂，前后闻凶，俱衣绯办事，而以言终制言纲常者为东林。于时至清无徒闭门博古之黄宫詹，且纠之为老妖，诬之为立帜，降谪不已系逮之，诏狱不已廷杖之，烟戍不已永戍之。及刘总宪被斥出都，破帽蒙头，旧部民京兆父老十余人为之牵驴洒泣，乃政本大老方侈以为得计。嗟嗟！覆亡之祸，岂尽关气数哉！（《书东林书院印后》）

梨洲亦曰：

东林讲学者，不过数人耳；其为讲院，亦不过一郡之内耳。昔绪山二溪，鼓动流俗，江浙南畿，所在设教，可谓之标榜矣，东林无是也。京师首善之会，主之者为南皋少墟，于东林无与。乃言国本者谓之东林，争科场者谓之东林，攻逆阉者谓之东林，以至言夺情奸相讨贼，凡一议之正，一人之不随顺俗者，无不谓之东林。若是乎东林标榜，遍于域中，延于数世。东林岂真有名目哉？亦小人者加之名目而已矣。论者以东林为清议所宗，祸之招也。子言之："君子之道，譬则坊与。"清议者，天下之坊也。夫子之议臧氏之窃位，议季氏之旅泰山，独非清议乎？清议息而后有美新之上言，媚阉之红本。故小人之恶清议，犹黄河之碍砥柱也。熹宗之时，龟鼎将移，其以血肉撑拒，没虞渊而取坠日者，东林也。毅宗之变，攀龙髯而蓐蝼蚁者，属之东林乎？属之攻东林者乎？数十年来，勇者燔妻子，弱者埋土室，忠义之盛，度越前代，犹是东林之流风气余韵也。一堂师友，冷风热血，洗涤乾坤，无智之徒，窃窃然从而议之，可悲也夫。（《明儒学案》卷五十八）

观黄、周二氏所论，可知东林派和晚明政局的关系。至于在学术上的立场，他们虽然有时候表示从王返朱的倾向，但实际上他们的学风终不类朱，而倒和王学右派相接近，是"尊德性"

一路，而不是“道问学”一路。曾国藩也批评过他们：“排王氏而不塞其源，是五十步笑百步之类。”所以与其说他们是王学反对派，不如说他们是王学修正派，他们究竟还是从王学演化出来的。当时作王学修正运动的，陈东林派以外，还有许多人。如李见罗，本出邹东廓之门，后来自出手眼，特拈“止修”二字，以为孔、曾嫡传，对于王学多效诤议，一时影响很大。如许敬庵，以“九谛”难无善无恶之说，将阳明宗旨极力从左派异说中救出来。如邹南皋与冯少墟讲学首善书院，虽相戒不言朝政，但大旨仍近东林。直到清初的孙夏峰、黄梨洲、李二曲，都可以说是王学修正派。现在我只把最重要的刘蕺山讲一讲：

刘宗周，字起东，号念台，亦称蕺山，山阴人。生于万历六年（1578），卒于清顺治元年（1645），寿六十八岁。历官行人、礼部主事、光禄寺丞、尚宝少卿、太仆少卿、顺天府尹、工部左侍郎、吏部左侍郎、左都御史。忠悬謇谔，屡进屡退，及清兵破南都，浙省降，乃绝食二十日而卒。

蕺山与高景逸并称为大儒，其学风大体上亦近东林，而更为精切笃实。道学至此，真已辨析毫厘矣。当阉祸作后，诸君子备受荼毒，一时讲学风气，几于绝响。蕺山以鲁殿灵光，独与陶石梁立证人社于绍兴，以振起坠绪。但石梁出自周海门，蕺山出自许敬庵，本为恰相对立之两派。故不久讲会即告分裂，石梁别开讲会于白马岩居，而蕺山则于古小学。当时石梁专讲本体，主无善无恶，其后更流于因果报应，益混入释氏。而蕺山则曰：

> 不识本体，果如何下工夫？但既识本体，即须认定本体用工夫。工夫愈精密，则本体愈昭莹。今谓既识后遂一无事事，可以纵横自如，六通无碍，势必猖狂纵恣，流为无忌惮之归而后已。（《年谱》）
>
> 陶石梁每提认识二字，果未经认识，如何讨下手？乃门下便欲认识个什么，转落影响边事，愈求愈远，堕入坑堑。《中庸》言道不远人，其要归之子、臣、弟、友。学者乃欲远人以为道乎？（《证人社语录》）
>
> 学者只有工夫可说，其本体处直是着不得一语，才着一语，便是工夫边事。然言工夫而本体在其中矣。大抵学者肯用工夫处，即是本体流露处，其善用工夫处，即是本体正当体。非工夫之外别有本体可以两相凑泊也。若谓两相凑泊，则亦外物而非道矣。（《答秦宏祐》）

强调的提出“工夫”二字，不教人悬空去想象“本体”，不重“悟”而重修，这是王学修正派的普通路数；而其所论工夫入细处，更和高景逸、李见罗相近。后来黄梨洲所谓“心无本体，工夫所至，即其本体”，此处已见其端倪了。蕺山又说：

> 董黄庭言，为善去恶，未尝不是工夫。陶先生切切以本体救之，谓黄庭身上本是圣人，何善可为，何恶可去。然不能无疑于此也。既无善可为，则亦无所事于为善矣；无恶可去，则亦无所事于去恶矣。既无本体，并无工夫，将率天下为猖狂自恣，流于佛、老矣。故某于此，只揭“知善知恶是良知”一语。就良知言本体，则本体绝非虚无，就良知言工夫，则工夫绝非枝叶，庶几舍短取长之意。昔者季路一日事鬼神之问，不得于鬼神，又有知死之问，总向无处立脚。若于此进一解，便是无善无恶一路。夫子一则曰，“未能事人，焉能事鬼”；一则曰，“未知生，焉知死”，一一从有处转之。乃知孔门授受，只在彝论日用讨归宿，绝不于此外空谈本体，滋高明之惑。只此是性学，所云“知生”，便是知性处；所云“事人”，便是尽性处。孟子言良知，只从知爱知敬处指点，亦是此意。知爱知敬，正是本体流露正当处。从此为善，方是真

为善；从此去恶，方是真去恶，则无善无恶之体不必言矣。今人喜言性学，只说得“无善无恶之体”，不免犯却季路两问之意，浸淫不已，遂有四无之说，于良知字全没交涉，其为坏师门教法当何如者。（同上）

知性尽性，只能就人生里面讲，不是超人生的。无善无恶，便讲到超人生方面去了。良知知爱知敬，知善知恶，分明和无善无恶之说不相容。左派诸人单注意一句“无善无恶心之体”，遂提出四无之说，和良知本义愈趋愈远。所以蕺山特别揭出“知善知恶是良知”一语，单提直入，不许稍有搀和躲闪。舍此而别讲本体，便入“虚无”，离此而别讲工夫，便属“枝叶”。以此挽救左派之流弊，即以此洗剥阳明之本旨。他分明指出王学的内在矛盾，而把它修正了。他说：

　　来教娓娓，大抵以敬庵先生“九谛”为非，而信周海门先生之“九解”，今某书见在，可覆也。仆生平服膺许师者也，于周师之言，望门而不敢入焉。……仆窃谓：天地间道理只是个有善而无恶，我辈人学问只是个为善而去恶。言有善便是无恶，言无恶便是有善。以此思之，则阳明先生所谓“无善无恶心之体”，未必然也。言为善便是去恶，言去恶便是为善，则阳明先生所谓“去人欲便是存天理”是也。以此思之，则阳明先生所谓“为善去恶是格物”，亦未必然也。……大抵诸君子之意，皆从袁了凡、颜壮其来。了凡之意，本是积功累行，要求功名得功名，求子女得子女，其题目大旨显然揭出，虽是害道，然亦自成一家言。诸君子平日竖义，要认识良知下落，绝不喜迁改边事，一旦下梢头，则取袁了凡之言，以为津梁，浸入因果边去。一上一下之间，如以为打合得一，则是道差也；以为打合不得一，则是教差也，二者宜何居焉？（同上）

秦宏祐是石梁派下人，著《迁改格》，石梁序而行之，分明流入了袁了凡《功过格》一路，从虚无主义一堕落而为追求冥报的功利主义的因果迷信，所以蕺山反对他们。在这段话里面，不仅指出石梁派的矛盾，并且指出阳明的矛盾，明白站在许敬庵一方面，而反对周海门，他又说：

阳明先生于知此一关全未勘入，只教人在念起念灭时用个为善去恶之力，终非究竟一着，所谓“只于根本求生死，莫向支流辨浊清”，不免自相矛盾。故其答门人有即用求体之说，才有致和乃以致中之说，何其与龟山门下一派相背驰乎？然则阳明之学，谓其失之粗浅不见道则有之，未可病其为禅也。阳明而禅，何以处豫章、延平乎？只为没人将无善无恶四字播弄得天花乱坠，一顿扯入禅乘，于平日所谓良知即天理，良知即至善等处，全然抹杀，安得不起后世之惑乎？阳明不幸而有龙谿，犹之象山不幸而有慈湖，皆斯文之厄也。大抵读古人书，全在以意逆志，披牝牡骊黄而直窥其神骏。则其分合异同之际，无不足以备尚论之资，而一脉大中至正纯粹不杂之圣真，必有恍然自得于深造之余者，若或界限太严，拘泥太甚，至于因噎而废食，则斯道终无可明之日矣。（《答韩位》）

从“无善无恶”讲本体，岂不就是“虚无”？从“念起念灭”上做工夫，岂非属于“枝叶”？蕺山认为阳明在这些地方未免拖泥带水，所以竟敢说他“粗浅不见道”，至龙谿一班人就更专从这一路发展下去了。蕺山从王学中扫去那些杂质，而专剥取其“合理的内核”，把王学接续到程门相传的一脉上。他用“披牝牡骊黄而直窥其神骏”的方法，从错综变异的各学派中，看见个一脉相承，“大中至正，纯粹不杂”的大流。他融会贯通，提出自己的主张道：

独之外别无本体，慎独之外别无工夫。……须知性只是气质之性，而义理者气质之本然，乃所以为性也；心只是人心，而道者，人之所当然，乃所以为心也。人心道心，只是一心；气质义理，只是一性。识得心一性一，则工夫亦一。静存之外，更无动察；主敬之外，更无穷理。其究也，工夫与本体亦一。此慎独之说也。（《天命章说》）

单提一个“慎独”，即工夫，即本体；即静存，即动察；即主敬，即穷理；即未发，即已发；乃至人心与道心，义理之性与气质之性，无处不一，真是一了百当，蕺山所有理论总摄于此。大概阳明以后，王学向左右两方分途发展。左派一直流而为狂禅派，右派则演变而为各种修正派。综观当时王学修正运动的发展，约略可分为三个阶段：最初右派学者如双江、念庵，归寂主静，以挽救左派猖狂之病，其重工夫，主收敛，虽开后来各派修正论的端绪，但大体上仍依傍阳明，未曾明白自立一理论体系，这算是第一阶段，及李见罗出来，双提“止修”两字，以代替良知口诀，“修”以矫空想本体之病，“止”以矫在“枝叶”上、在“念起念灭”

上用功之病，机杼一新，确立了修正派的理论骨干，这算是第二阶段；但见罗这种两头并举办法，虽然道破了修正派理论的实质，而未免帮凑，有欠浑融，故自顾、高诸子以降，迭加润色，至蕺山而修正派的理论才融成一片了，这算是第三阶段。蕺山说阳明“于知止一关全未勘入”，分明从见罗得来。蕺山所谓“独”，相当于见罗所谓“止”；而其“慎独”的工夫，亦正类乎见罗所谓“修”。但见罗须两头兼顾，而蕺山则单提直入，一了百当，这是他进步的地方。蕺山讲“慎独”的话极多，如云：

> 无事，此慎独即是存养之要；有事，此慎独即是省察之功；独外无理，穷此之谓穷理，而读书以体验之；独外无身修此之谓修身，而言行以践履之；其实一事而已。知乎此者，谓复性之学。（《答门人》）
>
> 所云“造化人事皆以收敛为主，发散是不得已事”，正指独体边事。“天向一中分造化，人从心上起经纶”，是也。非以收敛为静，发散为动也。一敛一发，自是造化流行不息之气机；而必有所以枢纽乎是，运旋乎是，则所谓天枢也，即所谓独体也。今若以独为至静之体，又将以何者为动用乎？藏而后发，白沙有

是言，其始学亦误也。其后自知其非，又随动静以施其功，亦误也。总在二五边生活故耳。故曰，君子之学，慎独而已矣。（《答王嗣奭》）

独体只是个微字，慎独之功，亦只在于微处下一著子，总是一毛头立不得也。故曰“道心惟微”。（《语录》）

天枢转于于穆，地轴亙于中央，人心藏于独觉。（同上）

知无不良，只是独知一点。（同上）

自濂溪有主静立极之说，传之豫章、延平，遂以看喜怒哀乐以前气象为单提口诀。夫所谓未发以前气象，即是独中真消息，但说不得前后际耳。盖独不离中和，延平姑即中以求独体，而和在其中，此慎独真方便门也。后儒不察，谓未发以前专是静寂一机，直欲求之思虑未起之先，而曰既思即是已发，果然，心行路绝，言语道断矣。（同上）

惟存发总是一机，故中和浑是一性。如内有阳舒之心，为喜为乐，外即有阳舒之色，动作态度无不阳舒者；内有阴惨之心，为怒为哀，外即有阴惨之色，动作态度无不阴惨者。推之一动一静，一语一默，莫不皆然。此独体之妙，所以即微即显，即隐即见，而慎独之学，即中

和，即位育，此千圣学脉也。（同上）

君子学以慎独，直从声臭外立根基。一切言动事为，庆赏刑威，无不日见于天下，而问其所从出之地，凝然不动些子，只有一个渊然之象，为天下立皇极而已。众星昼夜旋转，天枢不动。其不动处是天心，这便是道心惟微；其运旋处，便是人心惟危；其常运而常静处，便是惟精惟一，允执厥中。天人之学也。（《论语学案》）

大学之道，一言以蔽之曰：慎独而已矣。自虞廷执中以来，无非此意。（《大学杂辨》）

大学之道，诚意而正矣；诚意之功，慎独而已矣。意也者，至善归宿之地，其为物不贰，故曰独。（同上）

他认出一个“独体”，把它看作“天枢”、“地轴”，道心之“微”、“中”也是它，“和”也是它，“精”也是它，“一”也是它，纵说横说，头头是道，从来讲“慎独”的没有他讲得这样真切微妙而有着落。他最特别的地方，在乎把“诚意”的“意”字不当作“心之所发”，而当作“心之所存”，或“心之主宰”。一念未发，而炯炯不昧的一点灵明中自有一个主宰，这就是“意”，就是“独”，就是“良知”。他牢牢把握住这个要点，把什么未发已发多少麻烦问题都很明快的解决了。这个意味王塘南已经有一点，但直到蕺山才算充分发展，形成一个大体系。他的大弟子黄梨洲对于这一点极力表扬，如云：

> 《中庸》言致中和。考亭以存养为致中，省察为致和，虽中和兼致，而未免分动静为两截，至工夫有二用。其后王龙豁从日用论物之感应以致其明察，欧阳南野以感应变化为良知，则是致和而不致中；聂双江、罗念庵之归寂守静，则是致中而不致和。诸儒之言无不曰，前后内外浑然一体；然或摄感以归寂，或缘寂以起感，终是有所偏倚。则以“意者心之所发”一言为崇。致中者以意为不足凭而越过乎意，致和者以动为意之本然而逐乎意，中和兼致者，有前乎意之工夫，有后乎意之工夫，而意拦截其间。使早知意为“心之所存”，则操功只有一意，破除拦截，方可言前后内外浑然一体也。（《答董吴仲论学书》）

看这段话，可知意为“心之所存”，或意为“心之主宰”，确乎是蕺山学说的一个要点，其所以独立于诸儒之表者即在乎此。蕺山还有个重要贡献，就是他的反理气二元论。他说：

理即是气之理，断然不在气先，不在气外。（《语录》）

盈天地间，止有“气质之性”，更无“义理之性”。如曰“气质之理”即是，岂可曰“义理之理”乎？（同上）

古今性学不明，只是将此理另作一物看。……佛氏曰“性空也”。空与色对，空一物也。老氏曰，“性玄也”。玄与白对，玄，一物也。吾儒曰，“性理也”。理与气对，理，一物也。佛老叛理，而吾儒障于理，几何而胜之。（同上）

性者，心之理也。心以气言，而性其条理也。离心无性，离气无理。虽谓气即性，性即气，犹二之也。（《答沈中柱》）

理气二元论与反理气二元论之争，是中国近古思想史上一大公案。自从朱子明显展开理气二元论，把所有各种心性问题都一贯的予以二元的解释。直到明朝中叶，首先从程朱学内部发生反动，如崔后渠、汪石潭、罗整庵，都有反理气二元论的论调，但仅是局部的，尚未能造成一贯的理论。后来东林派的孙淇澳，对此颇有贡献。至蕺山才更干脆的把反理气二元论推进了一大步。在这一点上，蕺山实作了颜、李学派以及戴东原的先驱。几年前，我曾写过一篇《明清时代的唯名论思潮》，认为理气二元论和反理气二元论的对立，正类乎欧洲中古末期经院哲学中实在论和唯名论的对立。看上边所引几段话，就可以知道蕺山的唯名论色彩已经是非常明显了。

第六章　晚明佛学界的几个龙象

晚明思想界的活跃，不仅表现在儒家方面，同样的亦表现在佛家方面。当时狂禅潮流，掩袭一世。在儒家方面引起东林各派的王学修正运动，在佛家方面也引起云栖、紫柏、憨山等的佛教复兴运动。黄梨洲说：

有明自楚石以后，佛法中衰，得紫柏、憨山再振。（《钱清谿墓志录》）

万历以前，宗风衰息。云门、沩仰、法眼皆绝；曹洞之存，密室传帕；临济亦若存若没。什百为偶，甲乙相授，类多堕窳之徒。紫柏、憨山别树法幢，过而唾之。（《三峰禅师塔铭》）

朱子云："佛学至禅学大坏。"盖至于今，禅学至棒喝而又大坏，棒喝因付嘱源流而又大坏。就禅教中分之为两：曰如来禅，曰祖师禅。如来禅者，先儒所谓语上而遗下，弥近理而大乱真者是也。祖师禅者，纵横捭阖，纯以机巧小慧，牢笼出没其间，不啻远道而失真矣。今之为释氏者，中分天下之人，非祖师禅勿贵。递相嘱付，聚群不逞之徒，教之以机械变诈，皇皇求利，其害岂止于洪水猛兽哉！故吾见今之学禅而有得者，求一朴实自好之士而无有。假使达摩复来，必当折棒噤口，涂抹源流，而后佛道可兴。（《明儒学案》卷三十三）

梨洲辟佛甚严，其措辞或有过火地方，但当时佛学界之衰颓与混乱，由此亦可知其大概。这种情形，即就佛教立场上说，自然也需要整顿一番。当时复兴佛教的大人物，梨洲仅举出紫柏和憨山，自然这两位龙象轰轰烈烈，特别有声光。但比他们年辈还要稍长一点的云栖大师，其地位之重要也决不下于他们。当时藕益大师供奉西方及中土诸祖共十八人，就是特提云栖、紫柏、憨山继承诸祖之后的，而藕益本人之伟大，又恰好可以继承着三大师。此外尚有湛然、密云、法藏等，亦皆各振宗风，称盛一时，兹就手边所有材料，择要论述如下：

（1）云栖大师　名株宏，一号莲池，俗姓沈，仁和人。生于嘉靖十四年（1535），卒于万历四十三年（1615），寿八十一岁。年十七，为诸生，以学行重一时，顾志在出世，每书生死事大于案头，即讲艺亦必折归佛理。年三十余，父母既没，遂出家。遍访名山，参遍融、笑严二老于京师。六载行脚，于隆庆五年南还。爱云栖山水幽胜，遂剃草开林，重建古寺。主教数十年，法席之盛，世罕其匹。殁后弟子共尊为莲宗第八祖，憨山大师且称之为法门周孔。遗著二三十种，总集为《云栖法汇》，盛传于世。他归心净土，极力提倡念佛。其言曰：

夫学佛者，无论庄严行迹，止贵真实修行。在家居士，不必定要缁衣道中，戴发之人，自可常服念佛，不必定要敲鱼击鼓；好静之人，自可寂默念佛，不必定要成群做会；怕事之人，自可闭门念佛，不必要入寺听经；识字之人，自可各依教念佛。千里烧香，不如安坐家堂念佛。供奉邪师，不如孝顺父母念佛。广交魔友，不如独身清净念佛。寄库来生，不如见在作福念佛。许愿保禳，不如悔过自新念佛。习学外道文书，不如一字不识念佛。无知妄谈禅理，不如老实持戒念佛。希求妖鬼灵通，不如心信因果念佛。以要言之：端心灭恶，如是念佛，号曰善人；摄心除散，如是念佛，号曰贤人；悟心断惑，如是念佛，号

曰圣人。（《遗稿》卷三《普劝念佛》）

世间无有一人不堪念佛：若人富贵……若人贫穷……若人有子……若人无子……若人子孝……若人子逆……若人无病……若人有病……若人年老……若人年少……若人处闲……若人处忙……若人出家……若人在家……若人聪明……若人愚鲁……若人持律，律是佛制，正好念佛……若人看经，经是佛说，正好念佛；若人参禅，禅是佛心，正好念佛；若人悟道，悟须佛证，正好念佛。（《遗稿》卷三《普劝念佛德生净土》）

他总摄各色人等，统归念佛一路，可算是一个广大号召。本来净土一宗，常被列在小乘中；但云栖却把它列入顿教，而又贯通乎大乘终教与圆教。一声佛号，彻上彻下，随时随处，可深可浅，真是无上方便法门。他主张禅净一致论，认为念佛不碍参禅，参禅不碍念佛。他说：

归元性无二，方便有多门。今之执禅谤净土者，却不曾真实参究；执净土谤禅者，亦不曾真实念佛。若各各做工夫，到彻底穷源处，则知两条门路原不差毫厘也。（《杂答》）

但执观心，不信有极乐净土；但执无生，不信有净土无生；则未达即心即土，不知生即无生，偏空之见，而念佛已非成三昧者，何足怪乎？若夫观心而妙悟自心，观无生而得无生忍，此正与念佛人上品上生者同科，又谁轩轾之有？（《竹窗二笔·念佛镜》）

通常一般人总觉得参禅很微妙，而念佛很呆笨，云栖却不是这样看法。他不仅认为殊途同归，而且更进一步，认为念佛即是参禅。有人问他，“参禅念佛可用融通否？”他回答道：

若然是两物，用得融通着。（《遗稿》卷三）

完全看成一件事，根本连融通也用不着。本来参禅所用的话头，并没有什么一定。假使当念佛时，切实参究，“看念佛的是谁”，这也不正是参禅吗？所以云栖说：

入道多门，直捷简要，无如念佛。念佛一门，上度最胜利根，下至极愚极钝，盖是彻上彻下之道，勿以俗见摇惑。古来尊宿教人看话头起疑情以期大悟，或看无字，或看万等，不一而足。今试比例，假如万法归一，一归何处，与念佛是谁极相似。若于是谁处倒断，一归何处，不着问人自豁然矣。古人谓念佛人欲参禅，不须别举话头，正此意也。念佛数声，回光自看这念佛的是谁，如此用心，勿忘勿助，久之当自有省，如或不能，宜念亦可。使其念不离佛，佛不离念，极念心空，感应道交，现前见佛，理必然矣。（《遗稿》卷二《与南城吴念慈居士广翊》）

这里面还有两个细微问题。他的弟子闻谷曾提出种种疑难，云栖一一予以解答。试看其《遗稿》卷三中，答闻谷广印那几段话，自然就明白了。就这区区念佛的一种笨工夫，云栖既把它和教外别传的禅宗相结合，更把它和无上一乘圆教的《华严经》相贯通。他本是最崇尚华严的，其解释教理实以华严为根据，但他所极力倡导的终属净土，《遗稿》卷一有《答苏州曹鲁川邑令》二书，洋洋两三千言，讨论华严与净土，极为重要，其大旨谓：

不肖虽崇尚净土，而实则崇尚华严不异于居士。夫华严具无量门，求生净土，华严无量门中之一门耳。就时之机，盖由此一门而入华严，非举此一门而废华严也。又来谕谓不肖以弥陀与华严并称，因此遂有著论驾净土于华严之上者。此论谁作乎？华严如天子，谁有驾诸侯王大臣百官于天子之上者乎？然不肖亦未尝并称也。疏钞中特谓华严圆极，《弥陀经》得圆少分，是华严之眷属流类，并非也。……又来谕谓宜随机演教，为宜净土人说净土，为宜华严人说华严，此意甚妙。然中有二义：一者，千机并育，乃如来出世事，非不肖所能。故曹溪专直指之禅，岂其不通余教？远公擅东林之社，亦非止接钝根。至于云门、法眼、曹洞、沩仰、临济，虽五宗同出一源，而亦授受稍别。门庭设施，理自应尔，无足怪者，况不肖凡品乎？若其妄效古人，昨日定今日不定，而漫无师承，变乱不一，名曰利人，实误人矣。何以故？我为法王，于法自在，平民自号国王，不可不慎也。二者，说华严则该净土，说净土亦通华严。是以说华严者自说华严，说净土者自说净土，固并行而不相悖。令人但知华严广于极乐，而不知弥陀即是遮那也。

因为他极力提倡念佛，特别阐扬《阿弥陀经》，竟被人误解为净土压倒华严，所以他不得不加以辩白。他本来参禅，而又博通各种经论，华严更为他所特别尊奉；但是他惟恐怕讲得过高，流于猖狂泛滥，所以自居钝根，一味叫人从最平实处做工夫，所谓极高明而道中庸也。他的见解极圆通，而又极有绳检。有些看似拘滞执着的地方，实际上乃正是他通透灵活的地方。旁人把活的讲死了，他却把死的讲活了。因为他深造自得，所以能取之左右逢其源。他是真知灼见，所以讲的话句句有着落，踏到实处，决不像旁人专说大话，尽是些影响之谈也。他尽管坚持念佛一着，把它抬高到天上，但那是由博而约，由精而一，从微妙玄通中而得到具体的把柄，决不是浅见寡闻者所能假借。试看他说：

看经须是周遍广博，方得融贯，不致偏执，盖经有此处建立彼处扫荡，此处扫荡彼处建立，随时逐机，无定法故。假使只看《楞严》，见势至不入圆通，而不广览称赞净土诸经，便谓念佛法门不足尚矣。只看达摩对梁帝语，见功德不在作福，而不广览六度万行诸经，便谓有为福德皆可废矣。反而观之，执净土非禅宗，执有为非无为，亦复如是。喻如读医书不广者，但见治寒用桂附而斥芩连，治虚用参耆而斥枳朴，不知芩连、枳朴亦有时当用，而桂附、参耆亦有时当斥也。是故执医之一方者误色身，执经之一义者误慧命。予谓六祖《坛经》不可使无智

人观之，正虑其执此而废彼也。（《竹窗随笔·广览》）

析理不得不严为辨别，入道不得不务有专门。然而执己为是，概他为非，又不可也。此在昔已然，于今尤甚。执一家者，则天台而外无一人可言其意；而执简便者，又复诋天台为支离穿凿，非佛本旨。执理性者，则呵念佛为着相；而执净业者，又复但见不念佛人便目之曰外道。乃至执方山者，病清凉分裂全经；执持咒者，疑显教出后人口，如斯之类，种种未易悉数。矛盾水火，互相角立。坚壁固守，牢不可转。吾深慨焉。奉劝诸仁者，曷若各舍其执，各虚其心，且自研穷至理，以悟为则。大悟之后，徐而议之未晚也。（《竹窗二笔·人患各执所见》）

这是何等明透通达的见解，他等观各方，绝没有一点偏执。然而终必以念佛为归者，见解不可不圆通，而工夫不可不专一也。他屡讲“学贵精专”，并且说：

人恒病执着，然亦不可概论。良由学以好成，好之极名着。羿着射，辽着丸，连着琴，与弈者至屏帐垣牖皆森然黑白成势，着书者至山中木石尽黑，学画马者至马现于床榻间，夫然后以其艺鸣天下，而声后世。何独于学道而疑之。是故参禅人至于茶不知茶，饭不知饭，行不知行，坐不知坐，发篋而忘扃，出厕而忘衣；念佛至于开目闭目而观在前，摄心散心而念恒一，不举自举，不疑自疑，皆着也。良由情极志专，功深力到，不觉不知，忽入三昧。亦犹钻燧者钻之不已而发焰，炼铁者炼之不已而成钢也。所恶于着者，谓其不知万法皆幻。而希果之心急，不知一切唯识，而取相之意深，是则为所障耳。概虑其着，而悠悠荡荡，如水浸石，穷历年劫，何益之有？是故执滞之着不可有，执持之着不可无。（《竹窗二笔·执着》）

他竟然认为执着也是不可无的。他以为，“人道不得不务有专门”。各随方便，任走一门，都可入道。所以念佛者自念佛，参禅者自参禅，讲华严者自讲华严，讲天台者自讲天台，不相非，不相袭，而也不必相兼，只在掘出泉，不宜徒多弃井也。他所重的是实修实悟。念佛固然要切实下工夫，即参禅也得切实的参，不是可以随便掉弄玄虚的。他说：

予未出家时，乍阅宗门语，便以情识模拟，与一座主书，左纵右横，座主惮焉。出家数年后，重会座主于一宿庵，劳问间，见予专志净土，语不及宗，矍然曰："子向日见地超卓，今反卑近何也？"予笑曰："谚有之，初生牛犊不畏虎，识法者惧，君知之乎？"座主不答。（《竹窗随笔·谈宗》）

古人大悟之后，横说竖说，正说反说，显说密说，一一契佛心印，皆真语实语，非庄生寓言比也。今人心未妙悟，而资性聪利，辞便捷给者，窥看诸语录中问答机缘，便能模仿。只贵颠倒异常，可喜可愕，以眩俗目。如当午三更，夜半日出，山头起浪，海底生尘，种种无义味语，信口乱发。诸无识者莫能较勘，同声赞扬。彼人久假不归，亦谓真得。甚至一棒打杀与狗子吃，这里有祖师么，唤来与我洗脚，此等处亦得无忌惮，往往效颦。吁！妄谈般若，罪在不原。可畏哉！（《竹窗二笔·宗门语不可乱拟》）

宗门答话有所谓无义味语者，不可以道理会，不可以思惟通故也。后人以思惟心强说道理，则愈说而愈远。岂惟谬说，直饶说得极是，亦只是鹦鹉学人语而已。圆悟老人曰："汝但情识意解一切妄想都尽，自然于这里会去。"此先德已验之方，断非虚语，吾辈所当深信而力行者也。（《竹窗二笔·无义味语》）

先德开示学人，谓我今亦不论你禅定智慧，神通辩才，只要你下一转语谛当。学人闻此，便昼夜学转语。错了也。既一转语如是尊贵，如是奇特，则知定不是情识卜度见解依通所可袭取，盖从真实大彻大悟中自然流出者也。如其向经教中，向古人问答机缘中，以聪明小智，模仿穿凿，取辨于口，非不语句尖新，其实隔靴抓痒。直饶一刹那下恒河沙数转语，与自己有何交涉。今莫管转语谛当不谛当，且抛向不可说世界之外；只牢守本参，密密用心，时时不舍；但得悟彻时，岂愁无语。吾虽钝根，不敢不勉。（《竹窗二笔·一转语》）

这样讲参禅，全是实在工夫，绝非口头三昧之比。他又教人切实研究经典，并且必须读论疏。他说:

有自负参禅者，辄云达磨不立文字，见性则休。有自负念佛者，则辄云止贵直下有人，何必经典。此二辈人，有真得而作是语者，且不必论，亦有实无得而漫言之者，大都不通教里，而护惜其短者也。予一生崇尚念佛，然勤勤恳恳劝人看教。何以故？念佛之说，何自来乎？非金口所宣，明载简册，今日众生何由而知十万亿刹之外有阿弥陀也。其参禅者藉口教外别传。不知离教而参，是邪因也；离教而悟，是邪解也。饶汝参而得悟，必须以教印证，不与教合悉邪也。是故学儒者，必以“六经”、“四子”为权衡；学佛者，必以三藏十二部为模楷。（《竹窗随笔·经教》）

如来说经，而菩萨造论，后贤制疏，皆所以通经义而开示众生，使得悟入，厥工大矣。或乃谓佛所说经，本自明显，不烦注释，以诸注释，反成晦滞，于是一概拨置，无论优劣，无论凡圣，尽以为不足观。此其说似是而非。何者？不信传而信经，是亦知本。但草忽卤莽，以深经作浅解，则其失非细。是盖有心病二焉：一者懒病，二者狂病。懒则惮于博究，疲于精思，惟图省便，不劳心力故。狂则上轻古德，下藐今人，惟恣胸臆，自用自专故。新学无智，靡然乐从。予实悯之，为此苦口。（《竹窗二笔·论疏》）

这种论调简直和清儒尊重汉唐注疏、经学即理学之说如出一口，最可表现时代精神。更可玩味的是他也不满意李卓吾，如云：

卓吾超逸之才，豪雄之气，吾重之。然可重在此，可惜亦在此。夫人具如是才气，而不以圣言为量，常道为凭，镇之以厚德，持之以小心，则必好为鹜也矫俗之论以自愉快。……乃至以秦始皇之暴虐为第一君，以冯道之失节为大豪杰，以荆轲、聂政之杀身为最得死所，而古称贤人君子者，往往反摘其瑕类。甚而排场戏剧之说，亦复以《琵琶》、《荆钗》守义持节为勉强，而《西厢》、《拜月》为顺天性之常。噫！《大学》言，好人所恶，恶人所好，灾必逮夫身。卓吾之谓也。惜哉！（《竹窗三笔·李卓吾》）

卓吾负子路之勇，又不持斋素而事宰杀，不处山林而游朝市，不潜心内典而著述外书，即正首丘，吾必以为倖而免也。（同上）

由此可知云栖态度之严正。在《遗稿》卷三中还有一篇《答周海门少参》，反复辩驳海门“无善无恶”之说，而断然主张“止恶行善”，其结尾道：

近世挥麈谈禅者，率多其人，实证实悟者希得一二。……实则古人垂一则语，彻上彻下。只如“诸恶不作，众善奉行”，浅言之，则仅仅避恶名行善，三家村里守分良民亦如是；极言之，则纤恶净尽，万善周圆，天中天，圣中圣，如来世尊亦如是。若空执止恶行善为示钝根，拈吹布毛为示利根，则误矣。

这不是分明和东林诸子的意见相通了么？他论持戒道：

因戒生定，因定发慧。……戒之时义大矣哉！戒有多种：优婆塞五戒，沙弥十戒，比丘二百五十戒，菩萨十重四十八轻戒，乃至三千威仪，八万细行。而约其大纲，则五戒为根本。儒家亦时言戒，戒虽未备，而默与佛制合。……但儒之戒疏，佛之戒密。……（《遗稿》卷三《答孙无高居士广抑》）

云栖是最重戒律的。他特别阐扬《梵纲经》等讲戒律的书。在他的寺中，有《共住规约》，起居饮食，极细微地方，都严立科条，切实执行。他个人的生活，严肃清苦，力避纷华。用儒家的话说，真可谓之经明行修。他对于僧侣的习“外学”与“杂术”，表示反对。他严守佛家立场，对于良知一类似禅非禅的话头，都辨析毫厘，务使儒自儒，佛自佛，不相混淆。

方则极方，圆则极圆，而且即方为圆，即圆为方。谨严平实而又博大精微，这可以算是云栖所特有的风格。

（2）紫柏大师　名真可，字达观，晚号紫柏，俗姓沈，吴江人。生于嘉靖二十二年（1543），卒于万历三十一年（1603），寿六十一岁。自幼魁杰雄猛。年十七，即仗剑出游。至苏州，阻雨。虎丘僧明觉偶与相值，异其貌，因留宿寺中。闻僧夜诵八十八佛名，大悦。明晨，遂请剃发为弟子。时明觉欲化铁万斤，造大钟，紫柏即毅然自任，径往平湖巨室门外趺坐，卒化铁如所需而归。闭户读书，年半不越阃，在武塘景德寺，掩关者三年。后行脚诸方，历参知识。一日，闻僧诵张拙见道偈，至“断除妄想重增病，趋向真如亦是邪”，即语僧曰：“错也。当云，方无病，不是邪。”僧云：“你错他不错。”紫柏大疑，每至处，书二语于壁间，至头面俱肿。一日斋次忽悟，头面立消。自是凌跞诸方。尝曰：“使我在临济德山座下，一掌便醒，安用如何如何。”每念大藏卷帙重多，致遐方僻陬有终不闻法名字者。欲刻方册，使易流通。遂倡义募化，初刻于五台、后移于径山，数年始竣事，即世所传径山藏也。平生与憨山大师最相契，曾相约修《明朝传灯录》，及复兴曹溪法脉。及憨山以事谪戍雷阳。紫柏深为痛心，眷念不已。又疾矿税害民。每叹曰：“老憨不归，我出世一大负；矿税不止，我救世一大负；传灯未续，我慧命一大负。若释此三负，当不复走王舍城矣。”万历三十一年，在京师。忽妖书事起，震动中外。时相沈一贯欲借以陷沈鲤及郭正域，多所株连。紫柏亦被逮，死狱中。自始出家，四十余年胁不至席。心慈面冷，不以道法徇人情。求人如苍鹰攫兔，一见即欲生擒。凡入室不契者，心愈慈而恨愈深。一棒之下，直欲顿断命根。故人多畏之。其见地直捷稳密，憨山以为“是可远追临济，上接大慧之风”。其塔铭有云：“是生吾师，如石迸笋；出则凌霄，孰知其本。为法力战，通身汗血。大似李陵，空拳不怯。身虽陷虏，其心不亡。千秋之下，毕竟归王。”可想见其孤军拔起为法奋斗之精神矣。憨山又为作像赞曰：

法界网裂，其维不张。适生大师，力振其纲。踞狮子窟，斫旃檀树。奋迅未伸，爪牙已露。击涂毒鼓，酾甘露浆。饮之者醉，耳之者狂。寂灭性空，轰霹雳舌。奔雷卷电，触者褫魄。以大地心，竖金刚骨。眼里有筋，胸中无物。临济不死，黄蘗犹生。谁知大师，不受其名。大方阔步，不存轨则。翻身掷过须弥峰，一拳槌碎无生国。

读此文真觉虎虎有生气。大概说来，紫柏可算是晚明佛学界一个怪杰，比之云栖，另是一格，他不像云栖那样醇谨，高蹈远引，绝迹朝市纷华是非之场；而是栖栖皇皇，阔步长驱，到处大活动的。他所以遇祸，也正由于此。然而他不顾那些。当他被逮捕后，语人道：

> 达朽既被逮已。有世智辨聪辈愤然谓余曰："和尚厌离尘界，宜翛然无累。何载遭白简，犹恋恋京师，致今日之苦耶？"曰："檀越以何物为尘界，何物为苦乎？深山大泽，虎豹龙蛇居焉。蛇虎未尝不苦人也。然探渊者则得珠，凿山者则获璧，是见珠璧之为利，未尝知有龙蛇虎豹也。吾诸大乘沙门，以利济为事。方冒难以救援，安知尘劳之可出。无上大宝，失之于穷子。方矢浩劫以追求，乌知分段之可惜。特患衣珠之喻未喻耳，不患衣之频易也。朽乘此解脱其躯壳，岂但解脱鹌臭敝衣乎？内衣之珠，不假外得，夫何苦哉？檀越言苦，异乎朽之为苦矣。（《被逮答檀越》）

一心一意，全副精神，都在利济救援追求大宝上，不见有尘劳，不见有危难，不见有生死。旁人看着他遭祸受苦，他并不自知其为苦与祸也。这真是大菩萨心行，真是法门中的忠臣义士烈丈夫。我们看《紫柏集》，随处都见得他满腔热诚，淋漓痛切，恨不得一下子教人都成佛。有些人当不起他这种热切期待，反而觉得他难与相处，其实他完全是一片救世度人热心肠。他的风格虽和云栖不同，但其实修实悟真切为性命的精神，完全一样。他指出学佛的七大错，其前四项为：

一者，以为禅家古德机缘可以悟道，悟道断不在教乘上。我且问你：安禅师读《楞严》破句悟道，永嘉看《维摩经》悟道，普庵肃禅师、英邵武，皆读《华严》悟道。你谓惟禅家机缘可悟道，教乘不可悟道，岂非大错？二者，以为知见理路，障自悟门。道不须从眼耳入，须一切屏绝，直待冷灰豆爆，发明大事，始为千了百当，一得永得。我且问你：当世黑白中谁是有知见理路者？你若果检点得一个半个出，我也不管他悟道不悟道，敢不惜之。只恐亦不多得。一日，王介甫问蒋山元禅师曰：教外别传，可得闻乎？元曰：公有障，且以教海资茂灵根，更一两生来乃可耳。今人去介甫甚远，尚未解爬先学走，岂非大错？三者，以为念佛求生净土，易而不难，比之参禅看教，惟此着子最为稳当。我且问你：净土染心人生耶？

净心人生耶？半净半染人生耶？全净心人生耶？若染心人可生净土，则名实相乖，因果离背；若半染半净生净土者，吾闻古德有言，若人临终之际，有芥子许情识念娑婆世，断不能生净土；若全净心生者，心既全净，何往而非净土，奚用净土为？如是以为念佛一着子能胜参禅看教，岂非大错？四者，有等瞎公鸡，闻真鸡啼，假鸡啼，皆仿效作种种声，以为动念即乖本体，思量便落鬼家活计，况复有言乎？我且问你：此等见识，为是解？为是行？解则何乖动念？何病思量？古人有五斗米饭熟后方能酬一转语，亦不乖本体，诸大禅老皆许其悟彻。又曰：思之思之，鬼神将通之，非鬼神通之，心开而明也。思量何伤？观音闻思修三慧熏化一切，你偏以为病，岂非大错？（《紫柏尊者全集》卷三）

这里所说，第一项是专讲禅家机缘而不读经，第二项是专期顿悟屏绝见闻，第四项是不要思量动念，这都是学禅者的毛病；第三项是专持念佛一着，以为最稳便，胜过参禅看教，这是学念佛者的毛病。关于念佛一层，紫柏所说似乎和云栖颇有出入，但实际上是言各有当。云栖生怕人流于狂禅，故摄归念佛一路，紫柏却又怕人把念佛看作一桩便宜买卖也。不管参禅与念佛，讨便宜都不行。经是不可不读的，戒律是不可不持的。总而言之，必须切实做工夫。在这一点上，紫柏和云栖完全一致。他认定闻思修都不可少。如云：

> 堪忍众生之机，苟不以闻思修三慧熏发之，则其佛知见终不能开矣。或谓德山临济之徒，未闻其以闻思修三慧使人开佛知见也。若其所用棒如雨点，喝如雷霆，使当机者于一念不生未入阴界之地，神而明之而已。若必以三慧熏发之，而当机然后开佛知见者，恐三慧于未入阴界之初无地可着耳。此乃知其终而不知其始者也。昔汾阳昭禅师，有问鸟窠之侍者何以见鸟窠吹布毛而即大悟耶？昭以偈应之曰："侍者初心发胜缘，寻师访友为参禅。鸟窠知是根机熟，吹毛当下得心安。"如以汾阳此偈观之，则此侍者于多劫之中，不以百千诸佛所藉闻思修三慧熏发之久，未必一吹布毛而狂心顿歇也。且久则熟，熟则化。于将化之时，乘其化而发之，譬如箭锋相值，岂巧力之所能预哉？夫巧力不能预之地，不惟闻思修无所着处，即云门干屎橛，与圆通死猫头，亦无着处也。予故曰，知其终而未知其始者也。如知之，则不疑临济德山之棒喝与夫闻思修三慧有所相悬者也。（《全集》卷二）

一顿棒喝，大彻大悟，岂不直捷痛快？无奈没有这样便宜事。有许多看似“顿”的，实际上也都由“渐”而来。熏发之久，既熟而化。乘此将化，一点便成。于是死猫头、干屎橛，都具妙用。人但见其末后的效验，而不知其当初下过工夫也。把临济德山之棒喝，与观音闻思修三慧等量齐观，直是极通透的见解。他认为悟道有种种因缘。如云：

以相好为缘因者，如观德人之容而鄙吝自消之类也。以音声为缘因者，如一言之下心地开通之类也。又以圣教为缘因，大善知识为缘因，善友法侣为缘因，以逆境为缘因，以顺境为缘因，或以精进勇猛，剥皮为纸，析骨为笔，刺血为墨，写大乘圣典为缘因。故曰：佛种从缘起。（《全集》卷四《示法灯居士刺血书〈金刚经〉》）

入道有多门，如何能拘定一格？他论行脚道：

古之成大器于当世者，无一人不从行脚中来也。若不遍游知识之门，历炼钳锤之下，而欲成器者，未之有也。虽然，未必常行而不住，亦未必常住而不行。但当行则行，当住则住。其当行者，或饱食闲居，恣情肆欲，不行而住其可乎？其当住者，或逢辣手师承，真正道友，不住而行可乎？……如或虽欲行脚，求心不息，缘念纷然，今日某州，明日某县，奔南走北，目盼心驰，至于白首，终无所成。……（《全集》卷四《示慈航运侍者》）

他强调行脚的重要，可见其多方磨炼不落偏枯处。但同时又认定行脚住山各有其用，他把这事完全看活了。云栖《竹窗随笔》中有讲“行脚住山”的好几条，与此所论正同。他们都能观其会通，而不拘于方隅。顾大韶《跋紫柏集》道：

最可敬者，不以释迦压孔、老，不以内典废子史，于佛法中不以宗压教，不以性废相，不以贤首废天台。盖其见地融朗，圆摄万法；故横口所说，无罣碍，无偏党，与偎墙倚壁随人妍蚩者大不侔矣。

这话很确当，试看紫柏说：

性宗通而相宗不通，则性宗所见犹未圆满，通相宗而不通性宗，则相宗所见亦未精察。性相俱通，而未悟达摩之禅，则如叶公画龙，头角望之非不宛然也，欲其济亢旱兴雷雨断不能焉。（《别集》卷一《前五识略解》）

这是他融通性与相，又融通性相和禅的明证。在这里虽然好像他特别尊重禅宗，但是如果你再看他许多尊重文字般若，尊重闻思修的地方，又将使你茫然自失。事实上他对于宗和教并没什么偏重的。他融通三教的话也很多，但仍是确守佛家的立场，和云栖并没很大差异。最有意义的是：

凡学佛，性宗通而相宗不通，常迷于相似般若路头。……于相似般若路头不辨清楚，不免牵诸外典，附会佛书。且性宗一味虚豁灵彻，尘劳中人稍挹波澜，怀抱便觉超放。即如读《庄子》一般，令人心魂游扬浊世之表。于此虚豁快活处受用了。若以为极则，永不求进，凡见善知识敲打处便以为生事，此病不消，到底成天然外道去也。……震旦国中自昔以来，每有窃谓佛经皆是抽绎庄老六经，自成一家。如此等人，著使其于相宗中讨个分晓，何至失言如此，取后人之笑。（《全集》卷七《示门人》）

这种见解真是深刻精到，卓绝千古，一扫中国学者向来虚骄自大笼统汗漫之习。云栖《竹窗随笔》中有“华严不如艮卦”一条：

> 宋儒有言，读一部《华严经》，不如看一艮卦。此说高明者自知其谬，庸劣者遂信不疑。开邪见门，塞圆乘路，言不可不慎也。假令说读一部《易经》不如看一艮卦，然且不可，况佛法耶？况佛法之华严邪？

此与紫柏所讲同一快论。真知灼见者，固不作模糊影响之谈也。紫柏、云栖，表面上一禅、一净，一雄猛、一稳健，然而讲到实地，则英雄所见往往略同。紫柏亦极重戒律。他的涉足朝市，他的遭遇横祸，虽有似乎李卓吾，但实际上不能相提并论。试看他批评卓吾自杀事及其与耿天台学术异同处，就知道紫柏见地之精卓，立身之严肃，决非卓吾一辈人所能及了。

（3）憨山大师 名德清，俗姓蔡，全椒人。生于嘉靖二十五年（1546），卒于天启三年（1623），寿七十八岁，年十二，辞亲人报恩寺。十九，礼栖霞云谷大师，剃发受戒。二十六，北游。至京师，参遍融、笑严二老。居五台八年，得自在三昧。三十八，遁迹东海之牢山。建海印寺，施教者十三年。五十，因黄冠诬奏，逮赴诏狱，寻谪戍岭南。因入曹溪，大振六祖法脉，号称中兴，得偿其与紫柏共同之宿愿焉。七十一，至庐山五乳岭。居数年，仍返曹溪以终。钱牧斋序其《梦游集》云：

> 大师与紫柏尊者，皆以英雄不世出之资，当狮弦绝响之候，舍身为法，一车两轮。紫柏之文，雄健而斩截；大师之文，纡徐而悲惋。其为昏涂之炬火则一也。昔人叹中峰辍席，不知道隐何方；又言楚石季潭而后，拈花一枝几熄。由今观之，不归于紫柏、憨山而谁归乎？后五百年，魔外蜂生，笃生二匠为如来使？使佩大法印，燃大法灯，殆亦儒家所谓名世间出者。稗贩剽贼之徒，往往篡统系，附师承，窃窃然为蚍蜉之撼树。大师之集行，如日轮当阳，魑魅敛影，而餍寐者犹懵而未寤也。

憨山、紫柏为生死患难中的出世知己，都是“名世间出”中兴禅门的豪杰，其风格抱负极相类似。试看憨山自述云：

> 余少读史，窃慕程婴、公孙杵臼之为人，念曰：“持

此心为人臣子者，可谓不忝所生者。”及长出家，乃曰：“吾佛为三界法王，四生慈父，苟能持二子之心为弟子者，可谓不负己灵矣。”及读传灯诸祖机缘，见神光之断臂，船子之覆舟，百丈之于马祖，扬岐之于慈明，叹曰：“苟能忘身为法，若诸老之为心者，何患祖道之不昌，法门之不振乎？”嗟夫！丈夫处世，既不能尽命竭力，以事为主。荣名显亲，即当为法王忠臣，慈父孝子，易地皆然，又何屑屑以事龌龊乎。（《梦游集》卷二《促小师大义归家山侍养》）。

他以佛门忠臣孝子自许，后来钱牧斋也正是拿程婴、杵臼、田光、贯高一流人来比拟他。在这一点上，他和紫柏实在是同样精神，讲到参禅，他说：

古德教人参禅做工夫，先要内脱身心，外遗世界，一切放下，丝毫不存。单提一则公案话头：如赵州“狗子还有佛性也无”。州云，“无”；或“万法归一，一归何处”；或审实“念佛的是谁”；随举一则，横在胸中。如金刚王宝剑，将一切思虑妄想，一齐斩断，如斩乱丝。内不容出，外不容入。把断要津，筑塞咽喉，不容吐气。

如此着力，一眼觑着，这提话头的毕竟是个什么？如此下疑，疑来疑去，疑到心如墙壁一般，再不容起第二念。才有妄想潜流，一觑觑见，便又极力提起话头，再下疑情，又审又疑，将此疑团扼塞之。心念不起，妄想不行时，正是得力处。如此靠定，一切行住坐卧，动静闲忙中，咬定牙关，决不放合。乃至睡梦中，亦不放舍。惟有一念话头，是当人命根，如有气死人相似。如此下毒手撕挨，方是个参禅用工夫之人。用力极处，不计日月，忽然冷灰豆爆，便是大喜欢的时节。若悠悠任意，一暴十寒，恐终无得力时也。（卷六《示嵩璞恩山主》）

这样讲工夫，何等紧切有力，然而憨山和紫柏一样，也是“不以宗压教”的。如云：

佛祖一心，禅教一致，宗门教外别传，非离心外别有一法可传，只是要人离却语言文字，单悟言外之旨耳。今参禅人动即呵教，不知教诠一心，乃禅之本也。但佛说一心，尚迷悟两路说透；宗门直指一心，不属迷悟，要人悟透。其实究竟无二。（卷六《示径山堂主幻有海禅人》）

从上诸祖教人参禅，虽有超佛越祖之谈，其实要人成

佛作祖耳。未有欲求作佛祖而不遵佛祖之言教者。舍教而言修行，是舍规矩求方圆也。（卷八《示六如坤公》）

这是他的禅教一致论。憨山又极力融通三教。他著有《大学决疑》、《观老庄影响论》、《道德经解发题》，及《三教图赞》等文。他判定："孔子为人乘之圣。老子为天乘之圣，佛为能圣能凡能人能天之圣"。又谓："不知《春秋》不能涉世，不知老庄不能忘世，不参禅不能出世"。他既认为佛"未尝以一实法与人"，又认为佛"不灭一法而只破其执"。根据这种观点，即令是外道，只要不执都有可取；即令是佛法，一有所执便须排除。最耐寻味的是他论用老庄语讲佛法的一段话。他说：

间尝私谓，中国去圣人，即上下千古，负超世之见者，去老，惟庄一人而已。载道之言，广大自在，除佛经，即诸子百氏，究天下之学者，惟庄一书而已。藉令中国无此人，万世之下，不知有真人。中国无此书，万世之下，不知有妙论。盖吾佛法广大微妙，译者险辞以济之，理必沈隐，如《楞伽》是已。是故什之所译称最者，以有四哲为之辅佐故耳。观师有言，"取其文不取其意”，斯言有由矣。设或此方有过老庄之言者，肇必舍此而不顾矣。由是观之，肇之经论用其文者，盖肇宗《法华》，所谓“善说法者，世谛语言资生业等皆顺正法，乃深造实相者之所为也。圭峰少而宗镜远之者，孔子作《春秋》，假天王之令而行赏罚，二师其操法王之权而行褒贬欤？清凉则浑融法号，无可无不可者，故取而不取，是各有所主也。故余以《法华》见观音三十二应，则曰应以婆罗门身得度，即现其身而为说法。至于妙庄严二子，则曰汝父信受外道，深着婆罗门法，且二子亦悔生此邪见之家。盖此方老庄，即西域婆罗门类也，然此刚为现身说法，旋即斥为外道邪见，何也？盖在着与不着耳。由观音圆通无碍，则不妨现身说法，由妙庄深生执着，故为外道邪见。是以圣人教人，但破其执，不破其法。是凡执着音声色相者，非正见也。（《观老庄影响论》中《论去取》节）

这段理论极为精辟，原来鸠摩罗什门下，生、融、肇、睿，皆能用老庄语言表达佛理，什公所译诸经，得他们润色，故文特华妙。后来清凉作《华严疏》，极推尊肇公，而多引老庄文句，谓“取其文不取其意”。这都是融会老庄与佛法的。但是另一方面，如圭峰、宗镜，却毫不客气，明斥老庄为外道。憨山对此问题，看得极为圆通。他一方面明说老庄为婆罗门一类的外道，但同时却又说即婆罗门亦未尝不可取，只看你执着不执着耳。欲讲佛法于中国，必不能不假手于老庄，因此土讲道之书，只有老庄为最高，过乎此，则与其文化传统脱了节，非此土人所能接受消化也。方便随缘，这才见得佛法之广大圆融。现在许多人提倡学术中国化，对于憨山这种言论是应该深切注意的。一班儒者常以枯槁寂灭攻击佛家，他加以辩解道：

世上士绅有志向上留心学佛者，往往深思高举，远弃世故，效枯木头陀，以为妙行。殊不知佛已痛呵此辈，谓之焦芽败种，言其不能涉俗利生。此正先儒所指虚无寂灭者，吾佛早已不容矣。佛教所贵在乎自利利他，乃名菩萨。梵语菩萨，此云大心众生。以其能入众生界，能断烦恼故得此名。菩萨舍世间无可修之行，舍众生无断烦恼之具。……且佛制五戒，即儒之五常，不杀，仁也；不盗，义也；不邪淫，礼也；不饮酒，智也；不妄语，信也。但从佛口所说，言别而义同。今人每发心愿，持佛戒，乃自脱略其五常，是知二五而不知十也。（卷五《示袁大涂》）

这是一种佛儒一致论。自然从憨山看来，佛法广大深微，儒学也应该为它所包容的。最值得注意的倒是下面一段话：

原夫即一心而现十界之像，是则四圣六凡皆一心之影响也。岂独人天为然哉？究论进修阶差，实自人乘而立。是知人为凡圣之本也。故裴休有言曰：“鬼神沈幽愁之苦，鸟兽怀獝狘之悲，修罗方瞋，诸天耽乐。可以整心虑，趣菩提，惟人道为能耳。”由是观之，舍人道无以立佛法，非佛法无以尽一心。是则佛法以人道为镃基，人道以佛法为究竟。故曰，“菩提所缘，缘苦众生，若无众生，则无菩提”，此之谓也。所言人道者，乃君臣父子夫妇之间，民生日用之常也。假而君君臣臣，父父子子，不识不知，无贪无兢，如幻化人，是为诸上善人俱会一处？即此世界为极乐之国矣。又何庸夫圣人哉？奈何人者，因爱欲而生，爱欲而死。其生死爱欲者，财色名食睡耳。由此五者，起贪爱之心，构攻斗之祸，以致君不君，臣不臣，父不父，子不子，虽先王之赏罚，不足以禁其心，适一己无厌之欲，以结未来无量之苦。是以吾佛愍之曰：诸苦所因，贪欲为本，若灭贪欲，无所依止。故现身三界，与民同患，乃说离欲出苦之要道耳。且不居天上而乃生于人间者，正示十界因果之相皆从人道建立也。……嗟乎！吾人为佛弟子，不道吾佛之心，处人间世，不知人伦之事。与之论佛法，则笼统真如，颟顸佛性；与之论世法，则触事面墙，几如梼昧；与之论教乘，则曰，枝叶耳，不足尚也；与之言六度，则曰，菩萨之行，非吾所敢为心；与之论四谛，则曰，彼小乘耳，不足为也；与之言四禅八定，则曰，彼外道所习耳，何足齿也；与之言人道，则茫不知君臣父子之分，仁义礼智之行也。（《观老庄影响论》中《论行本》节）

他竟然大放厥辞，讲起人道来了，竟然以人为中心了。这样一来，几乎要从佛转向于儒了。且不管憨山本意如何，我们对于儒佛问题倒由此可以得到某些暗示。憨山又极力提倡念佛，他说：

近世士大夫，多尚口耳，恣谈柄，都尊参禅为向上事，薄净土而不修。以致吾徒好名之辈，多习古德现成语句，以资口舌便利。以此相尚，遂致法门日衰。不但实行全无，且谤大乘经典为文字，不许亲近，世无明眼知识，卒莫能回其狂澜，大可惧也。大都不深于教乘，不知吾佛度生方便多门归源无二之旨耳。世人但知祖师门下，以悟为上。悟心本意，要出生死。念佛岂不是出生死法耶？（卷八《示西印净公专修净土》）

佛法修行出生死法，方便多门，惟有念佛求生净土最为捷要。如华严法华圆妙法门，普贤妙行，究竟指归净土。如马鸣、龙树，及此方永明、中峰诸大师，皆极力主张净土一门。此之法门，乃佛无问自说，三根普被，四众齐收，非是权为下根设也。（卷九《示修净土法门》）

自教流此土，古今依奉修行者，有禅与教两门，人人共由。禅者传灯诸祖，真实了悟自心，其下手工夫，则单提话头参求，直至明见自心而后已。此独彼上根人，一超直入，又须善知识时时调护提撕，方得正路。在昔王臣，亦有能者，盖不多见。是乃出家人易为行耳。今大王尊居深密，不易接见善知识，故不敢以此劝进。其有依教修行，昔有天台智者大小止观，乃成佛要门。其大止观文繁，难于理会。其小止观简易，其实要说解明白而下手安心，亦不易入。即能知能行，亦难得亲切。日用现前境界逆顺处多用不上，况末后大事乎？此法亦非大王所易行者，亦不敢进。今独有佛说西方净土一门，专以念佛一事为要。以观想正境为正行，以诵大乘经为引发，以发愿为趣向，以布施为福田庄严。此实古今共由，不论贵贱智愚，俱能真实下工夫。故万人修行，万人效验，愿大王留意焉。（卷十《答德王问》）

书中这一类话甚多，不必赘述。在这一点上，憨山和云栖完全是一样的。大概憨山这个人，其慷慨磊落处类紫柏，其健实明练处又类云栖。三位大师，一时鼎足而立。其微言至论，宏通博辨，多非当时儒者所能及。而其辟浮说，挽狂澜，真切笃实，鞭辟近里，实与王学修正派表现同样的时代精神。

（4）藕益大师及湛然、密云、法藏等　藕益，名智旭，晚号灵峰，俗姓钟，吴县人，生于万历二十六年（1598），卒于清顺治十一年（1654），寿五十七岁。年十七，读云栖《竹窗随笔》，大有感悟。二十四，梦受教于憨山，欣然慕之。以道远未能往学，乃依憨山弟子雪岭出家。其后历往温陵、漳州、石城、展溪、长水、新安，而归老于灵峰。著述数十种，于教律禅净皆有贡献。其《阅藏知津》四十八卷，实为佛书目录学之名著。其注《梵纲经》，以天台为宗。于天台著述研究特深。故死后其弟子公议以之继续幽溪大师无尽灯之系统，而开出后来清代天台宗之灵峰派。但据藕益自言“愿作台宗功臣，不愿作台宗后嗣”，可见其不以一宗学者自居也。钱牧斋称之曰：

> 呜呼！今世宗师座主，踞曲盝床，建大法幢者多矣。孰有千经万论如水泻瓶，横心横口，信心信口，横说竖说，具大辨才，如道人者乎？孰有持木叉戒，水青玉栗，虽复白刃穴头，飞铁灼身，断不肯毁缺针鼻，如道人者乎？孰有笃信大乘最上乘法门，破斥第二义谛，不游兔径，不内牛迹，不乘羊鹿二车，如道人者乎？其立论以为随机羯磨出而律学衰，《指月录》盛行而禅教坏，四教仪流传而台宗昧。举世若教、若律、若禅，无不指为异物，嫉若仇雠。道人坦怀当之，攒锋集矢，无可引避。昔者，宋人论洪觉范曰：“宁我得罪于先达，获谤于后来，而必欲使汝与闻之于佛法，与救鸽饲虎等，于世法程婴、公孙杵臼、田光、贯高之用心也。”吾尝谓紫柏、海印（即憨山）二老后，道人殆庶几不愧此语。呜呼，难哉！（《书藕益道人自传后》）

读此文可以想见藕益为法奋斗之精神，及其宏通博辨之学识。以之继承三大师后，实在无愧。他认定：“禅为佛心，教为佛语，律为佛行”，三者不可偏废。他说：

心外无法，祖师所以示即法之心，法外无心，大士所以阐即心之法。并传佛命，觉彼迷情，断未有欲宏佛语，而可不深究佛心；亦未有既悟佛心，而仍不能妙达语者也。今之文字阿师，拍盲禅侣，竟何如哉？呜呼！吾不忍言之矣。昔世尊入涅槃，初祖大迦叶即向众云：“如来舍利，非我等事。今者宜先结集三藏，勿令佛法速灭。”嗟嗟！倘三藏果不足传佛心，则初祖何以结集为急务耶？窃谓禅宗之有三藏，犹弈秋之有棋子也；三藏之须禅宗，犹棋子之须活眼也。均一棋子也，善弈者则着着皆活，不善弈者则着着皆死。均此三藏也，知佛心则言言皆了义，不知佛意者则字字皆疮疣。若为惩随语生见，遂欲全弃佛语，又何异因咽废食哉？（《阅藏知津序》）

这样融通禅与教，极为透快，把不读书和死读书两方面的毛病都解除了。他著《周易详解》其序文说：

藕益子结冬于月台，禅诵之余，手持韦编而笺释之。或问曰：“子所解者是《易》耶？”余应之曰：“然。”

复有视而问曰："子所解者非《易》耶？"余亦应之曰："然。"又有视而问曰："子所解者亦《易》亦非《易》耶？"余亦应之曰："然。"侍者闻而笑曰："若是乎堕在四句中也。"余曰："汝不闻四句皆不可说，有因缘故四句皆可说乎？因缘者，四悉檀也。人谓我释子也，而亦通儒，能解《易》，则生欢喜焉。故谓是《易》者，吾然之，世界悉檀也。或谓我释子也，奈何解《易》，以同俗儒？知所解之非《易》，则善心生焉。故谓非《易》者，吾然之，为人悉檀也。或谓儒释殆无分也。若知《易》与非《易》必有差别，虽异而同，虽同而异，则笼统之病不得作焉。故谓亦《易》亦非《易》者，吾然之，对治悉檀也。或谓儒释必有实法也。若知非《易》，则儒非定儒；知非非《易》，则释非定释。但有名字，而无实性，顿见不思议理焉，故谓非《易》非非《易》者，吾然之，第一义悉檀也。"侍者曰："不然。若所解是《易》，则人将谓《易》可助出世法，成增益谤。若所解非《易》，则人将谓师自说禅，何尝知《易》？成灭损谤。若所解亦《易》亦非《易》，则人将谓儒原非禅，禅亦非儒，成相违谤。若所解非《易》非非《易》，则人将谓，儒不成儒，禅不成禅，成戏论谤。乌见其为四悉檀也？”余曰：“是固然。汝独不闻人参善补人，而气喘者服之立毙乎？抑不闻大黄最损人，而中满者服之立瘥乎？春之生育万物也，物固有遇春而烂坏者。夏之长养庶品也，草亦有夏枯者。秋之肃杀也，而菊有黄花。冬之闭藏也，而松柏青青，梅英馥馥。如必择其有利而无害者而后为之，天地恐也不能无憾矣。但佛以慈眼视大千，知群机已熟，然后示生。犹有魔波旬扰乱之，九十五种嫉妒之，提婆达多思中害之。岂惟尧舜称犹病哉？吾所由解《易》者，无他，以禅入儒，务诱儒以知禅耳。纵令不得四益而起四谤，如从地倒，还从地起。置毒乳中，转至醍醐，厥毒仍在。遍行为外道师，萨遮为尼犍主，意在斯也。”侍者再拜而谢曰：“此非弟子所及也。请得笔而存之。”

他和憨山一样，融通儒佛，使佛法中国化。其剖析名理，剔透玲珑处，真不易得。我们读藕益的书，特别觉得爽利骏快，比之前述三大师又是一格。但是其精神是同样宏伟，见解是同样明透的。

除上述四位大师外，尚有湛然、圆澄，为曹洞宗的重要人物；密云、圆悟，为临济宗的重要人物。他们声势都很隆盛，不愧为一时龙象。另有汉月法藏，名义上从密云承接临济系统，而实自树一帜。他著《五宗原》，其弟子弘忍著《五宗救》，大倡异说。当时密云极力驳斥他们，有《辟妄救略说》。后来清朝雍正帝更特著《拣魔辨异录》，并焚其著述，除其教籍，闹得像煞有介事的，这场公案究竟详情如何，此处且不赘述罢。

第七章　古学复兴的曙光

晚明是一个心宗盛行的时代。无论王学或禅学，都是直指本心，以不读书著名。然而实际上不是那么简单，每一个时代的思想界，甚至每一派思想内部，常都是五光十色，错综变化的。在不读书的环境中，也潜藏着读书的种子，在师心蔑古的空气中，却透露着古学复兴的曙光。世人但知清代古学昌明是明儒空腹高心的反动，而不知晚明学者已经为清人做了些思想准备工作，而向新时代逐步推移了。

试看上章所述云栖、紫柏、憨山、藕益诸大禅师，都是读书很多，主张博学广览。他们的禅教一致论，精神上直和后来顾亭林“经学即理学”之说相接近，虽然他们是讲佛家方面，而亭林是讲儒家方面的。特别是紫柏刻了一部大藏经，而藕益遍读全藏，著出一部在目录学上极有价值的《阅藏知津》。这种崇尚宏博，读书空气的提高，不分明是古学复兴的征象吗？当然，这种征象表现在各方面，并不限于佛家。

晚明时代以读书稽古著称的，有胡应麟、焦竑、陈第、方以智等，稍前则有杨慎、陈耀文，而王世贞亦颇有根柢。这些人除陈、方二氏外，虽都不免于“阅见杂博”，但对于古学复兴运动都是很有关系的。大概杨、陈、王、胡，投间抵隙，相引而起，为一组；焦、陈同时而相交游，在某点上，亦可并论：方氏最后，亦最特出，卓尔不群。我们且从这几家的学风上对当时古学运动作一鸟瞰罢。

杨升庵（慎），生当正德嘉靖年间，最号博洽。所著《丹铅录》、《谭苑醍醐》等数十种，虽疏舛伪妄在所不免，然读书博古，崇尚考据之风实从此启。其《古音丛目》、《古音猎要》、《古音略例》、《转注古音略》等虽不如陈第之精粹，然引据繁富，实为后来研究古音者所取材。其言有曰：

> 夫从乳出酪，从酪出酥，从生酥出熟酥，从熟酥出醍醐，犹之精义以入神，非一蹴之力也。学道其可以忘言乎？语理其可以遗物乎？故儒之学有博有约，佛之教有顿有渐。故曰：“多闻则守之以约，多见则守之以卓。寡闻则无约也，寡见则无卓也。”佛之说曰：“必有实际而后有真空。实则扰长河为酥酪，空则纳须弥于芥子。”以吾

道而瓦合外道，一也；以外道而印证吾道，一也。（《谭苑醍醐序》）

他这个博约论极精切有力，实提倡一种新学风，一种新治学方法。他断然主张多闻多见，尚博尚实，和当时心学家所走路数显然不同。他又说；

葛稚川云：“余抄掇众书，撮其精要。用功少而所收多，思不烦而所见博……”王融云：“余少好抄书，老而弥笃。虽遇见瞥观，皆即疏记。后重览省，欢情益深。习与性成，不觉笔倦。”（据胡应麟考证此语出王筠而非王融）慎执鞭古昔，颇合轨葛、王。自束发以来，手所抄集，帙成逾百，卷计越千……（《丹铅别录序》）

抄书是考证的一种基本工夫。既要言必有征，就不能不博览，不能不抄书。所以后来顾亭林乃至有“著书不如抄书”之说。升庵此论足见其学风之所趋向。当时升庵的影响很大。如陈耀文，对他不服气，因特著《正杨》一书以还击他。王世贞意见又不同，对于两家各有指摘。胡应麟的《丹铅新录》、《艺林学山》，也是专为订正杨著而作。朱国桢《涌幢小品·正杨》谓：

> 有《丹铅录》诸书，便有《正杨》，又有《正正杨》。辩者辩矣，然古人、古事、古字，此书如彼，彼书如此，原散见杂出，各不相同。见其一未见其二，哄然纠驳，不免为前人暗笑。（卷十八）

周亮工因树屋《书影》亦谓：

> 《丹铅》诸录出，而陈晦伯《正杨》继之，胡元瑞《笔丛》又继之。当时如周方叔、谢在杭、毕湖目诸君子集中，与用修为难者不止一人。然其中虽极辨难，有究是一义者，亦有互相发明者。予已汇为一书，颜曰《翼杨》……

不管《正杨》也罢，《翼杨》也罢，总而言之，以升庵为中心，在当时学术界激起很大波动，这是极明显的。升庵和许多其他开风气的人物一样，虽不免谬误百出，遭后人攻击，然而他提出许多过去学者所没有注意到的问题。在许多方面为后来考证家开其先路，要追溯晚明古学复兴运动的由来，总是不能不从他讲起的。

陈耀文，字晦伯，确山人，比升庵稍晚出，而博洽略可相当。所著《经籍稽疑天中记》等数十百卷，虽驳杂不纯，而见闻终富，直到后来毛西河、姚际恒还时时称引他。其《正杨》之作，叫嚣诋诽，未免太甚。但由陈、杨异同这一场公案，使许多治考证的人增加兴趣不少，对于当时古学运动不能不说是一种有力的刺激。

王弇州（世贞），为一代文坛主盟，其《四部藁》数百卷，风靡一世，初时誉满天下，后亦毁满天下。平心而论，其秦汉伪体，固不足为训；而博综典籍，谙习掌故，终不同于空疏者流，对当时古学运动，也不能说没有一点功绩。

胡元瑞（应麟），为万历间学者，本来也是弇州派下人物，而特以考据见长。所著书籍亦数十百卷，征引典籍，极为宏富。《四库提要》论其《少室山房笔丛》云：

> 盖捃摭既博，又复不自检点，牴牾横生，势固有所不免。然明自万历以后，心学横流，儒风大坏，不复以稽古为事。应麟独研索旧文，参校疑义，以成是编，虽利钝互陈，而可资考证者亦不少。朱彝尊称其不失读书种子，诚公论也。杨慎、陈耀文、焦竑诸家之后，录此一书，犹所

谓差强人意者矣。（卷一百二十三）

观此可知胡氏在晚明古学界的地位。他对于升庵著述很下过一番工夫，其《笔丛》中《丹铅新录》及《艺林学山》两部分，对于杨、陈二氏说多所折衷。他说：

杨子用修拮据坟典，摘抉隐微，白首丹铅，厥功伟矣。令所撰诸书，盛行海内。大而穹宇，细入肖翘，耳目八埏，靡不该综。即惠施、黄缭之辩，未足侈也。然而世之学士，咸有异同。若以得失瑕瑜，仅足相补。何以故哉？余尝窃窥杨子之癖，大概有二：一曰命意太高；一曰持论太果。太高则迂怪之情合，故有于前人之说，浅也凿而深之，明也汩而晦之；太果则灭裂之衅开，故有于前人之说，疑也骤而信之，是也骤而非之。至剽敚陈言，盾矛故帙，世人率以訾杨子，则又非也。杨子蚤岁戍滇，罕携载籍，䌷诸腹笥，千虑而一，势则宜然。以余读杨子遗文，即前修往哲，只字中窾，咸极表章，而屑屑是也。晦伯曰："杨子之言，间多芜翳，当由传录偶乏荩臣。"鄙人于杨子业，忻慕为执鞭。辄于占侔之暇，稍为是正。甕

天蠡海，亡当大方。异日者，求忠臣于杨子之门，或为余屈其一指也夫。（《丹铅新录引》）

用修生平纂述，亡虑数十百种，《丹铅》诸录其一耳。余少癖用修书，求之未尽获，已稍稍获，又病未能悉窥。其盛行于世，而人尤诵习，无若《艺林伐山》等十数篇，则不佞录《丹铅》外，以次卒业焉。其特见罔弗厌余衷，而微辞眇论，亦间有未易悬解者。因更掇拾异同，续为录，命之曰《艺林学山》。客规不佞："子之说则诚辩矣。独不闻之蒙庄之言乎？天地一指也，万物一马也。昔河东氏非《国语》，而《非非国语》传；成都氏反《离骚》，而《反反离骚》作。用修之言，世方社而稷之，而且哓哓焉数以辩哗其后。后起者籍焉，子其躬矣。夫丘陵学山而弗至于山，几子之谓也。"余曰："唯！唯！窃闻之，孔鱼诘墨，司马疑孟，方之削荀，晦伯正杨，古今共然，亡取苟合。不佞于用修，尽心焉耳矣。千虑而得，间有异同，即就正大方，方兹籍乎，而奚容目睫诿也。夫用修之可，柳下也；不佞之不可，鲁人也。师鲁人以师柳下，世或以不佞善学用修，用修无亦逌然听哉？（《艺林学山》引）

他以升庵的忠臣自命，其绳愆纠谬，乃正所以善学升庵。他对于升庵实深向慕，而大受其影响，尽管多有异同，而实在是一条路上的人。他的《四部正讹》，颇为现今做辨伪工作者所表彰，亦为《笔丛》中的一部分。

焦弱候（竑），亦出万历年间，师耿天台而友李卓吾，本是个王学左派的人物。然而他特以博洽著称。所著《国史经籍志》虽不算好书，但对于目录学这一道总算已能注意。其《笔乘》所论，虽多援儒入释，大张狂禅之焰，但精采处亦不少。最可注意的如《古诗无叶音》卷三中一条：

> 诗有古韵今韵，古韵久不传，学者于《毛诗》、《离骚》，皆以今韵读之，其有不合，则强为之音曰：此叶也。予意不然。如“驺虞”，一“虞”也，既音牙，而叶“葭”与“豝”，又音五红反，而叶“蓬”与“豵”；“好仇”，一“仇”也，既音求，而叶“鸠”与“洲”，又音渠之反，而叶“逵”。如此则东亦可音西，南亦可音北，上亦可音下，前亦可音后，凡字皆无正呼，凡诗皆无正字矣。岂理也哉？如“下”，今在祃押，而古皆作“虎”音。《击鼓》云，“于林之下”，上韵为“爰居爰处”；《凯风》云，“在浚之下”，下

韵为“母氏劳苦”；《大雅·绵》，“至于岐下”，上韵为“率西水浒”之类也。“服”，今在屋押，而古皆作“迫”音。《关雎》云，“寤寐思服”，下韵“辗转反侧”，《有狐》云，“之子无服”，上韵为“在彼淇侧”；《骚经》，“非时俗之所服”，下韵为“依彭咸之遗则”；《大戴记》，“孝昭冠词，始加昭明之元服”，下韵“崇积文武之宠德”之类也。“降”，今在绛押，而古皆作“攻”音。《草虫》云，“我心则降”，下韵为“忧心忡忡”；《骚经》，“惟庚寅吾以降”，上韵为“朕皇考曰伯庸”之类也。“泽”，今在陌押，而古皆作“铎”音。《无衣》云，“与子同泽”，下韵为“与子偕作”，《郊特牲》，“草木归其泽”，上韵为“水归其壑，昆虫无作”之类也。此等不可殚举。使非古韵而自以意叶之，则下何皆音虎，服何皆音迫，降何皆音攻，泽何皆音铎，而无一字作他音者耶？《离骚》、汉魏，去诗人不远，故其用韵皆同。世儒徒以耳目所不逮，而凿空附会，良可叹矣。予儿朗生五岁，时方诵《国风》，问曰：然则“驺虞”、“好仇”当作何音？余曰：葭与豝为一韵，蓬与豵为一韵，“麟之定”，“定”与“姓”为韵；“于嗟麟兮”一句亦不必叶也。《殷其雷》、《黍离》、《北门》，章末语不入韵，皆此例也。《兔罝》，“仇”与“逵”同韵。盖“逵”古一音求。王粲《从军诗》，“鸡鸣达四境，黍稷盈原畴；馆宅充鄽里，士女满庄馗”。“馗”即“逵”，九交之道也。不知逵亦音求，而改仇为“渠之反”以叶之，迁就之曲说也。

此段讲古音，明确条畅，竟然大类顾亭林《答李子德书》。后来讲古音的多溯及陈第，而不及焦氏此文。实则江慎修已明言“古无叶音之说，始于焦竑，而陈氏阐明之”。陈兰甫对焦氏此文亦特别加以表彰。陈第自己在其《毛诗古音考》的跋文上也说：

往年读焦太史《笔乘》曰“古诗无叶音”，此前人未道语也。知言哉！岁在辛丑，尝为考证。尚未脱稿，即有建州温陵之游，留滞三年，徒置旧箧中，甲寅春，来舍陵，稿未携也。秋末，造访太史，谈及古音，欣然相契，假以诸韵书。故本所忆记，复加编辑。太史又为补其未备，正其音切。于是书成可缮写，爰以公诸同好。此道久湮，知之者寡。即吴才老、杨用修，博采精稽，犹未取断言非叶也。太史与愚乃笃于自信，真千载一遘矣。使见者以为是也，古音自此而明；谓未尽也，触类引伸，必自是始，如谓非也，则以待后世子云而已。

观此可知古诗无叶音之说，确为焦氏创见，即陈氏所著亦未尝不与之有关也。

陈第，字季立，连江人。治音韵特精。其《毛诗古音考》、《屈宋古音义》，为后来言古音者所祖述。《四库提要》在《毛诗古音考》条下论之云：

言古韵者自吴棫，然《韵补》一书，庞杂割裂，谬种流传，古韵乃以盖乱。国朝顾炎武作《诗本音》，江永作《古韵标准》，以经证经，始廓清妄论。而开除先路，则此书实为首功。大旨以为古人之音，原与今异。凡今所称叶韵，皆即古人之本音，非随意改读，辗转牵就。如母必读米，马必读姥，京必读疆，福必读逼之类，历考诸篇，悉截然不紊。又《左》《国》《易·象》《离骚》《楚辞》，秦碑汉赋，以至上古歌谣箴铭颂赞，往往多与诗合，可以互证。于是排比经文，参以群籍，定为本证旁证二条。本证者，诗自相证，以探古音之源；旁证者，他经所载，以及秦汉以下去风雅未远者，以竟古

> 音之委。钩稽参验，本末秩然，其用力可谓笃至。虽其中如素音为苏之类，不知古无四声，不必又分平仄；家又音歌，华又音和之类，不知为汉魏以下之转韵，不可以通《三百篇》，皆为未密；然所列四百四十四字，言必有征，典必探本，视他家执今韵部分妄以通转古音者，相去盖万万矣。初第作此书，自焦竑以外，无人能通其说，故刊版旋佚。此本及《屈宋古音义》，皆建宁徐时作购得旧刻，复为刊传。虽卷帙无多，然欲求古韵之津梁，舍是无由也。（卷四十二）

他完全用比较归纳、以经证经的方法，精密纯粹，调理秩然，在明人著述中可谓特出。这不仅为治古音者辟出一条康庄大道，并且在一般治学方法上，其影响也是极大的。他没有杨慎、焦竑那样博洽，却也不像他们那样驳杂。他和清代朴学家更接近一步了。

方以智，字密之，桐城人，为明末海内所称四公子之一。清兵南下后，曾从永历帝于梧州。后见事无可为，乃弃官为僧。“无可”“药地”“浮山愚者”“极丸老人”，皆其出家后之称号。与王船山时有往还，船山诗文中极称道之。所著《通雅》五十二卷，皆考证名物象数训诂音声，极为精博，迥出明代一般考据家之上。《四库提要》论之曰：

> 明之中叶，以博洽著者称杨慎，而陈耀文起而与争。然慎好伪说以售欺，耀文好蔓引以求胜。次则焦竑，亦喜考证，而习与李贽游，动辄牵缀佛书，伤于芜杂。惟以智崛起崇祯中，考据精核，迥出其上。风气既开，国朝顾炎武、阎若璩、朱彝尊等沿波而起，始一扫悬揣之空谈。虽其中千虑一失或所不免，而穷源溯委，词必有征，在明代考证家中，可谓卓然独立矣。（卷一百十九）

明代考证著述受清人如此推重者，实不多见。由此可知其书之价值。方氏治学方法，最可注意。他说：

> 考究之门虽卑，然非比性命可自悟，常理可守经而已。必博学久之，得征乃决。（《通雅凡例》）

他已经把“考究之门”认成一种专门学问，和那性命之学相对立。他深知这门学问的性质，不能凭自悟，不能凭墨守，而必须广搜博采，日积月累，经过极繁艰的历程，把一切论断都建立在确凿的证据上，即所谓“博学久之，得征乃决”，这已经是把握住考证家治学方法的精髓了。他自述其治学的经过道：

> 吾与方伎游，即欲通其艺也；观物，欲知其名也；物理无可疑者吾疑之，而必欲探求其故也。以至于颓墙败壁之上，有一字焉吾未之经见，则必详其音义，考其原本，既悉矣，而后释然于吾心。（《通雅·钱澄之序》述方氏语）

看他这种到处考索细大不捐的艰苦工夫，和顾亭林简直没有二样。他还有《物理小识》一书，原附《通雅》，后别行，乃是由他儿子中通等编成的。其内容大致虽亦从张华《博物志》、赞宁《物类相感志》诸书而衍之，但彼只言克制生化之性，而此则推阐其所以然；虽所录不免冗杂，未必一一尽确，所论亦不免时有附会，但能有意识的提出一种“质测”方法来，已经可算是卓绝千古。王船山称他道：

> 密翁与其公子为质测之学，诚学思兼致之实功。盖格物者，即物以穷理，惟质测为得之。若邵康节、蔡西山则立一理以穷物，非格物也。（《搔首问》）

“质测”即实验，语见《物理小识》。船山指出他和邵、蔡等的区别，非常重要。因为这就是科学所以别于过去一切象数、占验、博物、志异诸书之一基本要点也。这时候西学已经输入了，方氏深受其影响。他用“质测”的方法，根据确凿可靠的事实，敢信古，也敢信今。他说：

> 古今以智相积而我生其后，考古所以决今，然不可泥古也。古人有让后人者，韦编杀青，何如雕板，龟山在今，亦能长律；河源详于阔阔，江源详于《缅志》；南极下之星，唐时海中占之，至泰西人，始合为图，补开辟所未有。（《通雅》卷首）

他认定人类知识，越积越多，后来居上，今人所知尽多为古人所未及知者。许多明明白白的事实放在面前，断不容我们强闭眼睛曲从古人。他毫不犹豫的称泰西天文学“补开辟所未有”，可见他当时对于西学是何等的崇拜。他更注重方言辨护俗字，主张讲拼音文字，处处表现出他的历史眼光，表现出他尊重时代的精神。这些地方已经超越了一般古学家，即清代大师能达到这种程度的也不多。我们读方氏书，真觉得元气淋漓，处处透露出新时代的曙光。

大概明朝中叶以后，学者渐渐厌弃娴熟的宋人格套，争出手眼，自标新异。于是乎一方面表现为心学运动；另一方面表现为古学运动。心学与古学看似相反，但其打破当时传统格套，如陆象山所谓“扫俗学之凡陋”，其精神则一。王阳明已经要讲古本《大学》了，王学左派的焦弱侯竟以古学著名了。自杨慎以下那班古学家，并不像乾、嘉诸老那样朴实头下工夫，而都是才气纵横，带些浪漫色彩的。他们都是大刀阔斧，而不是细针密线。他们虽不免于驳杂，但古学复兴的机运毕竟由此打开了。

最后，我们还应当一述的，就是当时藏书风气的盛兴。如范氏天一阁、钮氏世学楼、祁氏澹生堂、黄氏千顷斋、钱氏绛云楼、郑氏丛桂堂，都是著名藏书的地方。其余若上文所述焦竑、陈第、胡应麟等都是藏书极富。特别是毛子晋，专门以藏书刻书传名后世。他前后积书八万四千册，构汲古阁目耕楼以保藏之。一时书舶云集于门，邑中为之谚曰：“三百六十行生意，不如鬻书于毛氏。”他并且刻了许多古书，流布遍天下。直到现在，稍读古书的几乎无不知有汲古阁，可想见其影响之大。假使没有这样丰富的藏书，那班古学家将无所凭借以用其力。我们讲古学运动，对于这些私人图书馆是不应遗忘的。

第八章　西学输入的新潮

在晚明思想解放的潮流中，除古学复兴外，还另有一个新路向，那就是西学的输入。原来自万历以后，西洋耶稣会教士利玛窦、庞迪我、熊三拔、龙华民、艾儒略、金尼阁、阳玛诺、汤若望等相继来华。他们学识品格本来很好，而又能迎合中国风习，所以逐渐在士大夫间活动起来，取得许多名流的信仰。这些教士中声名最大的当然推利玛窦。如李卓吾、袁中郎、谭元春、叶向高、李日华、汪廷讷等都很恭维他，更不要说当时天主教“三大柱石”徐光启、李之藻、杨廷筠了。他们本为传道而来，但其结果却为中国散布许多科学的种子。我们且先把当时学术各部门中所受他们的影响，作一概略的叙述，然后把最重要的徐光启特别提出来讲一讲。

首先自然要说到天算。那时候所行的“大统历”，循元朝郭守敬“授时历”之旧，错误很多。万历年间，朱载埼、邢云路先后上疏，请求厘正。恰当这时候，利玛窦等来到了。他们都长于天算，其推算之密，制作之巧，实中国前古所未有。于是由徐光启、李之藻等的推荐，得参与历法改革的大业。天启、崇祯两朝十几年间，很把这件事当一件大事办。经他们合译或分撰的书不下百余种，汇为《崇祯历书》、《天学初函》。其中如利、徐合译的《几何原本》，几成为后来学算者必读之书。《四库提要》在“测量法义”条下言及此书道：

> 自是之后，凡学算者，必先熟悉其书。如释某法之义，遇有与《几何原本》相同者，第注曰见《几何原本》某卷某节，不复更举其言，惟《几何原本》所不能及者始解之。

由这几句话，可知此书影响之大。此外若《测量法义》、《测量异同》、《勾股义》、《浑盖通宪图说》、《圜容较义》、《同文算指》等，其著者或徐或李，而实皆利氏所译授。《明史·天文志》论其事道：

> 明神宗时，西洋人利玛窦等入中国，精于天文历算之

学，发微阐奥，运算制器，前此未尝有也。

清阮元《畴人传》第四十四卷西洋二附录近世西洋人，首推利玛窦，以利氏东来为“西法入中国之始”，解释其新说颇详。其论赞云：

自利玛窦入中国，西人接踵而至。其于天学皆有所得。采而用之，此礼失求野之义也。而徐光启至谓利氏为今日之羲和云。

风气既开，后来清代学者继续发展。其影响所及，不仅出了几位专门天算学家，并且许多经学家都兼长天算，这是明末西学输入最明显的结果。不过当时所输入的天文学，还是欧洲的旧天文学，也就是托来梅（Ptolemy，今译作托勒密，古罗马时代的科学巨匠。——编者注）以来的天文学，而不是歌白尼（Copernicus，今译作哥白尼，波兰天文学家。——编者注）以后的新天文学。因为歌氏的书，虽已于1543年出版，但尚未大行。利玛窦等仍囿于当时天主教徒以地球为宇宙中心的成见，而不信歌氏的太阳中心说。这也无足怪，因为歌白尼学说之被确认，尚待葛利略（Galileo，今译作伽利略，意大利天文学家。——编者注）出来以后也。

其次是舆地。利玛窦等一班教士，远渡重洋，挟其广博的世界知识，使向来闭关自大的中国人士闻所未闻。异方殊俗，引起不少兴趣。如利氏的《万国舆图》、艾儒略的《职方外纪》……绘图立说，中国人之知有五洲万国自此始。在裴化行所著《天主教十六世纪在华传教志》中，描写利氏在肇庆府的情形，特别详述其地图之为人所注意时道：

> 在会所的客厅内，悬有一张西文的世界地图。凡来会所参观的人，都宁神注视，并彼此相探问这是一张什么图。因为他们从来没有见过，并从来没想过，世界的缩影是这样的。各重要人员都愿意把这图译成中文，为能更明了图上所含的一切。……利玛窦为应付朋友的请求，即一面参考他的旅行日记及别的西洋书籍，一面借翻译官的帮助，编成一本注解地图的小册子，并在内插入天主教仪式及各地习俗的记录。……这种地图，虽然有很多缺陷，大家却视为稀世的奇品，不久便流传到全中国各省内。……当着他们见到世界全图，上面表现着一个极庞大的世界，中国是被移置一个角落，并且看着很小，一般昏愚的人们，有开始嘲笑司铎们的，但是比较明智的人，注意

> 到地图构造是这般精密，上面有经度及纬度，有赤道线，有回归线。……因此他们便不自禁相信图上的一切都是与实际相合的。利玛窦为减除中国朋友对于新式地图的嫉视心，便很小心的把大家对于地图的观点转移。因为中国学者不能忍受他们国家被西洋绘图家抛在世界东部的一个角落上，但是他们又不能立刻懂清数学上的证明；于是利玛窦不得已把地图上的第一条子午线（经过加拿利群岛的子午线）的投影的位置转移，把中国放在正中。这正是一种适合于参观者脾味的地图，众司铎相信以后演讲时一定有许多便利，来宾见西洋各国与中国的距离几乎远的无法测量，又有重洋相隔，便不再惧能有外力来侵略。

从这段描写可知当时中国学者地理知识的幼稚，及利氏对于他们的新刺激。利氏地图及其所附说明，从现在看来，自然也还觉得幼稚，但在中国地理学的发展史上，他毕竟划出一个新时代。后来清朝康熙年间，测绘《皇舆全览》图，还全赖一般教士们的力量，清儒对于舆地上的兴趣，也未尝不与此有关。（《禹贡》第五卷第三四合刊是讲利玛窦地图的一个专号可参考。）

其次是音韵。中国音韵学自与印度交通而进一步，自与西洋交通而又进一步。那班耶稣会教士读中国书，多用罗马字注音。如现仍保存在北京图书馆中殷铎泽用拉丁文翻译的《中庸》等书，即其实例。金尼阁更著《西儒耳目资》一书，以西洋之音，通中国之音，为当时音韵学界别辟新路径，后来方以智著《通雅》，刘继庄著《新韵谱》，都明白承认受西人的影响。清代音韵学之盛，不能说和西学输入没有一点关系。（陈援庵先生著《明季之欧化美术及罗马字注音》一书论此甚详，可以参考。）

其次，一切名物度数利用厚生之学。明末西学输入的结果，不仅发展了天算、舆地、音韵等几种专门学问，实在说，当时整个思想变动亦未尝不受其影响。中国学者向来所常讲的是道德伦纪，而对于一切名物度数利用厚生之事则不甚留意。利玛窦曾言：

> 薄游数千百国，所见中土土地人民，声名礼乐，实海内冠冕。而其民顾多贫乏，一遇水旱，则有道殣，国计亦绌焉者，何也？（徐光启《泰西水法》序中所引）

这段话实在能指出中国的弱点。地大物博，而常患贫，这种奇怪现象，至今犹然。利氏因进言水法，以为富国足民之计。后来熊三拔著《泰西水法》，邓玉函著《远西奇器图说》，种种实用的学问技艺逐渐输入。徐光启既受其影响而著卓绝千古的《农政全书》，而清初诸儒经世致用的思想亦启发于此了。当时西学有广泛的输入，其治学方法亦影响到各方面。如艾儒略所著《西学凡》，讲西洋建学育才之法，把当时欧洲教育制度学问门类已介绍其大概。李之藻译《名理探》，把西洋论理学也介绍过来了。总而言之，一切名物度数利用厚生之学，因受西学影响而都渐渐为人所注意了。说到这里，我又想起方以智。不仅他自己著《物理小识》，并且他的祖父野同公，他的父亲潜夫公，他的外祖父吴观我，都是喜欢研究物理的。他的曾祖明善公的门生王虚舟，且著《物理辨》、《物理小识》就是缘此而作的。他的儿子中德、中通、中履是《物理小识》的编纂者，书中多附录其说。中通更与揭宣往复讨论，录为《揭方问答》一书。这不仅可见方氏的家学渊源，而一时研究物理的风气亦可想见。这种风气深受西学影响，是他们书中明白表示出来的，然而当时与西学关系最深的，究竟还要推徐光启。我们现再以徐氏为中心，作一较详的论述。

徐光启，字子先，号玄扈，谥文定，上海人。生于嘉靖四十一年（1562），卒于崇祯六年（1633），寿七十二岁，官至太子太保，文渊阁大学士，兼礼部尚书。他初遇西教士郭仰凤于韶州，谈道颇洽。后在南京复遇利玛窦，既而从罗如望受洗。及官翰林，适利氏早在北京，自此过从日密，西洋历法、炮术、农田水利及其一切名物象数之学遂借以传入。他对于西学有广泛而深刻的认识，并不限于几种专门学艺。就如他说：

> 《几何原本》者，度数之宗，所以穷方圆平直之情，尽规矩准绳之用也。……盖不用为用，众用所基，真可谓万象之形囿，百家之学海。……（利）先生曰："是书也，以当百家之用，庶几有羲和、般墨其人乎？犹其小者。有大用于此，将以习人之灵才，令细而确也，余以为小用大用，实在其人。如邓林伐材，栋梁榱桷，恣所取之耳。"（刻《几何原本》序）
>
> 更有一种格物穷理之学，凡世间世外、万事万物之理，叩之无不河悬响答，丝分理解。退而思之，穷年累月，愈见其说之必然而不可易也。格物穷理之中，又复旁出一种象数之学。象数之学，大者为历法，为律吕；至其他有形有质之物，有度有数之事，无不赖以为用，用之无不尽巧极妙者。（《泰西水法》序）

这说明了科学的普遍性、必然性和精确性。他以“不用为用”的数理为基础，到处发挥其“细而确”的科学精神，一扫向来中国学者论事说理模糊影响之病。他时常用数字统计，如云：

> 月食诸史不载，所载日食：自汉至清凡二百九十三，而食于晦日者七十七，晦前一日者三，初二者三，其疏如此。唐至五代凡一百一十，而食于晦者一，初二者一，初三者一，稍密矣。宋凡一百四十八，则无晦食，更密矣；犹有推食而不食者十三。元凡四十五，亦无晦食，更密矣；犹有推食而不食者一，食而失推者一，夜食而书昼者一。至加时先后至四五刻者，当其时已然。……岂惟诸臣，即臣等新法遂成，似可悉无前代之误，乃食限或差半分上下，加时或差半刻上下，虑所不免。（《月食先后各法不同缘由及测验二法疏》）

这是说台官预告日食，自汉迄明，精密程度，代有进展。宋元以前，常可差至一日；自元迄明，尚可差至三四刻，徐氏采用西洋新法，始减至半刻上下。这一段中国历算演进史，他历历用数字统计指示出来。又如他说：

洪武中亲郡王以下男女五十八位耳，至永乐而为位者百二十七，是三十年余一倍矣。隆庆初丽属籍者四万五千，而见存者二万八千；万历甲午丽属籍者十万三千，而见存者六万二千，即又三十年余一倍也。顷岁甲辰丽属籍者十三万，而见存在不下八万，是十年而增三分之一，即又三十年余一倍也。夫三十年为一世，一世之中，人各有两男子，此生人之大率也。则自今以后，百余年而食禄者百万人，此亦自然之势，必不可减之数也，而国计民力足供乎？（《处置宗禄查核边饷议》）

明初创置宗禄，王禄万石，八降为奉国中尉，犹二百石。到万历年间，连年灾荒，边饷无着，宗禄实难维持了。徐氏从过去推未来，指出其必不可免的趋势。他居然能用数字统计，得出三十五年增加一倍的“生人之大率”，这简直是马尔萨斯的人口论，而他却还早出世二百年。如云：

尝考宋绍兴中松郡税粮十八万石耳，今年米九十七万石，会计加编，征收耗剩，起解铺垫，诸色役费，当复称是，是十倍宋也。……三百年而尚存视息者，全赖此一机一杼而已。非独松也，苏、杭、常、镇之币帛枲纻，嘉湖之丝纩，皆恃此女红末业，以上供赋税，下给俯仰。若求诸田亩之收，则必不可办……今北土之吉贝贱而布贵，南方反是。吉贝则泛舟而鬻诸南，布则泛舟而鬻诸北，此皆事之不可解者。若以北之棉，学南之植，岂不反贱为贵，反贵为贱？余居恒谓北方之人必有从事者。若云彼土风高不能抽引，此语诚然，顾岂无善巧之法。而总料其不然，亦未免为悠悠之论。故常揣度后此数十年，松之布当无所泄，无所泄，即无以上供赋税，下给俯仰。（《全书》卷三十五）

他深切认识棉丝等纺织工艺在农村经济中的重要性，并能预见其危机。试把近百年来中国农村所受国际经济侵略的情形和这一段话作一对照，当更觉其深识远见真不可及。他随处留心把各地农业情形，各种农业方式，灿然罗列心目间，所以每发一论，总是真切透到，能抓住要害，绝不像旁人专说些空泛笼统不着痛痒的话。区区蝗虫问题，一到他手里，便俨然构成一套科学理论。在《屯田疏稿》中，除蝗条下，他征引历史事实，应用数字统计，把蝗生之时、蝗生之地、治蝗之法，都原原本本，有凭有据的讲出来，他讲水利更津津有味。在同疏用水条下云：

能用水，不独救旱，亦可弭旱。灌溉有法、滋润无方，此救旱也。均水田间，水土相得，兴云起雾，致雨甚易，此弭旱也。能用水不独救潦，亦可弭潦。疏理节宣，可蓄可泄，此救潦也。地气发越，不至郁积，既有时雨，必有时旸，此弭潦也。不独此也，三夏之月，大雨时行，正农田用水之候。若遍地耕垦，沟洫纵横，播水于中，资其灌溉，必减大川之水，先臣周用曰："使天下人人治田，则人人治河也，是可损决溢之患也。故用水一利，能违数害，调燮阴阳，此其大者。不然，神禹之功，仅仅"抑洪水"而已；抑洪水之事，则"决九川距海，浚畎浍距川"而已，何以遽曰"水火木金土谷惟修，正德利用厚生惟和"，一举而万事毕乎？是故水能为利，亦能为害，不善用之则为害，善用之则为利。欲违害而就利，寻求体势，不越五法。尽此五法，加以智者神而明之，变而通之，地之不得水者寡矣，水之不为田用者亦寡矣。……用水之源……用水之流……用水之潴……用水之委……作源作潴以用水……

看他讲得面面俱到，真把水利科学化了。他认"西北治河，东南治水利”为救时之计，而将“水学”基础置于“勾股测量”之上。此义见于他的《勾股义序》。他在《漕河议》中更说：

> 今诚得守敬其人，令博求巧工算史、为之佐史，西自孟门，东尽云梯，南历长淮，北逾会通，无分水陆，在在测验，近用准平，远立重表。……务令东西南北数百里间，地形水势，尽识其纡直倨勾，又尽识其广狭浅深，高下夷险，灿然井然……而后仿裴氏之遗规，终若思之绪业，绘图立论，勒成一书。

他治河不是孟浪从事的，而先要把中原地形大规模的测量一番，制出详确可靠的地形图以作依据，这真是科学家的作风。这种伟大的工作计划，直到现在还需要我们去努力实现。他还有个伟大计划，就是要建立一个分工合作把许多科学集中起来的研究机关。他知道科学是不能单传秘授，而需要很多人公开研究的。他引利玛窦的话道：

> 先生尝为余言：西士之精于历，无他谬巧也，千百为辈，传习讲求者三千年。其青于蓝而寒于水者，时时有之，以故言理弥微亦弥著，立法弥详亦弥简。（《简平仪

说序》）

这是科学家不同于术士的地方。徐氏集合西士，创立历局实即根据此意。当时局中所译西书，间及各科，本不限于天算。但按着徐氏理想计划，还更要“旁通众务”，大规模的干一番。他在《条议历法修正岁差疏》中有云：

且度数既明，又可旁通众务，济时适用，此则臣之所志而非臣之所能，故不无望于众思群力之助也。

于是乎他提出急要事宜四款，其第四款“度数旁通十事”就涉及：（1）气象学，（2）水利工程，（3）音乐，（4）军事学，（5）统计学，（6）营造学，（7）物理学与机械工程，（8）地理学与制图学，（9）医学，（10）钟表学，最后他总括说道：

臣闻之《周髀算经》云：“禹之所以治天下者，勾股之所由生也”。盖凡物有形有质，莫不资于度数故耳。此须接续讲求。若得同事多人，亦可分曹速就。

这个计划如果实现，简直就是一个大规模的科学研究院。徐氏与欧洲近代科学始祖培根为同时人，培根曾著《新大西洋》（*NewAtlantis*）一书，假想一学术研究机关，名梭罗门馆（Solomon House）。馆中延聘三十六位科学家，其半数编辑古今经籍中的科学论说，其余十八人复分六组，试行各种实验，而审查其结果，最后目的乃在求万事万物之理而获得新发明。这个理想研究院和徐氏所拟"旁通众务"的计划，很有些相类。然而培根去世后四十三年间，《新大西洋》风行一世，刊印了十版，英国皇家学会即依照其模型而成立于一六六〇年。后来这个学会中人才辈出，成为近代科学的大本营。溯其渊源，不能不说是受培根之赐。徐氏的计划，却只成立了那么个历局，翻译了那么些西书，虽然在中国学术史上亦留下深刻的痕迹，但其理想究竟没有圆满实现，继续发展，辟出一个科学的新天地。徐氏的伟大，在许多方面实超过培根，然而历史条件限制了他。这不是徐氏的不幸，而实在是中国的不幸啊！

关于晚明时代西学输入情形，各书论及者甚多，故本章只略述大概。至徐氏学术，本文所论多根据竺可桢先生《近代科学先驱徐光启》一文，该文见民国二十三年上海所出《徐文定公逝世三百年纪念文汇编》中，甚精彩，可参考也。最后我介绍一段趣话，即《袁小修日记·卷四》所载：

> 看报，得西洋陪从利玛窦之讣。玛窦从本国航海来，凡四五年始至，初住闽，住吴越，渐通华言及文字。后入都，进自携天主像及自鸣钟于朝。朝廷馆榖之。盖彼国事天，不知佛，行十善，重交道，童真身甚多。玛窦善谈论，工著述。所入甚薄，而常以金赠人。置居第僮仆甚都，人疑其有丹方若王阳也。然窦实多秘术，惜未究。其言天体若鸡子，天为青，地为黄，四方上下皆有世界，如上界与下界人足正相邻，盖下界者，如蝇虫倒行屋梁上也。语甚奇，正与《杂华经》所云"仰世界，俯世界，侧世界"语正合。窦与缙绅往来，中郎衔舍数见之。寿仅六十。闻其人童真身也。

当时学者，初见西人，都用好奇的眼光，作极幼稚可笑的推想，其隔膜误解往往有更甚于此者。（此类材料甚多，拟另撰《明清间学者对于西学的印象》一文以论述之。）由此益可见徐李诸子真敻乎不可及了。

第九章 余论

由以上数章所述，可以看出来晚明思想界有几个明显趋势：其一，从悟到修，这表现于东林各派的王学修正运动，以及云栖、憨山等尊重戒律，特唱净土；其二，从思到学，这表现于古学复兴，及西学的输入；其三，从体到用，这表现于张居正、徐光启等的事功思想，及左派诸人的大活动；其四，从理到气，这表现于刘蕺山等的反理气二元论。这几种趋势，矛盾冲突，参互错综，形成一个斑驳陆离的局面。然而进一层追求，观其会通，尚可以看出一个总趋势：即从超现实主义到现实主义是也。从悟到修，悟虚而修实；从思到学，思虚而学实；从体到用，体虚而用实；从理到气，理虚而气实。大体说来，在晚明思想界占中心地位的还是王学和禅学。最能代表现实主义潮流的事功派、西学派、古学派，这时候还只是刚刚抬头。然而在王学和禅学内部，也未尝没有现实主义的倾向。如来禅和祖师禅，东林派和狂禅派，右派王学和左派王学，各有其现实主义的一方面。这各种现实主义倾向渐渐汇合成一大潮流，于是乎清初诸大师出来，以经世致用实事求是相号召，截然划出一个思想史上的新时代。这一班大师都是明代遗民，他们的早年生活，还有些应该叙入晚明思想史以内的。

当明朝灭亡，清顺治帝初入中原的时候，孙夏峰已六十一岁，黄梨洲三十五岁，顾亭林三十二岁，王船山二十六岁，李二曲十八岁，颜习斋十岁，还有陆桴亭、张杨园、王寅旭、张稷若、傅青主、魏叔子……都是他们一辈人。这班大师中，习斋这时候年还太小，无可表现；二曲正在孤寒中挣扎，亦还未见声光；船山稍露头角矣，而旋遭乱离；其早已活跃于明末思想界者，只有夏峰，其次则梨洲、亭林而已。

夏峰资格最老，梨洲《明儒学案》中已经有他的位置。他早和魏大中、周顺昌定交，以气节相期许。当魏忠贤毒焰正烈，魏、周与杨、左诸君子被难时，他挺身营救，义声震一时。他和鹿伯顺为共同讲学的挚友，都以陆王为宗，他们体认真切，不蹈王学末流猖狂之习。大体上说，他们实与东林派桴鼓相应，而为其羽翼。及伯顺殉“流寇”之难，北方学者只有夏峰岿然独存。国变后，他自河北移居河南，讲学于苏门山，直至九十二岁而终。他晚年学风稍变，和会朱陆，兼综汉唐，打破门户之见，而一以躬行实践经世致用为归。当时大河南北之学者几乎尽出其门下，即颜李学派亦未尝不渊源于此，实清初北学一大宗也。这是后话，姑且不谈。

梨洲之父黄忠端公尊素，亦东林派要人，死于魏忠贤之难。崇祯帝即位，梨洲年十九，入京讼冤，椎击许显纯，为父报仇。归家后，折节为学，遍读江南各大家藏书。更从学刘蕺山，力摧陶石梁一派之异说。其后遭遇国变，从南明诸王屡起义兵。直至事无可为，乃返乡，重振蕺山讲席，更远绍永嘉、金华诸先正经制文献事功之遗绪，蔚成东南学者一大宗，而为清朝一代浙东学术之开山。如但就其国变以前的早年生活观察，其学业实尚在草创时代也。

亭林本亦江南大族，早年曾和归庄等征逐文坛，露头角于复社，一时有“归奇顾怪”之目。又与潘柽章、吴赤溟为友，二子皆长于文史之学，入清后以庄氏史案被杀者也。由此可知亭林早年亦明末声气中人。然而他此时已纂辑《肇域志》及《天下郡国利病书》。其《自序》云：

> 崇祯己卯，秋闱被摈，退而读书。感四国之多虞，耻经生之寡术。于是历览二十一史，以及天下郡县志书，一代名公文集，及章奏文册之类，有得即录，共

成四十余帙，一为舆地之记，一为利病之书。（《天下郡国利病书序》）

此书是崇祯己卯起，先取一统志，后取各省府州县志，后取二十一史参互书之。凡阅志书一千余部，本行不尽则注之旁，旁又不尽则别为一集，曰备录。（《肇域志序》）

观此可知当时亭林已留心当世之务，从事博览详考，后来朴实考订经世致用之学风已发端于此了。

此外船山早年曾受知于高汇旃，而与声气中人相往来。汇旃，忠宁公景逸之子也。桴亭、杨园，亦都曾侍从蕺山讲席，后来才各走自己的路。总而言之，自顾、高诸子倡道东林，风声所播，社事大兴。直至明亡以后，东南一带学术团体，如几社、狷社、读书社等不计其数，而以复社为尤著。上述诸大师多出身此等社团中，其敦节行，立名义，蒿目时艰，以澄清天下为志，固犹是东林之流风余韵也。及遭逢国变，创钜痛深之余，浮华尽刬，益务本实，德慧术智经艰苦锻炼而更为精进。于是向之以才情意气倾一时者，且以实学实用卓然为一代大师。顾、黄诸子之学，虽皆大成于清初，要其在明朝末年所过之一段早年生活实自有其重要意义也。在前面各章中，除第一章提及湛甘泉外，后来再没有讲到这一派。其实甘泉为白沙弟子，为阳明讲友，而且享寿又高，直到阳明死后好多年他还讲学，所以当时湛学之盛，几不下于王学。他以“随处体认天理”为宗，对于阳明多效诤议。他条列阳明格物之说有四不可：

> 自古圣贤之学，皆以天理为头脑，以知行为工夫。兄之训格为正，训物为念头之发，则下文诚意之意即念头之发也，正心之正即格也，于文义不亦重复矣乎？其不可一也。又于上文知止能得为无承，于古本下节以修身说格致为无取，其不可二也。兄之格物训云正念头也，则念头之正否亦未可据。如释老之虚无，则曰“应无所住而生其心”，“无诸相”，“无根尘”，亦自以为正矣。杨、墨之时，皆以为圣矣。岂自以为不正而安之？以其无学问之功，而不知所谓正者乃邪而不自知也。其所自谓圣，乃流于禽兽也。夷、惠、伊尹、孟子亦以为圣矣，而流于隘与不恭而异于孔子者，以其无讲学之功，无始终条理之实，无智巧之妙也。则吾兄之训徒正念头，其不可三也。论学之最始者，则《说命》曰“学于古训乃有获”；《周书》则曰“学古入官”；舜命禹则曰“惟精惟一”；颜子述孔

子之教则曰“博文约礼”；孔子告哀公则曰“学、问、思、辨、笃行”，其归于知行并进，同条共贯者也。若如兄之说，徒正念头，则孔子止曰“德之不修”可矣，而又曰“学之不讲”何耶？止曰“默而识之”可矣，而又曰“学而不厌”何耶？又曰“信而好古敏求”者何耶？子思止曰“尊德性”可矣，而又曰“道问学”者何耶？所讲所学所好所求者何耶？其不可者四也。（《答阳明王都宪论格物》）

甘泉自己对于格物怎样解释呢？他说：

仆之所以训格者，至其理也。至其理云者，体认天理也。体认天理云者，兼知行合内外言之也。（《答阳明王都宪论格物》）

格者，至也，即格于文祖有苗之格。物者，天理也，即言有物，舜明于庶物之物，即道也。格即造诣之义，格物者，即造道也。知行并进，学、问、思、辨、行皆所以造道也。故读书，亲师友，酬应，随时随处皆求体认天理而涵养之，无非造道之功。诚、正、修工夫皆于格物上用，家、国、天下皆即此扩充，无两段工夫，此即所谓止至善。尝谓止至善则明德亲民皆了者，此也。如此方可讲知至。孟子“深造以道”，即格物之谓也；“自得之”，即知至之谓也；“居安”“资深”“逢源”，即修、齐、治、平之谓也。（《答阳明》）

关于格物这个问题，实在太纠纷。自宋以后，几乎有一家宗旨，就有一家的格物说。甘泉解格物为“造道”，为“至其理”，而终归于“随处体认天理”，自成他的一家言。至于批评阳明四不可之说，前两条章句文义问题，本非阳明所重视。阳明大旨只是以格物为诚意的实功，把八条目一贯起来，不分作几段工夫，以符合于他的“致良知”。至于详细文义上，他实在还没有斟酌至当，有待于后来的补充修正。不过这和湛、王两家根本路线没大关系，仅可存而不论。重要的是甘泉所说三四两项。其实这两项仍是一项，不过说阳明只有“尊德性”而没有“道问学”罢了。讲到这里，就牵涉着朱陆异同一大公案。向来分判朱陆的，总说是陆偏于“尊德性”，而朱偏于“道问学”。这种说法本出自朱子自己，而陆象山当时就加以反对道：“既不知尊德性，焉有所谓道问学？”陆王派的特色，就在把“道问学”当作“尊德性”的工夫，不离行以言知，不离心以言理。换句话说，朱子把“道问学”与“尊德性”平列起来，是二元的；陆子把“道问学”统属于“尊德性”之下，是一元的。所谓朱偏于“道问学”，陆偏于“尊德性”这种说法，也只有在这一为平列一为统属的意味上，是可以成立的。如真要在“行”外另讲个“知”，“心”外另讲个“理”，“尊德性”外另讲个“道问学”，那就已经成为朱子的同调了。甘泉所指阳明学说的毛病，正同于一班朱学家的观点。只要把阳明答罗整庵及顾东桥那两篇论学书看一看，自可了解阳明本旨并不是那样简单。最有趣的是：甘泉的老师陈白沙，本是明代学者从朱转陆的第一人，是阳明道学革新运动的先驱，现在甘泉却依凭师说，作为朱学事实上的支柱，而反抗进一步的革新潮流了。更妙的是：甘泉之学，一传而为何吉阳、唐一庵，再传而为许敬庵，三传而为刘蕺山，从调和湛、王，渐变而为王学修正派，以挽救王学末流之弊，而开辟思想史上另一个新局面，这样一来，湛学又成为王学的功臣了。历史上的事情，相反相成，迭起迭伏，往往如此。

最后想谈一谈晚明时代下层社会的思想运动。这个运动和王学有关，特别是和左派王学有关的。本来王学比朱学容易接近下层社会。焦理堂说：

紫阳之学，所以教天下之君子；阳明之学，所以教天下之小人。……行其所当然，复穷其所以然，诵习乎经史之文，讲求乎性命之本，此惟一二读书之士能之，未可执颛愚顽梗者而强之也。良知者，良心之谓也。虽愚不肖不能读书之人，有以感发之，无不动者。（《雕菰集》卷八《良知论》）

这段话很有意味。王学本极活动，本是彻上彻下的。自童子至于圣人，自天子至于庶民，不管你什么程度，什么地方，什么职业，都可以随分用力。各人有各人的良知，就不妨各就力之所及自致其良知。既无须“半日读书，半日静坐”；也不必“即凡天下之物，莫不因其已知之理而益穷之，以求至乎其极”。当下具足，易知易能，阳明直然说：

与愚夫愚妇同的，是为同德，与愚夫愚妇异的，是为异端。（《传习录》下）

他正是以愚夫愚妇的良知良能为标准。他有一篇《谕泰和杨茂》，教一个聋子哑子致良知。看他那样指点人的方法，真是亲切简易，真是“夫妇之愚可以与知，可以能行焉”。阳明认定圣人之所以为圣人不在知识才能，而在其心之纯乎天理。他曾以精金喻圣人，以分量轻重喻才力大小；更说尧、舜如黄金万镒，文王、孔子九千镒，禹、汤、武王七八千镒，伯夷、伊尹四五千镒。分量不同，其为纯金则同；才力不同，其纯乎天理而为圣人则同。照这样讲，圣人不一定要黄金万镒，七八千镒亦可以，四五千镒亦可以。究极言之，做个半斤半两的圣人，也当然没什么不可以。这样一来，圣人的资格也就放宽，聋圣人、哑圣人、工圣人、农圣人，大大小小，形形色色的圣人，都该为阳明所容许。于是许多下层社会的分子，都有机会闯入圣人的门墙了。

首先跳出个王心斋，其生平经历与学术在第二章中已经讲过。他以一个盐丁，居然成为王学大师，开出泰州一派。王学的风行一世，要算由于这个学派的鼓吹力量为最多。心斋的弟子王一庵说：

自古农工商贾，业虽不同，然人人皆可共学。孔门弟子三千，而身通六艺者才七十二，其余则皆无知鄙夫耳。至秦灭学。汉兴，惟记诵古人遗经者，起为经师，更相授受。于是指此学独为经生文士之业，而千古圣人与人人共明共成之学，遂泯没而不传矣。天生我师，崛起海滨，慨然独悟，直宗孔孟，直指人心。然后愚夫俗子不识一字之人，皆知自性、自灵、自完、自足，不假闻见，不烦口说，而二千年不传之消息一朝复明矣。（《明儒学案》卷三十二《王一庵语录》）

这段话昌言农工商贾、愚夫俗子，不识一字之人都可与共学，并且也只有这样的学才是真正的圣学。不错，心斋就是出身下层社会的，由他所领导的泰州学派，更参进许多下层社会的分子。如樵夫朱恕、田夫夏廷美、陶匠韩乐吾等都是。后来李二曲著《观感录》，就是特别表章这班平民学者的。这里面最可注意的是韩乐吾。他于农隙聚徒讲学，农工商贾从之游者千余，可知其影响之大。《明儒学案》记他："一村既毕，又之一村，前歌后答，弦诵之声洋洋然也。"试想这是何等气象！李卓吾述罗近溪讲学的情形道：

至若牧童樵竖、钓老渔翁、市井少年、公门将健、行商坐贾、织妇耕夫、窃履名儒、衣冠大盗，此但心至则受，不问所由也。况夫布衣韦带、水宿岩栖、白面书生、青衿子弟、黄冠白羽、缁衣大士、缙绅先生、象笏朱履者哉？是以车辙所至，奔走逢迎。先生抵掌其间，坐而谈

笑。人望丰采，士乐简易。解带披襟，八风时至。（《焚书》卷三《罗近溪先生告文》）

这真所谓“夫子之门，何其杂也”。在这样复杂的群众间讲学，传统的士大夫气息自然要消除几分。并且这班左派分子都主张教学相长，主张“教不倦”即“学不厌”，主张“察迩言”，“取诸人以为善”。他们看那班牧竖樵夫都是共学的师友，都有可“察”，都有可“取”。这使他们的意识自然渐渐下层社会化了。晚明狂禅运动风靡一时，实在和这有很大的关系。这种下层社会的思想运动，一方面说是怪诞而驳杂的；另一方面说却是虎虎有生气的。晚明思想界，或多或少，或正或反，整个都受这种影响。从这里入手研究下去，我们对于当时思想上的种种表现，也许更能有会心罢。

附　十七世纪中国思想史概论

（中国大学清代思想史讲义）

第一章　十七世纪中国思想变动的由来

十七世纪——笼统说明末清初——是中国近古思想史上一个重要关键。从纵的方面看，宋明道学和清代朴学正在过渡；从横的方面看，中国文化和西洋文化开始接触。这其间蜕嬗演变参互错综的情形，直牵涉中国近古思想史乃至社会史的全部。现在首先专就思想本身上推寻其演化的历程，然后进而探求这一次思想变动的社会根源。

（一）阳明派心学影响后来思想界的反正两方面

很明显的，十七世纪中国思想界的状况，正是明代思想的反动，是反道学，尤其是反阳明派心学的。因此我们就从阳明学派讲起。阳明是宋明五百年道学史上一位最有光辉的人物。他把周程以降佛化的儒学彻底发挥，把朱学末流支离墨守训诂辞章的积习扫除净尽，单提直入，专明本心。警切是警切极了，通透是通透极了。然而其末流至于束书不观，游谈无根，空腹高心，一味以掉弄玄机为事。于是反动渐起，直到明末大乱以后，一般学者创巨痛深，把种种乱事责任推到当时的学术上，而反王学乃至反道学的气焰，遂大大腾跃起来。如顾亭林说：

> 以一人而易天下，其流风至于百有余年之久者，古有之矣：王夷甫之清谈，王介甫之新说。其在于今，则王伯安之良知是也。孟子曰："天下之生久矣，一治一乱。"拨乱世反诸正，岂不在后贤乎？（《日知录》卷十八）

他拿王衍、王安石比阳明，认为明末大乱是阳明的流毒。他堂堂正正的树起反王学的旗帜，而毅然以"拨乱世反诸正"相号召。这真是时代的呼声。当时反王学反道学的空气弥漫一世，我们可以再举几位学者的话作证：

> 明朝以时文取士，此物既为尘羹土饭，而讲道学者又迂腐不近人情……讲正心诚意，大资非笑。于是分门标

榜，遂成水火，而国家被其祸。（《朱舜水遗集·答林春信问》）

盖自性命之说出，而先王之三物六行亡矣。……学者所当痛心，而喜高好僻之儒，反持之而不下。无论其未尝得而空言也。果静极矣，活泼泼地会矣，坐忘矣，心常在腔子里矣，即物之理无不穷，本心之大无不立，而良知无不至矣，亦止与达摩面壁天台止观同一门庭。何补于国，何益于家。何关于政事，何救于民生。……学术蛊坏，世道偏颇，而夷狄盗贼之祸亦相挻而起。（费燕峰《宏道书·圣门定旨两变序记》）

宋后二氏学兴，儒者浸淫其说。静坐内视，论性谈天，与夫子之言一一乖反。而至于扶危定倾，大经大法，则拱手张目，授其柄于武人俗士。当明季世，朝庙无一可倚之臣。坐大司马堂批点《左传》，敌兵临城，赋诗进讲，觉建功立名，俱属琐屑，日夜喘息著书，曰，此传世业也。卒至天下鱼烂河决，生民涂炭。呜呼！谁生厉阶哉？（李恕谷《与方灵皋书》）

这些话说得多么激切，他们对于那种心性玄谈，竟至这样的深恶痛绝！当时的新学风，崇实黜虚，专就经史和当世实务上考究磨练，把五百年来道学家的乌烟瘴气一扫而空。从这一点看，十七世纪中国思想界的状况，显然是前一时代的反动：在激起这个反动上，阳明学派实演了重要的角色。

然而阳明学派和十七世纪的中国思想界，并不是简单的对立着。前者对于后者，除从反面把它激动外，从正面也给它不少的影响。在新时代中，有许多情形还是顺着阳明学派自然发展出来的。新时代并没有把阳明学派完全抛掉，而实在是把它“扬弃”（Aufheben）了。关于这一层，我还得具体的加以说明。

我们知道十七世纪后的中国思想界——或者说清代思想界——有两个显著特征：一是务实，一是好古。这两个特征，在阳明学派中都已经孕育着了。阳明学派素以玄妙著名，怎么会务实呢？素以不读书著名，怎么会好古呢？这是一个矛盾。然而历史本来就是在矛盾中发展的。

先说务实。我常奇怪，极端玄想的阳明学说，竟和专讲实习实用的颜李学说有许多共鸣之点。如阳明说：

> 如言学孝，则必服劳奉养，躬行孝道，然后谓之学，岂徒悬空口耳讲说，而遂可以谓之学孝乎？学射则必张弓挟矢，引满中的，学书则必伸纸执笔，操觚染翰。尽

天下之学，无有不行而可以言学者。（《答顾东桥书》）

学不离行，这和颜习斋学琴的比喻（《存学编》卷二《性理评》）简直如出一口。又如阳明这些话：

学校之中……或有长于礼乐，长于政教，长于水土播植者，则就其成德而因使益精其能于学校之中，迨夫举德而任，则使之终身居其职而不易。……皋、夔、稷、契所不能兼之事，而今之初学小生皆欲通其说，究其术……（《答顾东桥书》）

打破世儒无所不知而其实一无所知的虚诞习气，而各就自己才性所近以成专长；这不也正是习斋所谓“孔门诸贤，礼乐兵农各精其一；唐虞五臣，水火农教各司其一；后世菲资乃思兼长”的说法吗？这并不是断章取义，偶尔相合，试再参考陆象山的话（象山有许多话更警切，更带实用色彩，我前年所编宋儒学说讲稿中很引几条，可以参考兹不赘述），就知道陆王学说尽管是很玄妙，但其中所含实用思想的成分确乎不少。陆王学派的道学，是一种新道学。在反对当时正统派时文化八股化的道学上，他们可说是颜、李的前驱。习斋批评朱子的讲读经书道：

> ……但亦耗费有用精神，不如陆、王精神不损，临事尚有用也。（《存学编》卷三《性理评》）

这话一点不错，象山曾说，“古人精神不闲用”，“平日极惜力不轻用，以留有用处”……一类的话。他们看朱子那样的苦读苦著，正所谓“可怜无补费精神”。他们专在切己处用力，决不泛泛去学。他们不立一定格局，运用之妙，全凭一心。他们决不是拘文牵义的书生，他们“内断疑悔，外绝牵制”（章太炎称阳明的话），最长于临机应变。阳明之平宸濠，象山之习骑射、访奇才，都显豪杰作用。下至徐存斋、何心隐，直流入权术一路（二人曾以术去严嵩）。阳明有言：“苏秦、张仪之智，也是圣人之资”，象山论“辟土地充府库”的人，孟子所谓“民贼”者，竟然说道：“方今正在求此辈而不可得”。看他们是何等的不拘故常。他们什么手段都使用得出，只要对自己良心无愧。他们不是事功派，但是有时候比事功派的人还利害。习斋大弟子王昆绳，反道学大将毛西河，都极称赞阳明，这并不是偶然的事。极端玄想的阳明学说中，确乎含有实用思想的成分，其玄想被亭林、习斋辈所排弃了，但其实用思想的成分，却在新时代中发荣滋长起来。阳明学说的内在矛盾，就这样子为新时代所解除，于是中国思想史又走上一个更高阶级。（本段亦可参考拙著《宋儒学说讲稿》）

再说好古。向来反对王学的，总说他专凭本心，不知读书稽古。即就上文所述看来，他那样随机应变，不拘故常，也决不会是好古的。然而我说他孕育着后来好古的学风者，这里面另有一种道理。从前象山称王荆公道：

> 扫俗学之凡陋，振弊法之因循，道术必为孔孟，勋绩必为伊周。（《荆国王文公祠堂记》）

前两句是打破习俗，后两句是直追古人。打破习俗不一定就直追古人，然而要直追古人却必须要打破习俗。所以打破习俗往往是直追古人的第一步。阳明学派正是要“扫俗学之凡陋”，正是要“道术必为孔孟”。他敢打破宋儒的矩矱，敢反对传诵数百年的程朱本《大学》而主张恢复古本的《大学》。他看不起宋人之学，而要神会古人于千载之上的。在逻辑上——形式逻辑上——反俗学，不一定就讲古学；反宋学，不一定就讲汉学。但在事实上，在当时实际情形上，只要一反俗学，总会走到古学路上去，只要一反宋学，总会走到汉学路上去。在当时只有那条路可走，这是为一定历史条件所限定了的。阳明学派和后来的古学运动或汉学运动，自然绝不相类，但在反宋学一点上，他实作了后来古学运动或汉学运动的前驱。阳明已经读古本《大学》了，王学极左派——泰州学派——的焦澹园，竟以古学著名了。号称不读书的阳明学派，偏偏会和古学运动暗通消息，历史竟开了这样一个大玩笑。（本段意思未尽，可以参考下节）

综上所述，十七世纪中国思想界的状况，一方面可以说是阳明学派的反动，一方面又可以说是从阳明学派自然发展出来的。当阳明学派还未出现以前——严格说陈白沙未出以前——学者蹈常习故，恪守朱子成说。二百五六十年间，此亦一述朱，彼亦一述朱，所谓一代大儒，如许鲁斋、薛敬轩辈，都不过是朱子的传话机器而已。道学至此已经是朽敝不堪了。及阳明学派出来，做了一番革新运动，可算是道学的中兴，道学的更加精炼。然而这已经是一种新道学了，已经渗入新时代的成分了。道学的体系未破，但其内部成分却已变更。所以阳明学派就是这样一个东西：一方面把道学发展到极端，同时却也把道学送终；一方面激起下一时代的反动，同时却也替下一时代准备些反动的材料，——从道学到反道学，恰成一个辩证的发展。

（二）十六、十七世纪间的西学输入与古学复兴

十六世纪是阳明派心学正盛的时代，但到本世纪之末，思想界已渐露转变的征兆了。最可注意的，是古学复兴和西学输入。关于古学复兴和阳明学派的关系，上文已说个大概。兹再述十六世纪末十七世纪初古学复兴的情形，以见朴学运动的第一步发展。

十六、十七世纪间古学复兴的情形可从两方面观察：

（1）藏书刻书的渐盛　万历末年，藏书及刻书的风气浙盛，如焦弱侯的《国史经籍志》，在目录学上就很有相当的价值，如毛子晋和他的儿子斧季，他们家里的汲古阁，专收藏宋、元刻善本；所刻《津逮秘书》和许多单行本古籍，直到今日还在中国读书界有很大价值。至于范尧卿的天一阁，创建于嘉靖年间，藏书最富。黄梨洲、万九沙、全谢山都曾读书其中，对于当时学术界实有很大贡献。其余著名的藏书家，如世学楼钮氏、澹生堂祁氏、千顷斋黄氏、绛云楼钱氏、丛桂堂郑氏、传是堂徐氏，都曾供梨洲的抄录搜讨。取精多，用物宏，然后得大成其学。后来清儒的博洽赅通，实有赖于这许多私家

图书馆给他们准备下资粮。

（2）古字古音的研究　嘉靖以后，学者渐渐注意古字古音的研究。杨升庵最称博洽，他著有《古音丛目》、《古音猎要》、《古音略例》等书，可算是开风气之先。又如赵㧑谦著《六书本义》，赵宧光著《六书长笺》、《说文长笺》，都是应时的产物。当时王弇州主盟文坛，提倡复古，教学者无读唐以后书。既然要读古书，摹古文，对于古字古音自不得不有相当的研究。同时归震川、钱牧斋辈，和弇州文派虽不同，但亦皆提倡古学。当时学者极注意审别字形，至刻书亦多作篆楷，用说文篆字的笔画造成楷书。如赵宧光所刻的《说文长笺》、《六书长笺》，及许宗鲁所刻的《尔雅》、《国语》、《六子》等书都是，但在这个时期，最足注意的，还是方以智和陈第二人。方氏著《通雅》，精博绝伦，对于音韵训诂上有重要贡献。（方氏思想见解及治学方法都很可注意另详他章，兹不赘。）至于陈氏的《毛诗古音考》、《屈宋古音考》，罗列本证旁证，井井有条，更直接为顾亭林《音学五书》的先导。音韵训诂之学从此大兴了。

大概明朝中叶以后，学者渐渐厌弃烂熟的宋人格套（当时反宋学的倾向已甚显著，道学家如王阳明等，文学家如祝枝山等，事功家如张江陵等都是），争出手眼，自标新异。从这里表现出来的学风，本来是好奇，并不是好古。然而这两者竟联成一气了，好古竟成为好奇的一种特殊形态了。阳明门下最奇特的人物王心斋，戴有虞氏冠，穿老莱子服，也就格外显出些古气。他以古见奇，古的地方，正是他奇的地方。就在这种情势之下，从好奇转到好古，成为一时的风气了。这里我要来一段插话。当嘉靖年间，有个丰坊。他是个作伪大家，专门以古骗人。他编造的书，如：《古易世学》、《古书世学》、《鲁诗世学》、《春秋世学》、《子贡诗传》、《申培诗说》、《石经大学》、《金石遗文》……都是些假古董，荒诞得不成话说。《四库全书总目提要》在《古书世学》条下说道：

是篇以今文、古文、石经列于前，而后以楷书积之，且采朝鲜倭国二本以合于古本，故曰“古书”。又以丰氏自宋迄明，世学古书；稷为正音，庆为续音，熙为集说，道生（坊原名）为考补，故曰“世学”。其序曰：正统六年，庆官京师。朝鲜使臣妫文卿，日本使臣徐睿入贡。二人皆读书，能文辞，议论六经，出人意表。因以《尚书》质之。文卿曰：吾先王箕子所传，起《神农·政典》，至《洪范》而止。睿曰：吾先王徐市所

> 传，起《虞书·帝典》，至《泰誓》而止。又笑官本错误甚多，孔安国伪序皆非古经之旧。……

观此，坊书内容，大略可见。他著的书都是这一类。凭空臆造，信口开河，这样著述，自然没有什么价值。然而从他大批伪造古书这件事看来，可知当时人对于古书是很有兴趣了。从这样不值一提的一个妄人身上，也可以看出一点古学复兴的朕兆。（丰坊是个极怪诞的人，试看黄梨洲的《丰南里别传》叫你笑的肚子疼，本来不值一提，所以特别把他举出者，正因为他怪，借他来说明从好奇到好古的情形倒很有趣。）

十六、十七世纪间，乘着反宋学空气而来的古学复兴，大致说过了。此下我要再说当时思想界的另一个新潮流——西学输入。当时学者既厌弃习熟的宋人常套，其所以自见其奇者，一方是古学，另一方乃外国之学。就如上段所述，丰坊讲《尚书》，除借重古文本、石经本外，还伪造朝鲜本、倭国本，这已经是借重外国了。恰好这个时候西学输入。当万历年间，西洋“耶稣会”教士，（马丁·路德创新教后，罗马旧教在欧洲大受打击。于是“耶稣会”一派起来想从旧教内部改革、振作，力图向海外发展，往中国及美洲传教的很多）利玛窦、庞迪我、熊三拔、龙华民、艾儒略、金尼阁、阳玛诺……相继来华。他们很能迎合中国风习，在士大夫间逐渐活动起来。试看程大约《墨苑》中所载利玛窦赠文及汪廷讷酬利玛窦诗（陈援庵先生曾编《明季之欧化美术及罗马字注音》一书论此甚详，可以参考），可见利氏在当时声名甚大，有以得其一言为荣者。徐光启、李之藻尤其是崇信他们，成为当时输入西学的中心人物。他们对于当时学术影响最大者，自然要数历算学方面。那时候所行的“大统历”，循元朝郭守敬“授时历”之旧，错误很多。万历末年，朱载育、邢云路先后上疏，请求厘正，天启崇祯两朝十几年间，很把这件事当一件大事办。经屡次辩论的结果，卒以徐、李二人领其事，而请利、庞、熊诸客卿共同参预，卒完成历法改革之业。他们合译或分撰的书，不下百数十种，如利、徐合译的《几何原本》，及《天学初函》《崇祯历书》中几十部书，都是我国历算学界至可宝贵的遗产，后来清儒多治历算学，实在还是他们的影响。除历算以外，显然受西学影响的：其一是音韵。当时那班教士读中国书，多用罗马字注音（请参考陈援庵先生所编《明季之欧化美术及罗马字注》，音又北平图书馆有当时用罗马字注音的译本《中庸》等书）。金尼阁更著《西儒耳目资》一书，以西洋之音，通中国之音，为当时音韵学界别辟新路径。后来方以智著《通雅》，刘继庄著《新韵谱》，都明白承认受西人的影响。清代音韵学之盛，不能说和西学输入没有一点关系。其二是与地。利玛窦一班教士，远渡重洋，挟其广博的世界知识，使向来闭关自大的中国人士闻所未闻。异方殊俗，引起不少兴趣。如利氏的《万国舆图》、艾儒略的《职方外纪》……绘图立说，中国人之知有五洲万国自此始，直到清康熙时代，测绘皇舆全览图，还全赖一班教士们的力量。舆地学在清代有相当的发展，自然也是受他们的影响。其三是经世思想和治学方法。明末西学输入的结果，不仅发展了历算、舆地、音韵等几种专门学问，实在说，当时整个的思想变动也未尝不受其影响。我们知道清初学者多富于经世思想，讲求实用；他的治学方法是实事求是，着重客观的证据。我以为这与当时西学有相当的关系。利玛窦曾深叹中国人民的贫穷，一遇水旱，道有饿莩，因进言水法，以为富国足民之计（原文见徐光启序《泰西水法》文中所引），后来熊三拔著《泰西水法》，邓玉函著《远西奇器图说》，种种实用学问技艺逐渐输入。徐光启深受其影响而著卓绝千古的《农政全书》，而清初诸儒经世致用的思想，亦启发于此了。至于西人所用观察实验归纳比较种种的科学方法，其影响于明清间诸大师的治学方法者也实在不少。（李俨著《中算史论丛》中有明清之际西算输入中国年表一篇极为精详。）最显著的如王寅旭、梅定九的历算学，其他如方以智、宋长庚、顾亭林、阎百诗……在各种学问领域中所用的方法，都和科学方法相接近。关于这一层，后边还要详说，这里恕不费辞了。（关于明清间西学输入情形有梁任公《中国近三百年学术史》中的一个表及《图书馆学季刊》第四卷第三四期合刊中的一篇《明清两代来华外人考略》可以参考。）

以上所述西学输入和古学复兴，大概都是在十六世纪中已经开始，嗣后继续发展，直到十七世纪后半期，遂完全形成中国思想史上的一个新时代。

（三）十七世纪中国思想变动的社会根源

从王学到朴学，从道学到反道学，这是中国近古思想史上的大变动。这个变动虽然到十七世纪后半期——也就是明朝灭亡以后——才十分显著，但是实际上自十六世纪以降就慢慢推移着，此中消息，看上两节所述自然就明白了。倘若专就思想讲思想，则这次思想变动的由来，可算是已经说明。倘若拿一时政治现象来说明思想变动的原因，则我们只用再把明末大乱及满人入关的情形说一说也就算了事。然而思想演变不是这样简单的事情。从新兴社会科学观点看来，思想是生活的反映。“在各种不同的社会形式上面，在各种不同的社会生存条件上面，建立起了各种不同的感觉、幻想、观点与观念的全部上层建筑”。各时代思想之不同，实由于当时社会物质生活条件之不同，实由于当时社会构成形式之不同。根据这种理论，我们研究十七世纪中国思想变动的由来，就不能专着眼在当时思想转变的本身上，也不能仅归到一时政治现象上；我们必须从当时整个社会的发展上，从当时经济生活的基础上，找出当时思想变动的真正根源。换句话说，就是要根据社会史、生活史，来研究思想史。这样一来，问题就很复杂了。

大体上说，中国历史是一部封建社会演变史。虽然自东周以降，商业资本一步一步的发展，中国典型的封建制度已有相当破坏；但因特殊的历史条件，中国始终没有来一个工业革命，商业资本始终没有转化为工业资本；所以秦汉以后的中国社会，只是“一治一乱”的在一个后期封建社会中绕圈子，构成下面一个循环公式：

两千年来的中国历史，乃是由这个循环公式一次一次的连续而成的。然而历史上没有完全重演的事情。在这个循环往复的史剧中，依然可以看出中国社会的逐渐发展。大概从秦汉到

五代可以算一个阶段。在这个时期中，自然经济还占极优越的地位，时时有恢复纯粹封建制度的倾向。自宋代以后，交换经济渐占优势，商业资本大为发展，又成一个新局面。但这个新局面的发展，又可划成两个阶段，即明朝中叶以前和明朝中叶以后。这后一个阶段，正是我们这里所要特意说明的。

明朝中叶以后，中国社会的变动，我们可以从下列几点上去考察：

（1）货币经济　货币是商品交换的媒介，随着交换经济的发展，而货币的用途日益推广。兹就纳税一项而论，中国历代概用自然物，如米、麦，布、绢之类，直到明朝中叶才渐改为货币。《明史·食货志》记英宗初年定制道：

米、麦一石，折银二钱五分。南畿浙江、江西、湖广、福建、广东、广西米麦共四百余万石，折银百余万两，入内承运库，谓之金花银。其后概行于天下。自起运兑军外，粮四石收银一两解京，以为永例。诸方赋入折银。而仓廪之积渐少矣。

《续文献通考》卷二论此事道：

田赋输银，始见于宋神宗熙宁十年……金元以来，无行之者。明洪武九年虽有听民以银准米之令，永乐时岁贡银有三十万两，亦不过任土便民，与折麻苧、香漆之属等耳。自正统（英宗年号）初，以金花银入内库，而折征之例定，自是遂以银为正赋矣。……

这都是说自英宗以后才以银为正赋，变自然物租税为货币租税，实足象征中国经济发展的一个重要阶段。由此而官俸、军饷，也都用货币支付，货币的需要日增，这是商业资本发展的一个重要标志。

（2）海外贸易　自唐以后，海外贸易就逐渐发展，历史皆置市舶司长官以收其利。到明朝中叶，远则西洋，近则日本，贸易都很兴盛。政府虽严持闭关主义，而终不能禁人民之私相来往。赵翼《廿二史札记》：

明祖定制，片板不许入海。承平日久，奸民勾倭人及佛郎机诸国，私来互市。闽人李光头，歙人许栋，踞宁波之双屿，为之王。势家又护持之。……朱纨为浙抚，访知其弊。乃革渡船，严保甲，一切禁绝私市。闽人骤失重利，虽士大夫亦不便也。腾谤于朝，嗾御史劾纨落职，时纨已遣卢镗击擒光头、栋等，筑寨双屿，以绝倭屯泊之路，他海口亦设备矣。会被劾，遂自刭死。纨死而沿海备尽弛，栋之党汪直遂勾倭肆毒。（卷三十四嘉靖中倭寇之乱条）

当时沿海居民多因通商海外而得大利，已和海外发生密切的经济联系，所以宁犯禁令，弛守备，召寇乱，而不肯断绝通商。这班“势家”“奸民”，居然能操纵舆论，进退官吏，影响国家政策，其势力之大可以想见。当时葡萄牙人已据澳门，荷兰人已据台湾，西洋各国接踵而至。随海外贸易的兴盛，而西洋文化已渐渐输入了。

（3）土地兼并　自周土地制度大变动以后，土地兼并久成中国历史上最大的社会问题。明代商业资本长足发展，地主们营利益急，因此土地之兼并尤烈。当时诸王勋戚宦官乡绅都凭借封建势力，强占民田。而其尤病民者，则为庄田制度。世宗时，夏言上疏道：

各官庄田，祖宗以来未之有也。惟天顺八年，以顺义县安乐里板桥村太监曹吉祥抄没地一处拨为宫中庄田。其地原额一十顷一十三亩，初吉祥占过军民田二十四顷八十七亩，共三十五顷，立庄。今次查勘，又占过民田四十顷，见在共七十五顷。此则官闱庄田之始，而数年间侵占之数过于原额已十倍矣。举此一处，其他可知。……先帝（武宗）践祚之初……共计占地三万七千五百九十五顷四十六亩。皇庄既立，则有管理之太监有奏讨之旗校，有跟随之名色，每处至三四十人。其初管庄人员出入及装运租税，俱自备车辆夫马，不干有司。正德元年以来，奸用权事，朝廷大坏。于是有符验之请，关文之给；经过州县，有廪饩之供，有车辆之取，有夫马之索。其分外生事，巧取财物，又有言之不能尽者。及抵所辖庄田处所，则不免擅作威福，肆行武断。其甚不靖者，则起盖房屋，架搭桥梁，擅立关隘。出给票帖，私刻官防。凡民间撑驾舟车，牧放牛马，采捕鱼、虾、螺、蚌、莞、蒲之利，靡不括取。而邻近地土，则辗转移筑封堆，包打界址，见亩征银。本土豪猾之民，投为庄头，拨置生事，帮助为虐，多方掊克，获利不赀……（见《续文献通考》卷六）

观此则庄田占地之广，害民之烈，可以推见。这种横暴情形，实可与农奴制时代的西欧地主互相辉映，这简直是英国地主“圈田”的办法。当时，“又有投献田产之例。有田产者，为奸民籍而献诸势要，则悉为势家所有。（《廿二史札记》“明·乡官虐民之害”条）农民土地凭空送入豪强手中，有冤没处诉。浸润于商业资本中的封建地主，其兼并侵夺，格外凶恶，这原是历史上的常事。

（4）民众暴动　因贵戚宦官豪绅恶吏种种政治上经济上的压迫，引起不断的民众暴动。李自成、张献忠集明代“流寇”之大成，这里且不必说。我们只看《廿二史札记》中“明代先后流贼”条所记，至十数起。又同书中“万历中矿税之害”条，记激起民变事，累累不绝，其最有声色者，如邓茂七之领导抗租，王朝佐之代众受刑，都可算中国农民斗争史上极壮烈的举动。本来民众暴动，历代都有，只是明朝特别多，这是很可注意的。（详细例证可参看本文所举《廿二史札记》中那两篇，兹不备述。）

以上所述表示什么呢？表示明中叶以后商业资本的扩大而深入，表示封建地主受商业资本的影响而剥削加紧，表示地主和农民阶级冲突的尖锐化，而社会大变乱的将要来到。本来中国社会久为地主阶级所统治，一般“名儒”“大师”“士大夫”类皆为地主阶级的代言者。当明朝中叶，社会危机日益显著了，地主阶级的统治日益动摇了。阳明学派的勃兴，把当时思想界从肤扩迂拘的正统派道学中解放出来，这已经是地主阶级自救运动的初步表现。及明末，中国社会败坏已极，“流寇”外族都乘虚而起，把中国地主阶级的统治打得粉碎。于是地主阶级的自救运动遂大为发展，同时思想界亦崭然造成个新局面。当时一般士大夫，创巨痛深之余，深察世变，远考古人之成宪，旁搜海外之奇方，实学实行，经世致用，力图挽回地主阶级倾颓的运命。他们生当商业资本极繁荣的时代，眼界开阔，见闻广博，所以思想较为开明，然而其根本精神总是代表地主阶级的。他们对于中国社会、中国历史，颇有深刻的认识，很想斟酌古今，为中国地主阶级立久安长治的基础。顾亭林所谓“百王之弊可以复起”，所谓“待一治于后王”，最足表现他们伟大的怀抱。亭林、梨洲、船山诸大师，都是要“拨乱世反诸正”，乘时定制，一扫两千年因循苟且的积习，而大有所为。我们说明清间——十七世纪——思想变动是由明中叶以降种种社会条件所形成，是当时地主阶级自救运动的反映。这可以从诸家的著述中找出无数的证据。看以下数章自然明了，这里不必细述了。

第二章　十七世纪中国思想界大势略述

十七世纪的中国地主，当商业资本烂熟的时代，遭遇严重的社会危机，以致他们的地位发生空前的动摇，于是自救运动遂盛极一时。其反映在思想方面，亦五光十色，在中国思想史上放一异彩。兹为头绪清楚起见，先在本章中把当时思想界的大概情形作一鸟瞰式的叙述，然后再分章说明当时各部门思想的种种特征。

当时思想界大概可分为五派：

（1）王学修正派　当万历年间，王学左派——龙谿、心斋两系——风靡一世。这个学派颇参入些下层社会的成分（陶匠、樵夫、小贩、杂流各色人物都有），其思想行动颇为一班缙绅先生所惊怪，甚至有出乎名教外者，如李卓吾一流人。这些思想界的危险分子，正是明末社会动摇的一种反映。为镇压这种危险思想，阻止王学的日益“恶化”起见，于是各种王学修正运动应时而兴。首先有东林学派，以顾泾阳、高景逸为领袖，力辟阳明无善无恶之说，讲性善，讲格物，砥砺廉隅，崇尚名节，一扫王学左派空灵通脱之习，在明末政治斗争史上放出强烈的光辉，这可算王学修正运动中最有力的一个学派。其次则刘蕺山，自出手眼，提出慎独二字为讲学宗旨，以救王学左派猖狂放纵之弊，而对于阳明真义则极力洗发，盛加推崇。其剖析入微处，实非别家所能及。黄梨洲就是他的大弟子。及明亡清兴，则有所谓海内三大儒，就是梨洲和孙夏峰、李二曲，都可算是王学修正派，不过梨洲后来别有成就，当留在后边特别叙述，此处只说二曲和夏峰。夏峰本是东林诸子一辈人，清初诸儒以他的资格为最老。他是个调和派，程朱、陆王并加推尊。所著《理学宗传》，把朱、陆、薛、王以至顾泾阳同列入正统，并且把汉唐诸儒亦都拉在门墙以内。但大体上他仍是接近陆、王方面的。二曲之学，刻苦奋励，专以返躬实践、悔过自新为主。他教人从象山、慈湖、白沙、阳明入手，自然也属于陆、王一方面。但他对于王学左派也极力反对。夏峰说："门宗分裂，使人知反而求诸事物之际，晦翁之功也；然晦翁没而天下之实病不可不泄，词章繁兴，使人知反而求诸心性之中，阳明之功也；然阳明没而天下之虚病不可不补。"二曲也说："先觉倡道，皆随时补救，如人患病不同，投药亦异，晦翁之后，随于支离葛藤，故阳明出而救之以致良知，令人当下有得。及其久也，易至于谈本体而略工夫。……今日吾人通病，在于昧义命、鲜羞恶。苟有大君子志切拯救，惟宜力扶廉耻。”他们都不拘守阳明门户，斟酌调剂于程、朱、陆、王间以救时弊，这是明清间思想界转向朴实的先声。

（2）程朱派 当王学势力崩溃以后，久已背时的程、朱学派又活动起来了。其最出色的人物有陆桴亭、张杨园、陆稼书、王白田等。但桴亭并不专崇程朱，其学风颇接近经世派。不过以其排斥王学极力，多取程朱之说，遂为程朱派所借重罢了。杨园是蕺山的弟子，与梨洲为同门。但蕺山、梨洲都可算王学的后裔，他却恪守程朱，力排王学。因为他守程朱最纯，排王学最早，所以清代的程朱学派极推尊他，公认他为道学正统，其实他的思想见解很平常，并没有什么新发明。稼书要算清代程朱学派中的第一位大人物，声望最高，门户也最严。他不但力排王学，就连顾泾阳、高景逸一班介在朱、王间的人物他也一点不肯饶恕。他说：“今之学者无他，亦宗朱子而已。宗朱子为正学，不宗朱子即非正学。董子云：诸不在六艺之科孔子之术者皆绝其道勿使并进，然后统纪可一而法度可明。今有不宗朱子者，亦当绝其道勿使并进”。看他这样激扬振厉的一篇拥护朱学宣言书，真不愧为程朱派的忠实党徒，宜乎其得入圣庙陪孔子吃冷猪肉了。白田声势并不怎样大，但他的《朱子年谱》一书，最详实有条贯，为研究朱学最好的一部著作，比那班专争门户肆口骂人者实高出几倍。当时康熙帝颇以朱学笼络人心，一班依草附木揣摩风气之徒，多借朱学为进身之阶，所以一时程朱派好像很盛，但实际上除去几个尚能笃信谨守像以上所举诸人外，都不过一群非之无举刺之无刺的乡愿而已，思想史上没有这班人的地位。

（3）经世派　不论东林各派对于王学的修正，或程朱派的反动，都还是道学内部的变化。但道学至明末实在已经是强弩之末，没有多大气力了。其能超出道学范围以外，把当时思想界引上一个新阶段，而为当时思想界的主潮者，当推经世派。当明亡以后，一般遗老受时势的刺激，大都抱经世致用思想。所以经世派包罗至广，清初大师差不多可以全算在里边。兹举其最重要的代表人物如下：A. 黄梨洲。他本出于蕺山之门，和王学关系极深，但后来成就实在不限于王学。全谢山称他道："公以濂洛之统，综合诸家。横渠之礼教，康节之数学，东莱之文献，艮斋、止斋之经济，水心之文章，莫不旁推交通，自来儒林所未有也。"读此可知梨洲学问方面之广。他成就最多，影响后来学术界最大者，要算他的史学，清代史学实以他为开山大师。至于他的经世思想，大体具见《明夷待访录》一书，其内容待别章详叙。B. 顾亭林。他从各方面替清代学术开辟了路径，是后来考证家所公认的始祖。但他并不是个专门考证家，他和梨洲同样是个多方面的人物。他主张“博学于文，行己有耻”，主张“经学即理学”，他周流四方，足迹半中国，到处考察访问，以切实研求经世致用之学。从他的名著《日知录》中，我们可以窥见他的伟大抱负。C. 王船山。他是一位思想极深的学者。他苦探力索的学风颇有类乎张横渠。他窜身山洞中，著了很多书籍。有极精奥的哲学见解，有极宏通的历史思想，有极肫挚强烈的民族观念。后边将要说到的《黄书》，便可说是他的民族主义的结晶。D. 颜习斋和李恕谷。颜李学派在清儒中自成一系。他们专重实习实用，以三事（正德、利用、厚生）三物（六德、六行、六艺）立教。不管程朱、陆王，汉学、宋学，一概反对。这要算经世派中的最极端者。E. 朱舜水。他也崇尚实用，其学风大概在亭林、习斋之间。但后来清儒知道他的很少，他的影响全在日本。F. 费燕峰。他反对宋儒的道统论，提倡“中”和“实”两义。他说居敬穷理致良知……都和达摩面壁天台止观同一门庭。他的实用主义色彩极为显明。G. 唐铸万。他著一部《潜书》，极有条贯，讲治道极有特识。尤其是痛骂君主，关心民众的言论，可以和梨洲所论互相发明。H. 刘继庄。他专讲经世致用，规模极广阔，见解极卓拔。周流四方，凡天文、地理、财赋、兵法、医药、音韵……无所不学。在同时诸儒中他要算一位最倜傥最奇特的人物。以上诸儒，都是不名一家，多方面的人物。但其精神所注，都在经世致用。这种学风一时曾笼罩整个的思想界，和宋明道学家终日求明心见性者，恰成一个对立。

（4）自然研究派　中国学者对于自然界的研究，向来不甚注意。当明清间，大家崇尚实学，又颇受西学的影响，一时自然研究的兴趣颇盛，最显著的是天算学。自徐光启、李之藻等延揽西方教士，翻译许多西书。于是西法大行，引起旧派的疾视，杨光先至作《不得已书》以辟之。当时能深究西法，尽其底蕴，而又会通新旧，卓然自成一家之学者，自然要推王寅旭和梅定九。王氏测算最精，梅氏著述最富，清代天算学实由二人开发出来。至于他们治学的精神和方法，待别章再讲。除天算学外，如徐霞客的《游记》，实际考察各省的地理，如宋长庚的《天工开物》，详载天产、工艺，都可算开自然科学研究的端绪。可惜当时中国科学发达的条件未备（别章当说到），以致这种自然研究的兴趣仅仅偶尔一现，不久即转入考古一路去了。

（5）考证派　这一派是清代学术的中坚，但到乾嘉时代方才大盛，清初还只算发端。如顾亭林本是考证学的开山大师，但他的根本精神实在于经世致用，和专门考证家总不相类。清初的专门考证家，要推阎百诗、胡朏明二人。他们并没有顾、黄诸大师那样有声有色的行动、伟大卓越的思想，并且研究的方面也不多。他们只就所选出的几千问题作窄而深的研究，写出几本专门著作。如阎氏的《古文尚书疏证》《四书释地》；胡氏如《易图明辨》《禹贡锥指》，寥寥几卷书就奠定了清代考证学的基础。这一派在清初虽还没有成熟，但粗枝大叶，把考证方法向各方面应用，已成一普遍有力的新趋势。上述经世派诸大师中就很有几位擅长考证。又如毛奇龄、姚际恒等，都是这一派的健将，至于他们治学的方法，后文还要详说。

以上五派，虽然各有其特点，但舍虚而就实都是他们共同的倾向。从王学左派的掉弄玄机到王学修正派的崇尚实践，从陆王学派的专求本心到程朱学派的读书穷理，从道学家的明心见性到经世派的经世致用，从读死书到研究自然，从主观的冥想到客观的考证，都是舍虚就实同一倾向的各样表现。这种舍虚就实的倾向，初表现为道学内部的变化，再发展为经世致用的一大潮流，最后转入专门学者窄而深的研究，恰形成十七世纪中国思想转变的三个阶段。进一步观察，这思想转变的三个阶段，实和当时社会转变的过程正相应照。从明心到见性到经世致用，是地主阶级自救运动兴起的反映；从经世致用到专门考古，是地主阶级自救运动衰落的反映。关于前一层，上章已大略说过；关于后一层，或预备到末一章再说。以下数章，我要就当时学者的治学方法、政治思想、历史思想、哲学思想等，指出其时代色彩。

第三章　十七世纪中国学者的治学方法

自汉以后，中国学者研究学问的方法约有三途：A. 遵守师说，后唐经师概走这一路（唐代风气已稍变）；B. 自心体会，宋明道学家概走这一路；C. 搜求证据，清代考证家概走这一路，清儒自称为汉学，以与宋学相对抗。实则清儒走的路径，汉儒哪里梦想得到。汉代经师最固陋，最没见解。他们只会抱残守缺，传诵师说，自己毫无新发明。师说有不通处，则穿凿附会，直讲得不成文理。这种记诵章句之学，全是随着旁人脚根走，把自己灵明都锢蔽了。大抵西汉经师守师法最严，东汉门户渐破，魏晋以降则更开放，直到中唐渐敢自出手眼。但大体上说，从汉至唐的经师们，总偏于传诵前人成说一条路。他们以师说为判断是非然否的标准，论其流弊，则为忘己而徇人。及宋代道学兴起，诸大师皆自接孟子统绪，得千圣不传之秘。他们不仅要超唐越汉，即孔门诸子亦多不放在眼中。他们的治学方法是体认或体会。自证，自悟，自得，一切反求诸己。陆王一派，更趋极端，他们专凭本心，“心之精神是为圣”，“人人心中有仲尼”，圆满具足，无待外求。到了明末，几乎人人都立一个宗旨，竟有人敢说不以孔子之是非为是非了。他们尊重自我，以己心为判断是非然否的标准，颇带自由主义、个人主义的色彩。但其流弊则溺于主观的冥想，而疏于客观的考察。最后考证家出来了。他们判断是非然否的标准，既非师说，又非己心，而是客观的证据。他们尊重古说而非墨守，敢标新义而非武断；有宋明道学家的大胆而去其空想，有汉代经师的谨朴而去其锢蔽。汉儒守师说而无发明，宋儒敢发明而乏证据。所以从治学方法上看来，我们不得不承认到清儒才算达到中国旧学发展的最高峰。本章讲明末清初学者的治学方法，就是要说一说考证方法初兴时的情形。

考证家的治学方法，近人讲述的已经很多了。什么归纳、比较咧，历史眼光咧，大胆的假设、小心的求证咧……试把胡适之先生所著清代学者的治学方法和戴东原的哲学中的许多例证看一看，就知道他们是怎样的实事求是，怎样的富有科学精神。这种风气虽盛于乾嘉时代，而实开始于明末。当时西学输入了，天算、舆地、音韵、训诂之学渐渐兴起了。研究这些新兴的实学，必须脚踏实地，一步一步的钻进去，自不能像道学家的任意冥想。于是随学问性质的变更，而治学方法亦与之俱变。要明了这种情形，我们可以先从明清间几位天算学家说起。

明清间天算学界最重要的代表人物，前有徐光启、李之藻，后有王锡阐、梅文鼎。如第一章所述，徐李二人既为明末西学输入的中心人物。他们对于天算，纯用西法。其流风所被，使继起的学者都走上实证一路。清初大师刘继庄至称徐氏为“天人”，称他的著述“迥绝千古”，“令人拍案叫绝”（见《广阳杂记》卷三）。可想见徐氏怎样受清初学者的热烈崇拜，其影响之大，更何待言。李氏更译《名理探》（亚里士多德的《伦理学》），这是西洋伦理学著作输入中国的第一部，这部书在后来思想界虽然没有发生什么效果（看过这部书，注意这部书的恐怕就不多），但由此亦可考见明末学者已有人注意到西洋的方法论了。方法论有专著，方法论问题成为独立研究的对象，是一般学术高度发展的一种征象。明清间思想界虽尚不足以语此，但他们已不像汉儒的盲从，宋儒的冥想，他们对于治学方法已有相当的自觉了，他们已经有意识的在治学方法上力求精进了。王梅二氏，专门名家，为清代天算学界最伟大的人物。（眉：李著《中算史论丛》中有梅文鼎年谱）他们承徐、李“翻译”之后，更“会通”中西以求“超胜”深造自得，所用方法都很精密。试以王氏为例。他时常终夜卧屋顶上，仰观星象。曾自述其实测的经过道：

> 每遇交会，必以所步所测课较疏密，疾病寒暑无间。……于兹三十年所。而食分求合于秒，加时求合于分，戛戛乎其难之。（《推步交朔叙》）

他根据这样艰苦忍耐积年实测的结果，自著《晓庵新法》。当某年八月朔日食，以中西法及己法豫定时刻分秒；至期，与徐发等以五家法同测，己法独合，乃作《推步交朔》及《测日小记》。他的推步完全证实了，他的新说成为科学的结论。我们再看他的甘苦自得之言：

> 步历固难，验历亦不易。……专术之赜，纠缪千端，不可以一毫躁心浮气乘于其间。……非其人不能知也，无其器不能测也。人明于理而不习于测，犹未之明也；器精于制而不善于用，犹未之精也。人习矣，器精矣，一器而使两人测之，所见必殊，则其心目不能一也；

一人而用两器测之，所见必殊，则其工巧不能齐也。心目一矣，工巧齐矣，而所见犹必殊，则以所测之时瞬息必有迟早也。数者之难，诚莫能免其一也。即不然，而食分分余之秒，果可以尺度量乎？辰刻刻余之分，果可以仪晷计乎？古人之课食时也，较疏密于数刻之间；而余之课食分也。较疏密于半分之内。夫差以刻计，以分计，何难知之；而半刻半分之差，要非躁率之人，粗疏之器，所可得也。倘唯仰观是信，何时不自矜，何时不自欺，以为密合乎？故曰：验历亦不易也。（《测日小记叙》）

这些话非亲尝甘苦怎样能说得出。普通人总觉得推算日月食之类——步历——是很繁难的，至于考验推算的错不错，则日月高悬，有日共见，不是一仰观就了事吗？岂知从专家看来，就这一仰观——验历——也大费讲究，非受过专门训练，并有精巧器械的帮助，是办不了的。看他较疏密于半刻半分之间，力戒轻心浮气，真是科学家的态度，他对于器械的讲究，更明明是受了西方的影响。然而王氏治学方法的精密还不止此，他不仅把所推算的实测一下看合不合就算完事，他更进一步道：

合则审其偶合与确合，违则求其理违与数违，不敢苟

焉以自欺而已。（《推步交朔叙》）

法所以差，固必有致差之故；法所吻合，犹恐有偶合之缘。测愈久则数愈密，思愈精则理愈出。（《历策》）

推算的对了，但也许是偶合。推算的错了，但错在哪里？原则上的错呢？手续上的错呢？科学的测验，不仅以笼统看出推算的合不合为满足，还必须追求其所以合与所以不合的道理。“偶合”或是“确合”，“理违”或是“数违”，是要辨别清楚的。他一面“测”，一面“思”；也就是一面“观察”，一面“设臆”；一面“设臆”，一面“证明”。归纳、演绎，反覆迭用。这和西洋科学家所用方法根本上实毫无二致。徐、李、王、梅本都是受过西洋科学洗礼的。上面所引王氏几段话，简直可当作一种科学方法论。这种科学方法既大发挥其能力于明清间的天算学界，而在当时各种学问领域中，亦都显出它的影响。下面再举几个人作例。

首先要说方以智，他是考证学派最好的一位先驱，他的《通雅》还是明崇祯年间著成的。他说：“考究之门虽卑，然非比性命可自悟，常理可守经而已。必博学积久，待征乃决。”（《通雅凡例》）他已经把“考究之门”认成一种专门学问，和那性命之学相对立。他深知这门学问的性质，不能凭自悟，不能凭墨守，而必须广搜博采，日积月累，经过极繁难的历程，把一切论断都建立在确凿的证据上，即所谓“博学积久，待征乃决”，这已经是把握住考证家治学方法的精髓了。他自述其治学的经过道：

> 吾与方伎游，即欲通其艺也；遇物，欲知其名也；物理无可疑者吾疑之，而必欲深求其故也。以至于颓墙败壁之上有一字焉吾未之经见，则必详其音、义，考其原本，既悉矣，而后释然于吾心。（《通雅·钱澄之序》述方氏语）

看他这种到处考索细大不捐的繁难工夫，真具有考证家的精神。他是尊重证据的。只要有确凿的证据，尽不妨一翻千古同迷之局。他说：

> 古今以智相积而我生其后，考古所以决今，然不可泥古也。古人有让后人者：韦编杀青，何如雕板；龟山在今，亦能长律；河源详于阔阔，江源详于《缅志》；南极下之星，唐时海中占之，至泰西入，始为合图，补开辟所未有。（《通雅》卷首）

他认定人类知识，越积越多，后来居上，今人所知尽多为古人所未及知者。许多明明白白的事实放在面前，断不容我们强闭眼睛。曲从古人，他毫不犹豫的独泰西天文学“补开辟所未有”，可见他对于当时西学是何等的崇拜。他更注重方言，辩护俗字，主张拼音文字，处处表现出他的历史眼光，表观出他尊重近代的精神。这时候的学者，眼界开扩了，他们根据确凿的事实，敢于信古，也敢于信今了。他们进退古今，“扬弃”汉、宋，运用新方法，研究新问题，另走上一个新时代。读方氏的书，使我们觉得元气淋漓，考证派的新兴气象显然的透露出来。

再讲顾亭林。他是清代学术的开山大师，在各方面替后人开辟了路径，前章已经提及了，现在看一看他的治学方法。他说：

> 读九经自考文始，考文自知音始，以至诸子百家之书亦莫不然。（《答李子德书》）

好像极平淡的几句话，却指示出了一条读古书的大道。照常识讲，想明白书中的义理，当然要先弄清书中的文字，那有文字还弄不清，而会明白书中的义理呢？然而古书中文字是不容易弄清的。书传的久了，版本的讹误，音义的变迁，纠纷万端，千百年后，想一一追寻其本来面目，这自然非下一番专门考证的工夫办不到。“考文”是校勘学的事，“知音”是文字学的事，都是专门学问，都须经过繁难的手续。宋明道学家不知道这种手续的必要，他们一步跳过了，不管古音古义和古本真相如何，而硬将自己的意思当作古人的意思，古书的时代性，他们是不认识的。亭林却不然。他实事求是，从知音、考文一步一步做去，决不躲避繁难。他说：

> 经学自有源流。自汉而六朝而唐而宋，必一一考究，而后及于近儒之所著，然后可以知其异同离合之指。如论字者必本于《说文》，未有据隶楷而论古文者也。（《文集》卷四《与人书四》）

他认定古书的时代性，汉还给汉，宋还给宋，源源本本，一一归根于古始。不能“据隶楷而论古文”，同样也不能据近代音义章句而读六经。亭林提出知音考文以为读古书的基本工夫，这是很有历史眼光的。但考文知音应该怎样下手呢？这只有从古书中比较归纳，寻求确实的证据。亭林对于音韵学贡献最大，他的《诗本音》和《唐韵正》就完全建立在无数的证据之上，完全是从古书中比较归纳出来的成绩。如《唐韵正》为证明“服”字古音“逼”，共举了一百六十二个证据，这真是科学家的精神。有这许多证据，任何人也不能不承认他的结论了。又如他答李子德的一封信（《文集》卷四），痛斥世儒不通古音擅改经文的毛病，历历举出几十条。如：

> 《易》渐：“上九，鸿渐于陆，其羽可用为仪”。范谔昌改“陆”为“逵”，朱子谓以韵读之良是。而不知古人读“仪”为“俄”，不与“逵”为韵也。小过：上六，“弗遇过之，飞鸟离之”。朱子存其二说，谓仍当作“弗过遇之”，而不知古读“离”为“罗”，正与“过”为韵也……招魂：“魂兮归来，北方不可以止些；增冰峨峨，飞雪千里些；归来归来，不可以久些”。五臣《文选》本作“不可以久止”，而不知古人读“久”为“几”，正与“止”为韵也。……《史记·龟策列传》：“雷电将之，风雨迎之，流水行之，侯王有德，乃得当之”。后人改“迎”为“送”。而不知古人读“迎”为“昂”，正与“将”为韵也。……诗曰：“汎彼柏舟，在彼中河；髡彼两髦，实惟我仪，之死矢靡他”。则

古人读“仪”为“俄”之证也。《易》，离：九三，“日昃之离，不鼓缶而歌，则大耋之嗟”。则古人读“离”为“罗”之证也。……又曰：“何其久也，必有以也”。又曰：“吉甫燕喜，既多受祉：来归自镐，我行永久”。则古人读“久”为“几”之证也。……《庄子》：“不将不迎，应而不藏，故能胜物而不伤”。又曰：“无有所将，无有所迎”。则古人读“迎”为“昂”之证也。……

看这许多条，都是把古书中同类文字比较归纳，抽出一种公例，这正是科学方法。这种方法自然很繁难，然而只有这样研究出来的结果才确实可靠，科学是不能取巧的。亭林搜集资料最精勤。当他早年著《天下郡国利病书》时说：

历览二十一史，以及天下郡县志书，一代名公文集，及章奏文册之类，有得即录，共成四十余帙。（《天下郡国利病书序》）

著《肇域志》时说：

先取一统志，后取各省、府、州、县志，后取二十一史，参互书之。凡阅志书一千余部。本行不尽，则注之旁；旁又不尽，则别为一集，曰备录。（《肇域志序》）

他更搜集金石文字：

二十年间，周游天下，所至名山巨镇祠庙伽蓝之迹，无不寻求。登危峰，探窈壑，扪落石，履荒榛，伐颓垣，畚朽壤；其可读者，必手自钞录；得一文为前人所未见者，辄喜而不寐。一二先达之士，知余好古，出其所蓄，以至兰台之坠文，天禄之逸字，旁搜博讨夜以继日。（《金石文字记序》）

全谢山称他：

凡先生之游，以二马二骡载书自随。所至厄塞，即呼老兵退卒，询其曲折，或与平日所闻不合，则即坊肆中发书而对勘之，或径行平原大野，无足留意，则于鞍上嘿诵诸经注疏，偶有遗忘，则即坊肆中发书而熟复之。（《鲒埼亭集·亭林先生神道表》）

他随时随地找材料，一点机会不肯放过。他不但博极群书，并且从荒山中，从街头上，把各种实事实物都融贯在自己学问以内。这真是取精多，用物宏，岂止宋明道学家没有这样蕴蓄，即后来考证家有书册内的考证，而没有书册外的考证，亦只算学了他半个。他有了这样宏富的资料，所以比较归纳起来，才左右逢源，能尽量提取大批的证据。他全是脚踏实地，老老实实，从基本上做起，一点不肯取巧。所谓“朴学”，本来是要“朴实头下工夫”的。有人问他的《日知录》又成几卷，他回答道：

> 尝谓今人纂辑之书，正如今人之铸钱。古人采铜于山，今人则买旧钱名之曰废铜以充铸而已。所铸之钱即已粗恶，而又将古人传世之宝舂剉碎散，不存于后，岂不两失之乎，承问《日知录》又成几卷，盖期之以废铜。而某自别来一载，早夜诵读，反复寻究，仅得十余条，然庶几采山之铜也。（《文集》卷四“与人书”十）

采铜于山，采珠于渊，源泉混混，取不尽，用不竭，这才是有本之学。和那班零星贩卖，做小本生意者，自是不同。我们看《日知录》那部书的体裁，好像只是一种没有过组织锻炼的随手札记，但实际上，书中的每一条，都有许多资料作根据，都是从许多资料中比较归纳出来，在写出每一条之前都需要很多的准备工夫。不然的话，何至一年中只写成十几条呢？总之，亭林是考证学的开山大师，他在经学、小学及其他经世学问中所使用的方法，正和王寅旭、梅定九在天算学中所使用的方法一样，都可以说是科学的。

最后我要说几位专门经学家。如阎百诗，如胡朏明，如万充宗，都精于考证，他们的治学方法都是很科学的。阎氏说：

> 古人之事，应无不可考者。纵无正文，亦隐在书缝中，要须细心人一搜出耳。（《潜邱札记》卷六）

戴东原也说：

> 百诗读一句书，艺识其正面背面。（段玉裁著《戴先生年谱》）

这可见阎氏眼光的尖锐，考证方法的巧妙。《汉学师承记》载他辩解父母在而谈丧礼的一段故事：

> 汪编修琬……谓人曰：“百诗有亲在，而喋喋言丧礼乎”？若璩闻之曰：“王伯厚尝云：‘夏侯胜善说礼服，言礼之丧服也。’萧望之以礼服授皇太子，则汉世不以丧服为讳也。唐之奸臣，以凶事非臣子所宜言，去《国恤》一篇，识者非之。讲经之家，岂可拾其余唾哉？”昆山徐赞善乾学问曰：“于史有征矣，于经亦有征乎？”若璩曰：“按《杂记》，曾申问于曾子曰：‘哭父母有常声乎？’申，曾子次子。《檀弓》，子张死，曾子有母之丧，齐衰而往哭之。”夫孔子没，子张尚存，见于《孟子》。子张没，而曾子方丧母，则孔子时曾子母在可知。《记》所载《曾子问》一篇，正其亲在时也”。（此辨亦见《尚书古文疏证》第百二十条）

他引经据史，证明古人父母在亦讲丧礼，把汉太子、曾申、曾子，都拉出来作例子。并且将说汉太子学丧礼，就先引王伯厚的话证明“礼服”即指丧服而言，将说曾于问丧礼于孔子时其母尚在，就先证明曾母和子张同时而死，又证明子张死于孔子之后。辗转证明，旁行斜上，从极零乱的事实中找出线索，寻出条理，一步一步的引出应得的结论。这简直是侦探家的手段，什么没头案子他都可以破获的。这里面有演绎，有归纳，具见其科学方法运用之妙。他的名著《古文尚书疏证》，只是把这个方法展开应用的成绩，他所以敢推翻尊奉千余年的神圣经典，就全凭抓住了几百条不可动摇的证据。同时，胡朏明的《易图明辨》《洪范正论》，也都是辨伪的名著，和《古文尚书疏证》一样。这时候好古之风很盛，而疑古之风亦盛，他们是非证实不肯轻信的。至于万充宗“以经解经”，“通诸经以通一经”之说，可算是当时经学方法论上的名言。黄梨洲给他作的墓志上说：

> 充宗湛思诸经，以为非通诸经，不能通一经；非悟传注之失，则不能通经；非以经解经，则亦无由悟传注之失。何谓通诸经以通一经？经文错互，有此略而彼详者，有此同而彼异者；因详以求其略，因异以求其同，学者所当致思者也。……何谓以经解经？世之信传注者过于信经……“平王之孙，齐侯之子”。证诸《春秋》，一在鲁庄公元年，一在十一年，皆书“王姬归于齐”。周庄王为平王之孙，则王姬当是其姊妹。……毛公以为武王女，文王孙；所谓“平王”为平正之王，“齐侯”为齐一之侯，非附会乎？如此者层见叠出。充宗会通各经，证坠

缉缺，聚讼之议，涣然冰泮。（《南雷文定前集》）

从各经记载的详略异同间，参互比较，以考见其本义，这是最正确可靠的解经法。且不仅解经，即治一切古书，求一切古音古义，都应该适用这个方法。事实上，如亭林、百诗等许多考证家的成绩，还不都是这样参互比较出来的吗？

看上面所举几位代表人物，当时学者的治学方法可见一斑。他们大概都是实事求是，尊重证据，颇能运用一点科学方法。尤其是天文学方面，因其研究的是自然现象，科学精神表现得格外显著。但详细考察，似乎也可以把他们分作前后两期。如方以智、顾亭林年辈较早，正当明清交替变乱方起的时候，大家争讲经世致用，所以他们都很注意当前问题，不仅考古，而且要知今。他们都不仅在故纸堆中下工夫，除博极群书外，还随时随地实际考察。刘继庄说："今之学者，率知古而不知今，纵使博极群书，亦只算半个学者。"如方、顾等早期的诸大师，都是不屑做半个学者的。但不久而时局渐渐稳定了，经世致用的思想亦随着渐渐衰微了。自阎、胡以降，遂专走考古一路，直至乾嘉时代整个成了个考古的天下，像方、顾诸大师去书册以外做学问，是不容易看见了。就连天文学方面，王寅旭较早出，多用实测工夫。梅定九年辈稍晚，就偏向整理古天算书的路上去了。研究学问，方法可以支配材料，材料亦可影响方法。考证方法本和科学方法相接近，而终不能成为真正的完美的科学方法者，我们试把从王到梅，从方、顾到阎、胡这一段学风转变的历程，考究一下，亦可以约略看出一点症结了。

第四章　十七世纪中国学者的政治思想

明末清初是中国地主阶级自救运动很紧张的时代，是经世致用思想极兴盛的时代。当时那班大师各本其对于中国社会中历史的认识，提出自己政治改革的方案。其审时度势，深思远览，所以为中国地主阶级定久安长治的大计者，实非一般浅智短见的陋儒所能想象得到。他们的言论，足资我们深省，给我们许多很有意义的暗示。兹提出几要项分三节论述之。

（一）黄梨洲及其他大师的重民思想

清初关于政治思想的著述，其最卓异，最受近人推崇者，当数梨洲的《明夷待访录》。清末的启蒙思想家多把这书作为民权运动的宣传品。《原君》《原臣》《原法》等篇，几为每个青年学生所必读，其最精采的话如：

古者以天下为主，君为客，凡君之所毕世而经营者，为天下也。今也以君为主，天下为客，凡天下之无地而得安宁者，为君也。是以其未得之也，屠毒天下之肝脑，离散天下之子女，以博我一人之产业，曾不惨然，曰我固为子孙创业也。其既得之也，敲剥天下之骨髓，离散天下之子女，以奉我一人之淫乐，视为当然，曰此我产业之花息也。然则为天下之大害者，君而已矣。向使无君，人各得自私也，人各得自利也。呜呼！岂设君之道固如是乎！（《原君》）

盖天下之治乱，不在一姓之兴亡，而在万民之忧乐。是故桀纣之亡，乃所以为治也；秦政、蒙古之兴，乃所以为乱也；晋、宋、齐、梁之兴亡，无与于治乱者也。为臣者，轻视斯民之水火，即能辅君而兴，从君而亡，其于臣道固未尝不背也。（《原臣》）

君臣之名，从天下而有之者也。吾无天下之责，则吾在君为路人。出而仕于君也，不以天下为事，则君之仆妾也，以天下为事，则君之师友也。（同上）

我之出而仕也，为天下，非为君也，为万民，非为一姓也。（同上）

后之人主，既得天下，惟恐其祚命之不长也，子孙之不能保有也，思患于未然以为之法。然则其所谓法者，一家之法，而非天下之法也。是故秦变封建而为郡县，以郡县得私于我也；汉建庶孽，以其可屏藩于我也；宋解方镇之兵，以方镇之不利我也。此其法何曾有一毫为天下之心哉，而亦可为之法乎？（《原法》）

他极力揭发三代以后君主的罪恶，直然想不承认其为君。他说那班君主都是自私自利，不尽其为君的职分。他们所立的法，亦只是君主一人的法，而与天下无干。他看一姓的兴亡不算什么大事。他认君臣的关系是可变的。这些思想，大体亦本于孟子，而发挥得格外透辟尽致。近代民权政治的原则“民有、民治、民享”。“民有”、“民治”，梨洲都还说不到，只有“民享”，总算慨乎其言之了。这种思想，我以为只可称为“重民思想”，径称为“民权思想”似乎还不大妥当。《孟子》如此，伪《泰誓》如此，邓牧的《君道》《吏道》诸篇如此，直到梨洲的《明夷待访录》仍是如此。他们反对暴君尊重民意则有之。但无论如何，总没有想到民众自己支配政权。民权思想是近代工商业发展的产物，是应乎近代工商业者——第三等级——的需要而出现的。在一个充满封建势力的农业社会中，只能产生重民思想，却不会产生民权思想。关于这一层，拙著《先秦诸子政治社会思想述要》中讲孟子的一章，及《吊民伐罪与民权思想》一文（见去年清华所出《政治学报》第一期）可以参考，本章下面第三节亦还要提及，这里没有详说的必要。还有应该注意的，这种重民思想在当时很流行，除梨洲外，如船山、亭林诸大师都有些很开明的言论（如亭林讲“天子一位”和梨洲如出一口，船山的言论请看下一节）。尤其痛快的是唐甄。兹将其《潜书》中痛骂君主重视民生的言论摘录几段，以与梨洲相对照：

自秦以来，凡是帝王者皆贼也。……三代以后，有天下之善者莫如汉。然高祖屠城阳，屠颍阳，光武屠城三百。使我而事高帝，当其屠城阳之时，必痛哭而去之矣。使我而事光武帝，当其屠一城之始，必痛哭而去之矣。吾不忍为之臣也。（《室语》）

悲哉！周秦以后，君将豪杰，皆鼓刀之屠人；父老妇子，皆其羊豕也！处平世之时，刑狱冻饿，多不得毕命。当兴兵革命之时，积尸如山，血流成河，千里无人烟，四海少户口，岂不悲哉！岂不悲哉！（《止杀》）

封疆民固之，府库民充之，朝廷民尊之，官职民养之，奈何见政不见民也。尧曰：“四海困穷，天禄永终”。每诵斯言，心堕体战。为民上者，奈何忽之？昔者明之亡也，人皆曰：“外内交哄，国无良将，虽有良将，忌不能用，安得不亡。”此其亡之势也，非其亡之根也。当是之时，兵残政虐，重以天灾，民无所逃命，群盗得资之以为乱。马世奇曰：“治献贼易，治闯贼难。盖人心畏献而附闯也。非附闯也，苦兵也。一苦于杨嗣昌之兵，再苦于宋一鹤之兵，又苦于左良玉之兵。行者、居者，皆不得保其身命。贼知人心所苦，所至辄以剿兵安民为辞，愚民被惑，望风降附。而贼又散财赈饥以结其心，遂趋贼如归，人忘忠义。其实贼何能，破州县以从贼者众也。”施邦耀曰：“今日盗寇所至，百姓非降则逃，良由贪吏失民心也。得一良吏，胜得一良将；去一贪吏，胜斩一贼帅”，二子之言，见乱本矣。当是之时，天下之大，万民之众，恒患无兵。京师之守，以一卒而当数陴。李自成虽尝败散，数十万之众，旬日立致。是故陕民之谣曰：“挨肩膊，等闯王，闯王来，三年不上粮”。民之归之也如是。盖四海困穷之时，君为仇敌，贼为父母矣。四海困穷，未有不亡者。（《明鉴》）

他骂历代君主比梨洲更痛快。尤其是述明末“流寇”情形，真是一段绝好的史料。谁想到李闯王当时那样受民众欢迎呢！他写当时统治者失人心的情状，真是惊心动魄，给当时统治者一个绝大的教训。观此则诸大师重民思想的背景亦可以想见了。

（二）王船山及其他大师的民族思想

满清以异族入主中原，当时汉人反对极烈。一般明朝遗老如亭林、梨洲、船山等，对于满清仇恨尤深，所以他们的著述中充满了民族思想。船山在诸老中，持节最艰苦，民族思想亦最强烈，我们可以就拿他的言论作代表。他著有《黄书》，可以说彻首彻尾的是一种民族主义。即其他著述，字里行间，亦处处可见这种精神之流露。他看得民族高于一切，保全自己民族比什么天德王道都要紧。他说：

> 仁以自爱其类，义以自制其伦。……今族类之不能自固，而何他仁义之云云。（《黄书·后序》）
>
> 可禅，可继，可革，而不可使异类间之。（《黄书·原极》）

这些话何等痛切！他看一姓的兴亡轻，而看民族的盛衰重。宁可失位于贼臣，不可卖国于异族。不能自保其种族，便什么道德仁义都不配讲了。任何乱臣贼子，都没有卖种族的罪恶大。因此他对于那班拑制臣民以自弱其种族的君主，深恶痛绝，尤其是“孤秦”和“陋宋”。他说：

> 迄于孤秦，家法沦坠。胶胶然固天下于搴握，顾盼鹜猜，恐强有力者旦夕崛起，效己而劫其藏，故翼者剪之，机者撞之，腴者割之，贰人主者不能藉尺土，长亭邑者不能囊寸金，欲以凝固鸿业，长久一姓，而偾败旋趾。由此言之，詹詹酱陋，未尝迥轸神区，而援立灵族，岂不左与？……
>
> 宋以藩臣，暴兴鼎祚，意表所授，不寐而惊。赵普斗筲菲姿，负乘铉器，贡谋苟且，肘枕生猜。于是假杯酒以固欢，托孔云而媚下，削节镇，领宿卫，改易藩武，建置文弱，收总禁军，衰老填籍。孤立于强虏之侧，亭亭然无十世之谋。枞佚文吏，拘法牵执。一传而弱，再传而靡。赵保吉之去来，刘六符之恫喝，玩在廷于偶线之中而莫之或省。城下受盟，金缯岁益。偷息视肉，崇以将阶，推毂建牙，遗风澌灭。狄青以枢副之任，稍自掀举，苟异

一切，而密席未温，嫌疑指斥。是以英流屏迹，巨室寒心。降及南渡，犹祖前谋。蕲循仅存于货酒，岳氏遽殒于风波。挠棟触藩，莫斯为甚。……卒使中区趋靡，形势解散。一折而入于女真，再折而入于鞑靼，以三五汉唐之区宇，尽辫发负笠，澌丧残剐，以溃无穷之防。生民以来未有之祸，秦开之而宋成之也。（《黄书·古仪》）

秦始开专制之局，宋一意削弱中国，故皆为船山所痛恶，尤其是宋，太不争气了，太败坏自己民族了。所以船山疾首痛心的，连篇累牍，加以痛骂。此处所引，还不过一小段，他每论到有关华夷大防的地方，都不胜其悲愤激昂，呼天抢地而不能自已。他认华夷大防是天经地义，绝对不容混乱。他说：

山禽趾疏，泽禽趾幂，乘禽力横，耕禽力纵，水耕宜南，霜耕宜北。是非忍于其泮散而使析其大宗也，亦势之不能相救而绝其祸也。是故圣人审物之皆然，而自畛其类，尸天下而为之君长。区其灵冥，湔其疑似，乘其蛊坏，峻其墉廓，所以绝其祸而使之相救……夫人之于物，阴阳均也，食息均也，而不能绝乎物。华夏之于夷狄，骸窍均也。聚析均也，而不能绝乎夷狄。所以然者何也？人不自畛以绝物，则天维裂矣。华夏不自畛以绝夷狄，则地维裂矣。天地制人以畛，人不能自畛以绝其党，则人维裂矣。是故三维者，三极之大司也。（《黄书·原极》）

这不显然是说华夷大防乃天造地设的吗？他又说：

天下之大防二，华夏夷狄也，君子小人也。非本末有别而先王强为之防也。夷狄之于华夏，所生异地。其地异，其气异矣。气异而习异，习异而所知所行蔑不异焉。……地界分，天气殊，而不可乱。乱则人极毁，华夏之生民亦受其吞噬而憔悴。防之于早，所以定人极而保人之生，因乎天地。（《读通鉴论》卷十四）

这段话讲华夷大防更显明更干脆了。他甚至说：

夷狄者，歼之不为不仁，夺之不为不义，诱之不为不信。何也？信义者，人与人相与之道，非以施之异类者也。（《读通鉴论》卷四）

这些话说得何等毒辣！他直然把夷狄当异类看待，什么道德仁义对他们都不适用了。他对于勤远略亦相当的赞成，他想藉武力以宣扬文化。他说：

> 遐荒之地，有可收为冠带之伦，则以广天地之德而立人极也。非道之所可废，且抑以纾边民之寇攘而使之安。虽然，此天也，非人之所可强也。……玉门以西，水西流而不可合于中国，天地之势，即天地之情也。张骞恃其才力强通之，固为乱天地之纪，而河西固雍凉之余矣。若夫駹也，冉也，卬僰也，越巂也，滇也，则与我边鄙之民犬牙相入，寋息相通，物产相资，而非有戾駤冥顽不可响迩者也。武帝之始，闻善马而远求耳。骞以此逢其欲，亦未念及牂牁之可辟在内地也。然因是而贵筑昆明，垂及于今而为冠带之国。此岂武帝张骞之意计所及哉？故曰天牖之也。……江、浙、闽、楚，文教日兴。迄于南海之滨，滇云之壤，理学节义文章事功之选，肩踵相望。天所佑也，汉肇之也。（《读通鉴论》卷三）

他要把中国附近风土相类的小民族统列入中国的版图，使同化于中国。这乃是从自固族类的民族主义，转而为向外发展的大中华主义，亦可见船山民族思想的极端强烈了。

（三）明清间诸大师政治思想的根本分析

看上两节所述，可知诸大师政治思想中很有些开明的自由的倾向。但他们毕竟是站在地主阶级的立场上说话的，毕竟没有超越士大夫统治的思想，他们的开明实有一定限度。我们试就几位主要大师加以分析：

首先说最开明的黄梨洲。他们不仅反对暴君特别强烈，并且也想到立一种法度根本的把君权加以限制。但看他是怎样的限制君权呢？他想出的办法：一个是丞相制度，一个是学校制度。他在《置相》深论没有丞相的弊病，其大旨可分为三项：其一是君主骄恣。他说：

> 古者君之待臣也，臣拜，君亦答拜。秦汉以后，废而不讲。然丞相进，天子御坐为起，在舆为下。宰相既罢，天子更无与为礼者矣。遂谓百官之设，所以事我，能事我者我贤之，不能事我者我否之。设官之意既讹，尚能得作君之意乎！

天子已经是高高在上了，若再没有丞相，则更无可敬礼之人。于是奴视百官，刍狗万民，天下之大，只供其一人的恣意妄为，事情安得不坏。其二是传贤意绝。他说：

古者不传子而传贤，其视天子之位，去留犹夫宰相也。其后天子传子，宰相不传子。天子之子不皆贤，尚赖宰相传贤，足相补救，则天子亦不失传贤之意。宰相既罢，天子之子一不贤，更无与为贤者矣。不亦并传子之意而失之乎。

这一层意思极精奥。君位世袭，既成定局。幸而还有宰相负国家重任，即使遇不肖君主，亦因政权别有所寄，不致大肆其恶于天下。君传子而相选贤，子袭其位而相行其政，则传贤之意犹有存者。若并宰相而不立，则没有人与君共负天下重任，而政权尽私于一姓了。其三是宫奴窃权。他说：

或谓后之入阁办事，无宰相之名，有宰相之实也。曰，不然。入阁办事者，职在批答，犹开府之书记也。其事既轻，而批答之意，又必自内授之，而后拟之，可谓有其实乎？吾以谓有宰相之实者，今之宫奴也。盖大权不能无所寄。彼宫奴者，见宰相之政事坠地不收，从而设为科条，增其职掌，生杀予夺，出自宰相者，次第而尽归焉。有明之阁下，贤者贷其残膏剩馥，不贤者假其喜笑怒骂，道路传之，国史书之，则以为其人之相业矣。故使宫奴有宰相之实者，则罢丞相之过也。

君主不任宰相而一人独裁，哪里能管得了这许多事，故其势不得不假乎于宫奴。于是君主独裁政治，变而为宫奴政治，而全国人都成为奴隶的奴隶。这是君主专制政体必然的毒害，梨洲所言也算极痛切了。没有宰相的害既是这样大，所以梨洲提出一种丞相制度，使丞相负政治上的责任，以限制君权。他的办法是：

宰相一人，参知政事无常员，每日便殿议政，天子南面，宰相六卿谏官东西面，以次坐。其执事皆用士人。凡章奏进呈，六科给事中主之。给事中以白宰相，宰相以白天子，同议可否。天子批红。天子不能尽，则宰相批之。下六部施行。更不用呈之御前，转发阁中票拟；阁中又缴之御前，而后下该衙门，如故事往返，使大权自宫奴出也。

这样办法，天子与大臣直接晤对，所有政治分开讨论，宰相与天子共同负责，态度光明，手续便捷，一扫政出宫闱墨暗阴私的积弊！这就算是以相权限制君权。当时作这种主张的不止梨洲，如王船山、唐甄……都是主张加重相权的，这也可以想见当时思想界的一般倾向。然而这种倾向表示什么意义呢？作这种主张的是站在什么立场上说话呢？我以为丞相是士大夫的领袖，丞相政治是一种士大夫政治，也就是一种变相的贵族政治，这正是当时地主阶级意识的表现。试看梨洲说：

原夫作君之意，所以治天下也。天下不能一人而治，则设官以治之，是官者，分身之君也。孟子曰："天子一位，公一位，侯一位，伯一位，子男同一位，凡五等。君一位，卿一位，大夫一位，上士一位，中士一位，下士一位，凡六等"。盖自外而言之，天子之去公，犹公侯伯子男乏递相去；自内而言之，君之去卿，犹卿大夫士之递相去；非独至于天子遂截然无等也。昔者，伊尹、周公之摄政，以宰相而摄天子，亦不殊于大夫之摄卿，士之摄大夫耳。后世君骄臣谄，天子之位，始不列于卿大夫之间，而小儒遂依汉其摄位之事。以至君崩子立，忘哭泣衰绖之哀，讲礼乐征伐之治，君臣之意未必全，父子之恩已

先绝矣。不幸国无长君，委之母后。为宰相者，方避嫌疑，宁使其次裂败坏，贻笑千古，无乃视天子之位过高所致乎。（《置相》）

在这一段话中，反对君主独裁专制自不用说，但很明显的，他的反对论据是建立在典型的等级制度之上的。他极力发挥“天子一位”之义（顾亭林《日知录》中亦曾发此论），把天子列于卿大夫之间，不视天子“过高”，以致“截然无等”。自天子以下，公侯、伯……一层一层的形成一种宝塔式的组织。在这个组织中，天子只是贵族中的最大者，只是贵族的头脑，其地位并非高不可攀。春秋以前的贵族政治，大概就是这个样子。战国以后，国家权力，日益集中。旧时代庞大的贵族层，逐渐崩坏。于是乎庶民以外，只剩个高高在上的皇帝。一个在九天之上，一个在九地之下，势位隔绝，而专制政体的毒焰乃日益炽烈。固然秦汉以后的士大夫统治未尝不是贵族政治的变相，但比起典型的贵族政治总差一点。明朝专制最厉害，自大臣至小百姓，全是皇帝的奴仆。一任其践踏凌辱，连汉、宋时代优礼大臣之风亦邈不可睹了。梨洲及船山、唐甄诸大师主张加重相权以限制若权，乃是要提高士大夫地位，充实其统治的力量，吸取贵族政治的精髓，以挽救君主专制的极弊。这只是地主阶级的一种应时方策，和近代民主政治并没有什么共同点。关于丞相制度姑且说到此处，我们再试看梨洲的学校制度。他说：

学校所以养士也。然古之圣王，其意不仅此也，必使治天下之具皆出于学校，而后设学校之意始备。非谓班朝，布令，养老，恤孤，讯馘，大师旅则会将士，大狱讼则期吏民。大祭祀则享始祖，行之自辟雍也。盖使朝廷之上，闾阎之细，渐摩濡染，莫不有《诗》《书》宽大之气。天子之所是未必是，天子之所非未必非，天子亦遂不敢自为非是，而公其非是于学校。是故养士为学校之一事。而学校不仅为养士而设也。（《学校》）

东汉大学生三万人，危言深论，不隐豪强，公卿避其贬议。宋诸生伏阙槌鼓，请起李纲。三代遗风，惟此犹为相近，使当日之在朝廷者，以其所非是为非是，将见盗贼奸邪慑心于正气霜雪之下，君安而国可保也。乃论者目之为衰世之事。不知共所以亡者，收捕党人，编管陈、欧，正坐破坏学校所致，而反咎学校之人乎！（同上）

学校不过是一种教育机关，历代君相，每把它看作粉饰太平之具。但梨洲却别有会心，乃大大推重学校的政治作用。他不仅要在其中培养人才，不仅要在其中出大政行大礼，而且还要主持公是公非，成为一种清议机关，对政府施行一种监察权。他是主张学生干政的。他对于汉、宋的太学生政治活动，不仅不视为“衰世之事”，并且直称为“三代遗风”，这真是大胆的议论。然而这些话还算平稳，实在说，《学校》中还有许多更激烈的话，比《原君》《原臣》等篇的自由色彩更为鲜明。那简直是学校高于一切，简直可称为学治主义。假使说梨洲理想中的丞相可算是内阁总理，那末他所主张的学校就可算是议会，这不宛然具备了近代政治的形态吗？然而我们须要知道，梨洲的学校是士大夫集团，他是要以士大夫集团的力量监督政府的。士大夫是代表地主利益的知识分子。由士大夫所掌握的政治，终归是劳心者统治劳力者的政治。本来梨洲也明明说过：

> 夫安国家，全社稷，君子之事也，供指使，用气力，小人之事也。（《兵制二》）

君子（士大夫）劳心而治人，小人（小百姓）劳力而治于人，显明的对立着。在这样等级社会中，会有民权政治之可言吗？不管梨洲说得多么漂亮，他总是没有超越了士大夫统治的理想。丞相是士大夫，学校中所教养的也都是士大夫。他以为只要把政权公开给士大夫，不由君主及其左右近习恣意妄为，政治就清明了。这只可谓之绅权政治，而不可谓之民权政治。绅权政治是由贵族政治脱化而来，当时诸大师都抱此理想，而梨洲所言最带急进色彩，可算是当时绅权论者的左翼。但是无论怎样左，他也没有左到民权主义。

再说王船山。他虽然痛骂孤秦陋宋那班视天下为一姓私产的君主，虽然为清末启蒙思想家所借重，但其封建色彩，绅士气味，实较梨洲更为浓厚。如云：

> 天下之大防二：华夏夷狄也，君子小人也。非本末有别而先王强为之别也。……君子之与小人，所生异种。异种者，其质异也。质异而习异，习异而所知所行蔑不异焉。乃于其中自有巧拙焉。特所产殊类，所尚殊尚，而不可乱。乱则人理悖，贫弱之民亦受其吞噬而憔悴。防之于滥，所以存人理而裕人之生，因乎天也。呜呼！小人之乱君子，无殊于夷狄之乱华夏。或且玩焉，而孰知其害之烈也。小人之巧拙，自以类分。拙者安拙而以自困，巧者衔巧而以贼人。拙者，农圃也，自困而害未及人者也。然

夫子未尝轻以小人斥人，而特斥樊迟，恶之甚，辨之严矣。汉等力田于孝弟以取士，而礼教陵迟。故曰三代以下无盛治。夫以农圃乱君子而弊且如此，况商贾乎！商贾者，于小人之类为巧，而蔑人之性贼人之生为己亟者也。乃其气恒与夷狄而相取，其质恒于夷狄而相得，故夷狄兴而商贾贵。许衡者，窃附于君子者也。且曰：士大夫居官而为商，可以养廉。呜呼！日狎于金帛货贿盈虚子母之筹量，则耳为之聩，目为之荧，心为之奔，气为之满。衡之于小人也，尤其巧而贼者也，而能溷厕君子之林乎！以要言之，天下度大防二，而其归一也，一者何也？义利之分也。中于利之乡，长于利之涂，父兄乏所熏，肌肤筋骸之所便，心旌所指，志动气随，魂交神往，沈没于利之中，终不可移而之于华夏君子之津涘。故均是人也，而夷夏分以其疆，君子小人殊以其类，防之不可不严也。（《读通鉴论》卷十四）

“君子”是士大夫，“小人”是农工商贾。船山于“君子”“小人”间严加区画，如夷夏大防之不可乱。他看“小人”与“君子”截然异类，沉没于利欲中简直不可救药，这种人只能受治于“君子”，而决不可使他们参与政权。这是何等强烈的阶级意识。从此可知历来儒者不管他们怎样反对暴君，体贴民隐，终不过是为统治者说法，终不过是士大夫们对于统治术所表示的意见，或歌功颂德，或指斥讪谤，总之只是他们的家内事而已。若一旦真有“小人”起而问政，他们将决绝的加以膺惩。因为“小人”而参与“君子”之事，是破坏天下大防，是和他们的天经地义绝不相容的。牧人无论怎样爱其牛羊，能许牛羊参与他自己的事吗？谈诸大师民权思想的最要注意这一层。船山《俟解》中论陈白沙、庄定山过江的一段故事颇可玩味。那故事大概是说，白沙、定山同船过江，船中有无赖少年知为两先生，乃故意纵谈淫媟，以狎侮之。定山怒不可遏，而白沙则从容自然，若未闻其语者。船山以为他们的态度都不对，一个“隘”，一个“不恭”。到底怎样才对呢？船山以为事到这里，已经没办法了，怎样都是不对了，因为他们根本就不应当坐那个船。他归咎他们道：

子曰：“以吾从大夫之后，不可徒行也。”秉周礼也。白沙已入词林，定山已官主事矣，渡江当独觅一舟；而乘买渡之艇，使恶少得交臂而坐，遂无以处之于后，此非简略之过欤？

士大夫自有身分，一和“小人”混在一处，就算失体，终至无以自处。至根本的办法只有以礼自持。礼的妙用，能于不知不觉间免去许多纠纷。不徒行是礼，不和一般“小人”同坐一个船也是礼。能守着这些礼，还何至发生白沙、定山所遇那一类事。圣人制礼的神妙真不可测呀！从这种地方，我们最容易看出船山的士大夫色彩。

再说顾亭林。他的政治思想，具见于《日知录》及《郡县论》《生员论》《钱粮论》等篇。《郡县论》共分九篇，是讨论封建郡县问题最深切最有条贯的大文章。他说：

> 知封建之所以变而为郡县，则知郡县之敝而将复变。然则将复变而为封建乎？曰，不能。有圣人起，寓封建之意于郡县之中，而天下治矣。盖自汉以下之人，莫不谓秦以孤立而亡。不知秦之亡，不封建亡，封建亦亡！而封建之废，固自周衰之日，而不自于秦也。封建之废，非一日之故也。虽圣人起，亦将变而为郡县。方今郡县之敝已极，而无圣人出焉，尚一仍其故事。此民生之所以日贫，中国之所以日弱，而益趋于乱也。何则？封建之失，其专在下；郡县之失，其专在上。古之圣人，以公心待天下之人，胙之土而分之国，今之君人者，尽四海之

内为我郡县，犹不足也。人人而疑之，事事而制之。科条文簿，日多于一日，而又设之监司，设之督抚，以为如此守令不得以残害其民矣。不知有司之官，凛凛焉救过之不给，以得代为幸，而无肯为其民兴一日之利者，民乌得而不穷，国乌得而不弱？率此不变，虽千百年，而吾知其与乱同事日甚一日者矣。然则尊令长之秩，而与之以生财治人之权，罢监司之任，设世官之奖，行辟属之法，所谓寓封建之意于郡县之中，而二千年以来之敝可以复振。后之君苟欲厚民生，强国势，则必用吾言矣。（《郡县论》）

封建变而为郡县，是中国历史转变的一个重要标志，是从贵族政治到官僚政治的一个枢纽。所以后世儒者梦想三代之治的，总企图恢复封建制度。但有些认识时代变迁的学者，却以为郡县不可废，而封建不可复。亭林于此另有一种意见。他认定封建变而为郡县，是时代趋势所不得不然，封建不自秦而废，秦亦不以废封建而亡。他更根据过去封建制度之不得不变，而推定郡县制度之又不得不变。这真是很卓越的历史眼光。他主张“寓封建之意于郡县之中”，并根据这个原则而提出罢监司设世官……等办法。更详述其说道：

改知县为五品官，正其名曰县令。任是职者，必用千里以内习其风土之人。其初曰试令，三年称职为真；又三年称职封父母；又三年称职玺书劳问；又三年称职，进阶益禄，任之终身；其老疾乞休者，举子若弟代，不举子若弟，举他人者，听。既代，去处其县为祭酒，禄之终身，所举之人，复为试令，三年称职为真，如上法。每三四县若五六县为郡，郡设一太守，太守三年一代。诏遣御史巡方，一年一代。其督抚司道悉罢。令以下设一丞，吏部选授，丞任九年以上得补令。丞以下：曰簿，曰尉，曰博士，曰驿丞，曰司仓，曰游缴，曰啬夫之属，备设之无裁。其人听令自择，报名于吏部。簿以下得用本邑人为之，令有得罪于民者，小则流，大则杀。其称职者，既家于县，则除其本籍。夫使天下之为县令者，不得迁又不得归，其身与县终，而子孙世世处焉。不职者流，贪以败官者杀。夫居则为县宰，去则为流人，赏则为世官，罚则为斩绞，岂有不勉而为良吏者哉！（《郡县论》）

这种办法，无非使县令与所治地方化成一体。一为某处县令，则与此地发生不可离的关系。自己终身以及子孙的祸福荣辱，都与所治地方息息相通。其权重，其任久，其意专，其情切。比那班五日京兆，惟以簿书期会、苟免谴罚为事的，自然容易收为治的实效了。县令也能世袭，但是有条件的世袭。一则必须贤县令，积德累功许多年，经过即真，封父母，玺书劳问，进阶益禄，种种褒奖者，然后得传其子若弟，不像从前的封建诸侯，一例可以世袭。再者袭位之人，其初亦只能为试令，必须自己积累功德，然后官位得保持下去；不像从前的封建诸侯，无论其子孙的贤不肖，总可以永传而不替。自己不贤，不能传位于其子；其子不贤，亦不能长袭其父位。寓传贤于传子，即郡县而为封建，亭林这样办法真算想得妙绝了。当时大师如陆桴亭、李恕谷也都主张郡县久任，其说具见《思辨录》《平书订》，与亭林所论旨趣略同。他们所以这样主张，大概都因鉴于明末的土崩瓦解，地方上太无自卫能力，一任“流寇”外族的蹂躏。他的意思只是要充实地方上的自卫力量。亭林已经明白说出来了：

> 夫使县令得私其百里之地，则县之人民皆其子姓，县之土地皆其田畴，县之城郭皆其藩垣，县之仓廪皆其囷窌。……一旦有不虞之变，必不如刘渊、石勒、王仙芝、黄巢之辈，横行千里，如入无人之境也。于是有效死勿去之守，于是有合从缔交之拒……（《郡县论》五）

> 今之州县，官无定守，民无定奉，是以常有盗贼戎狄之祸。至一州则一州破，至一县则一县残。（《郡县论》四）

典型的封建制度，已无恢复之望了。为防止“不虞之变”起见，只有采取封建遗意，使地方权力强大，足以自卫，即所谓“寓封建之意于郡县之中”，这正是当时地主阶级所需要的一种自救方策。但亭林巩固地主阶级统治的方策犹不止此。他不仅要加强地方官的权力，并且要加强豪家大姓的权力。他很明了当时政权是建筑在豪家大姓之上，他很明了豪家大姓是当时国家的柱石。他有一篇《裴村记》，论此最为深切。其后半篇说：

> 唐之天子，贵士族而厚门荫。盖知封建之不可复，而寄其意于士大夫，以自卫于一旦仓皇之际。固非后之人主所能知也。予尝历览山东河北，自兵兴以来，州县之能不至于残破者，多得之豪家大姓之力，而不尽恃乎其长吏。及至河东，闯贼李自成所以长驱而下三晋之故，慨然伤之。或言曰：“崇祯之末，辅臣李建泰者，曲沃人也。贼入西安，天子临朝而叹。建泰对言：‘臣郡当

贼冲，臣请率宗人乡里，出财百万，为国家守河。’上大喜，命建泰督师，亲饯之正阳门楼，举累朝所传之御器而酌之酒，因以赐之。未出京师，平阳太原相继陷，建泰不知所为。师次真定，而贼已自居庸入矣。”此其人材之凡劣，固又出于王铎、张浚之下。而上之人，无权以与之，无法以联之，非一朝一夕之故矣。乃欲其大臣者，以区区宰辅之虚名，而系社稷安危之命，此必不可得之数也。周官“太宰以九两系邦国之民，五曰宗，以族得民”。观裴氏之与唐存亡，亦略可见矣。夫不能复封建之治，而欲藉士大夫之势以立国者，其在重氏族哉！其在重氏族哉！

这段话读起来，真使人惊心动魄，他当创巨痛深之后，深感社会失去中坚组织的危险，故重守令，重氏族，皆所以救其弊。他最卓绝的地方，在认识社会势力，不仅注意政治的表面，而知道抓住其社会基础。此之谓“识治本”，“达治体”。为东方式老封建帝国的君主策治安者，大概没有比这再深切的了。他深思远览，“知封建之不可复，而寄其意于士大夫”。其留连往复，一唱三叹的神情，给我们无限的暗示。

从以上所述黄、顾、王诸大师看来，可知他们虽然有些较开明较自由的思想，但总是站在地主的立场上说话，总不免士大夫的气息，和近代的民权思想决不能混视。梨洲主废金银，船山反对驿传，习斋谓宫刑亦当恢复。这些反动主张，表示他们终未脱去落后的封建性的农业社会的意识。从这种意识上，决不能发生民权思想。固然他们也有替工商辩护的话，如梨洲说：

> 今夫通都之市肆，十室而九。有为佛而货者，有为巫而货者，有为优倡而货者，有为奇技淫巧而货者。皆不切于民用，一概痛绝之，亦庶乎救弊之一端也。此古圣王崇本抑末之道。世儒不察，以工商为末，妄议抑之。夫工固圣王之所欲来，商又使其愿出于途者，盖皆本也。（《明夷待访录·财计三》）

是的，儒家从来并没有说不要工商。但他们所要的工商有一定的限度，超越这限度的，尽可在奇技淫巧奢靡无用的名义下将其禁止，这毕竟仍是站在地主阶级的立场上说话。关于这一层，我们最好拿李恕谷的一段话作个对照。他订正王昆绳《平书》中“末亦不可轻”之说道：

> 末不可轻，昆绳为财货起见也。然商实不可重。何

者？天下之趋利如骛矣。苟有利焉，虽轻之而亦趋也。岂忧商贾之少而无乎？夫商，有利亦有害，懋迁有无，以流通天下，此利也。为商之人，心多巧枉；聚商之处，俗必淫靡，此害也。抱璞守朴，不相往来，固不可行于今日。然即乡里交易，比省通融，尽可豫乐，何事远贩。如今天下出产最少者，无如北直。然有米，有面，有鱼，有肉，有酒，有蔬，有果，有布，有绢，亦有绸，有材木柜箱棹椅诸器，何不可以供居食，毕婚丧者？乃必吴越闽广之纱缎、珠翠、绫锦、象箸、漆器、燕窠、橘荔。东洋西戎之货，万里远鬻，倾囊充陈，导靡长奢，则皆商为之也。然则贵布粟，贱淫技，重农民，抑商贾，以隆教养，先王之良法远虑，不可不考行也。（《平书订·财用下》）

这才算儒家轻末政策最正宗的解释。纯粹自然经济，当孔孟时代即已办不到，所以他们都不得不承认工商有相当的地位。但他们肯让工商业自由发展吗？果然如此，则他们所代表的将不是封建地主，而是新兴的工商资产阶级。我们须知纯粹自然经济那只是封建社会最原始的情况，当封建社会全盛期以后，工商业也就逐渐发展了。如行会制度，大家都承认是封建社会的一种制度。但倘没有工商业能够有行会吗？所以工商业的兴起，正是封建社会发展较高阶段——即封建社会后期——的一种征象。只要不超越一定的限度，封建地主对于工商业并不一定要反对；恰恰相反，他还要利用工商业，保护工商业，更进而统制工商业，他何尝把工商业一笔抹杀呢。工商业是腐蚀封建社会的微菌，然而这种腐蚀作用并不是一开始就表现出来。说封建地主一定要反对工商业，和一见工商业发展就说不是封建社会，这都是不明了工商业和封建社会之辩证的关系。

第五章　十七世纪中国学者的历史思想

清初学者多喜欢读史书，这是他们经世致用思想的一种表现。尤其是浙东一系，承宋代永嘉学派、金华学派之后，自黄梨洲、万季野以下，中经全谢山、章实斋、邵二云……出了许多史学名家，其流风所被直到清末而未已，源远流长，实为清代史学的大宗。他们不讲究什么春秋书法，一字褒贬；也不像一般之人，驰骤笔锋，信口雌黄。他们只是实事求是，考究史迹的真相，使历代因革损益举措设施的大端明白昭著。他们的史学，不是道学家的史学，文学家的史学，而是史学家的史学。他仍有考证家的精神，但如乾嘉时代那班专门考证家——就像钱大昕、王鸣盛等——却没有他们那样大的气魄。他们都有历史眼光，每论一事，上下千古，原原本本，如数家珍。试读亭林、梨洲、季野、谢山诸大师的著作，最足以表现这种精神。不过本章所要特意叙述的另有一个人，就是王船山。他和浙东学派的学风并不相类，和考证家所用的方法相去更远。但其宏通深远的历史思想，殊为少见，实为明清间时代精神一种有力的反映，因特于本章叙述其梗概。

船山颇有一点历史进化观念，他对于唐虞三代另是一种看法。他说：

且夫乐道古而为过情之美称者，以其上之仁，而羡其下之顺；以贤者匡正之德，而被不肖者以淳厚之名，使能揆之以理，察之以情，取仅见之传闻，而设身易地以求其实，则尧舜以前，夏商之季，其民之淳浇贞淫刚柔愚明之固然，亦无不有如躬阅者矣。唯其浇而不淳，淫而不贞，柔而疲，刚而悍，愚而顽，明而诈也，是以尧舜之德，汤武之功，以于变而移易之者，大造于彝伦，辅相乎天地。若其编氓之皆善耶，则帝王之功德亦微矣。唐虞以前，无得而详考也。然衣裳未正，五品未清，婚姻未别，丧祭未修，狉狉獉獉，人之异于禽兽无几也。故孟子曰："庶民去之，君子存之。"舜之明伦察物，存唐虞之民所去也。同气之中而有象，况天下乎。若夫三代之季，尤历历可征焉。当纣之世，朝歌之沈酗，南国之淫奔，亦孔丑矣。数纣之罪曰"为逋逃萃渊薮"，皆臣叛其君子叛其父之枭与豺也。至于春秋之世，弑君者三十三，杀父者三，卿大夫之父子相夷，兄弟相杀，姻党相灭，无国无岁而无之。蒸报无忌，黩货无厌，日盛于朝野，孔子成《春秋》而乱贼始惧，删《诗》《书》定礼乐而道术始明。然则治唐虞三代之民难，而治后世之民易，亦较然矣。封德彝曰："三代以还人渐浇伪。"象、鲧、共、欢、飞廉、恶来，楚商臣，蔡般，许止，齐庆封，鲁侨如，晋智伯，岂秦汉以下之民乎？子曰："斯民也，三代之所以直道而行也。"春秋之民，无以异于三代之始。帝王经理之余，孔子垂训之后，民固不乏败类，而视唐虞三代，帝王初兴，政教未孚之日，其愈也多矣。……（《读通鉴论》卷二十）

他仍然脱不了圣德王功的传统观念，把尧、舜、三王、周、孔诸位圣人看得和天地造化一样，都能够斡旋世运，一般人民都是蚩蚩迷迷，却只有他们几位那样神圣，历史演进的枢机，全系在三五个圣人身上。这种见解，自然不能使我们满意。但无论如何，船山总知道唐虞三代并不像后人所想的那样好，总能把当时社会的黑暗方面暴露出来，总承认后世人民已经有了几千年的文化薰陶而非原始人类之愚陋粗犷者可比。（自然这种文化也还大有讨论余地）他只崇拜尧、舜、三王、周、孔等个人的神圣，而并不崇拜当时的社会。他看唐虞三代许多制度都是圣人迁就当时现状不得已而为之，并不及后世制度之合理。他论封建、井田、学校、选举、文武合一、兵农合一……都应用这个观点，他的确有一贯的理论。他论封建道：

> 古之天下，人自为君，君自为国，百里而外，若异域焉。治异政，教异尚，刑异法，赋敛惟其轻重，人民惟其刑杀，好则相昵，恶则相攻，万其国者万其心，而生民之困极矣。尧、舜、禹、汤、弗能易也。至殷之末，殆穷则必变之时，而犹未可骤革于一朝。故周大封同姓而益展其疆域，割天下之半而归之姬氏之子孙，则渐有合一之势，而后世郡县一王亦缘此以渐统一于大同。然后风教日趋于画一，而生民之困亦以少衰。故孔孟之言治详矣，未尝一以上古万国之制欲行于周末。则亦灼见武王、周公绥靖天下之大权，而知邱民之欲在此而不在彼。以一姓而分天下之半，而天下之瓦合萍散者渐就于合。故孟子曰："定于一。"大封同姓者，来可即一，而渐一之也。（《读通鉴论》卷二十）

他把封建看作从万国并争到一统天下的一种过渡制度。不专就一种制度本身上看，而从历史发展的趋势上过程上看，这种观点，殊可钦佩。由部落而封建以致集权国家，与近代学者所讲社会发展的阶段亦颇相类。船山论封建的话极多，此处只摘录其一段，下边还要随处牵涉着这个问题。不过《读通鉴论》卷一论封建与郡县的一节，可特别参考一下。现在我们再看他论田赋的话：

> 什一之赋，三代之制也。孟子曰："重之则小桀，轻之则小貉。"官三代之制也。天子之畿千里，诸侯之大者，或曰百里，或曰五百里，其小者不能五十里。有疆埸之守，有甲兵之役，有币帛饔飧牢饩之礼，有宗庙社稷牲币之典，有百官有司府史胥徒禄食之众，其制不可胜举。《聘义》所云"古之用财者不能均"，如此而已。故二十取一而不足。然而有上地中地下地之差，有一易再易莱田之等，则名什一，而折衷其率，亦二十而取一也。自秦而降，罢侯置守矣。汉初封建，其提封之广，盖有倍蓰于古王畿者，而其官属典礼又极简略。率天下以守边，而中邦无会盟侵伐之事。若郡有守，县有令，非其伯叔甥舅之交，而馈饲各以其私。社稷粗立而祀典不繁。一郡之

地，广于公侯之国，而掾史邮徼，曾不足以当一乡一遂之长。合天下以赡九乡群司之内臣，而不逮周礼六官之半。是古取之一圻而用丰，今取之九州而用俭，其他国家之经费，百不得一也。什一而征，将以厚藏而导人主之宣欲乎？不然，亦奚用此厚敛为也。……封建不可复行于后世，民力之所不堪，而势在必革也。（《读通鉴论》卷二）

他认什一之赋是封建时代的制度，不可复行于后世。更直斥封建制度为“民力所不堪，势在必革”。他全是从历史演变的观点上说话。再看他论乡里选举：

郡县之与封建殊，犹裘与葛之不相沿矣。古乏乡三年而宾兴，贡士唯卿大夫之所择，封建之时会然也。成周之制，六卿之长，非诸侯入相，则周、召、毕、荣、毛、刘、尹、单也。所贡之士，位止于下大夫。则虽宾兴，而侧陋显庸者亡有。且王畿千里，侯国抑愈狭矣。地迩势亲，乡党之得失是非，旦夕而与朝右相闻。以易知易见之人才，供庶事庶官之冗职，臧否显而功罪微。宾兴者，聊以示王者之无弃材耳。非举社稷生民之安危生死而责之宾兴之士也。郡县之天下，统中夏于一王。郡国之远者，去京师数千里。郡守之治郡，三载而迁。地远则贿赂行而无所惮，数迁则虽贤者亦仅采流俗之论，识晋谒之士，而孤幽卓越者不能逮进于其前，且国无世卿，廷无定位。士苟闻名于天下，日陟日迁，而股肱心膂之任属焉。希一荐以徼非望之福，矫伪之士何惮不百欺百伪以迎郡守一日之知，其诚伪淆杂甚矣。……闻一乡之有月旦矣，未闻天下之有公论也。一乡之称，且有乡愿，四海之誉，先集伪士。故封建选举之法，不可行于郡县。《易》曰："变通者，时也。"三代之王者，其能逆知六国强秦以后之朝野，而豫建万年之制哉？（《读通鉴论》卷三）

乡举里选，他也认为封建时代的制度，不可行于后世。他认定封建、井田、学校、乡举里选等制度互相关联，行则俱行，不能举此而废彼。再看他论兵农合一：

古之用兵与后之用兵，势殊而道异，则以三代之军制驱束后世以摩仿者，祇以病国而毒民必矣。言三代之军制者，其大端曰寓兵于农。考于二书（《牧誓》《费誓》），则三代非兵其农也，其为兵也，犹然一农也，寓焉而已矣。……盖古之用兵者，以中国战中国，以友邦战友邦，以士大夫战士大夫，即以农人战农人。壤相接，人相往来，特从其国君之令以战，而实其友朋姻娅也。故其战也，亦农人之争町畦而相诟，竞鸡犬而挥拳已耳。无一与一相当，生死不两立之情也。……自后世言之，兵固不可为农，农固不可为兵也。兵而使为农，则爱惜情深而兵之气馁，故屯田而兵如无兵。农而使为兵，则坐食习成而农之气狂，故汰兵而必起为盗。……三代之兵，可无兵也。一战之胜，不足以兴王，一战之败，祸不及于天下。故得以雍容详谨之跬步为阵法，而怯懦之耕夫有以自全于争哄之地，三代之兵，不以为兵。一词之失，而整旅以前；一桑之争，而援桴以起，气泄词伸，而各安其生计，故得以谨守辎重而自保为军令。……处今之世，用今之人，以保今之天下，可以其道而治军乎？固不能矣。则农与兵之不可合也久矣。（《尚书引义》卷六）

古代战争不成其为战争，而只如今之械斗。故兵非专业，而农夫亦优为之。后世战争日烈，兵须特别训练，非农夫可以充当的了。

总之，船山确定秦以前是封建时代，各种制度都和封建有关系。他牢守这个观点，用以评论一切制度。他所刻画描写的唐虞三代，完全是另一个世界。他看古代诸侯，直类今之土司。他相信郡县比封建有许多长处。如云：

> 郡县之天下有利乎？曰，有。莫利乎州郡之不得擅兴军也。郡县之天下有善乎？曰，有。莫善于长吏之不敢专杀也。诸侯之擅兴军以相侵伐，三代之衰也，密阮齐晋莫制乏也；三代之盛，王者禁之，而后不能禁也。若其专杀人也，则禹汤文武之未能禁也。而郡县之天下得矣。人而相杀矣，诸侯杀之，大夫杀之，庶人之强豪者杀之。是蛙黾之相吞，而鲸鲵之相吸也。夫禹汤文武岂虑之未周，法之不足以立乎？自邃古以来，各君其土，各役其民，若今化外土夷之长。名为天子之守臣，而实自居为部落，三王不能革，以待后王者也。……汉承秦以一天下，而内而司隶，外而刺守，若颜延年、陈球之流，亢厉以嗜杀为风采，其贪残者无论也。犹沿三代之弊而未能革也。宋孝武猜忌以临下，乃定非临军勿得专杀，非手诏勿得兴军之制，法乃永利而极乎善，不可以人废者也，嗣是而刻毒之祸以灭焉。……（《读通鉴论》卷十五）

照他这种说法，三代以上封建的天下，有许多黑暗惨剧，到郡县时代差不多都息灭了。这能不说是一种进步吗？船山这种历史思想，和他的哲学根本观念有密切关系。如“命日受，性日生”（《尚书引义·太丙二》），如“贞一之理，相乘之机”（《读通鉴论》卷三），都含极深远的意味，可为其历史思想的根据。兹为缩短篇幅，不能详说了。但最后我还要引他一段很耐玩味的话：

> 君臣父子之伦，诗书礼乐之化，圣人岂不欲普天率土而沐浴之乎？时之未至，不能先焉。迨其气之已动，则以不令之君臣，役难堪之百姓，而即其头也以为得，即其罪也以为功，诚有不可测者矣。天之所启，人为效之，非人之能也。（《读通鉴论》卷三）

这是他论汉武帝平西南夷的话，充满了替天行道，大中华主义的精神，这一层在上章已经提到，此地所要注意的是：他认为圣人也须受“时”的限制，受“天”的启示，而归根究底仍说到气运上。像这一类话，在他的著述中随处可以看到。这里面固然充满了中国传统的神秘思想，但是他总算能进一步去找寻历史演变的超个人的原因了。

第六章　十七世纪中国学者的哲学思想

中国近古哲学史上的根本问题，可综括为两项：一是理气问题，一是心性问题。从宋明道学家到清代的反道学者，对于这两个问题发表了多少不同的意见。我们现在要叙述明清间诸大师对于这两个问题的见解，并推寻其来龙去路以显出这两个问题之史的发展。

（一）理气问题

道学家解释宇宙间一切现象，不外理气二字，理气二元论和气一元论，构成中国近古宇宙论上的两大营垒。本来中国的古哲谈及宇宙，气字是常用的，理字却不多见。理字在古代并没有玄学上的意义。就到周濂溪，虽说理学家奉为始祖，但是他也还没有提出这个理字。即张横渠的“清虚一大”，也仍是专就气上讲。大概这个理字到程氏兄弟才特别提出。明道说：“吾学虽有所授受，天理二字，却是我自家体贴出来。”“天理”即“理”，可见理字是明道独得之秘。真正“以理为学”（戴东原语），当自此始。不过明道自己体认受用处多，而讲说却很少。伊川讲说较详，颇开理气二元论之端，但是也未曾就理气二字细加剖析。直到朱子出来，而后把理气问题大讲特讲，成立鲜明的理气二元论。他说：“理气决是二物”。又有“气强理弱”，“理先气后”种种说法。《语类》载：

或问：必有是理然后有是气如何？曰：此本无先后之可言，然必欲推其所从来，则须说先有是理。然理又非别有一物，即存乎是气之中，无是气则是理亦无挂搭处。气则为金木水火，礼则为仁义礼智。

或问：理在先，气在后？曰：理与气本无先后之可言，但推上去时，却如理在先气在后相似。又问：理在气中，发见处如何？曰：如阴阳五行错综不失条绪便是理。若气不凝聚时，理亦无所附着。

或问先有理后有气之说。曰：不消如此说。而今知得他合下是先有理后有气耶？后有理先有气耶？皆不可而推究。然以意度之，则疑此气是依傍这理行，及此气之聚则理亦在焉。盖气则能凝结造作，理却无情意，无计度，无造作。只此气凝聚处，理便在其中。且如天地间人物草木禽兽，其生也莫不有种，定不会无种子白地生出一个物事，这都是气。若理则只是个净洁空阔底世界，无形迹，他却不会造作，气则能酝酿凝聚生物也。但有此气，则理便在其中。

他一面说理不离乎气，说理气本无先后之可言。且谓“阴阳五行错综不失条绪便是理”；似乎“理”只有逻辑上的存在，并不是实在的东西，这和后来主张气一元论者的说法并没有什么差异。但同时他又把“理”说得会“挂搭”，会“附着”，竟真像个实在东西了。尤其是最后一段，把天地间人物草木禽兽的发生一切都归到气，而谓理“只是个净洁空阔底世界”。呵！好一个“净洁空阔底世界”，这使我蓦然的想起古希腊哲学中观念世界和现象世界之对立了。他明明指示出一个超绝的纯理境界，而这个超绝的“理”能存在于未有天地以前和天地既坏以后，也是他曾经说过的。至于讲心，讲性，讲命，讲天……他都一贯的带出理气二元论的色彩。（关于朱子不能再详说了，请参看拙著《宋儒学说》讲稿）他这个理气二元论，盛行数百年，直到明朝中叶，才渐渐有人反对。（自然陆学、浙学都和这种理论不能相容，不过他仍正面谈理气问题的多）如汪石潭、崔后渠、罗整庵，都是程朱学派，但对于朱子的理气二元论，都表示不满。尤其整庵，在他的名著《困知记》中，力辩理气二元论之错误，显然（建立气一元论的体系。及明清间诸大师出，气一元论益为兴盛，理气二元论也益受攻击。兹刘蕺山、黄梨洲、李恕谷三人的言论作代表，以略窥明清间诸大师对于理气问题的意见：

（1）刘蕺山说：

> 盈天地间，一气而已矣。有气斯有数，有数斯有象，有象斯有名，有名斯有物，有物斯有道；故道其后起也。而求道者辄求之未始有气之先，以为道生气，则道亦何物也？而能遂生气乎？（《明儒学案》卷六十二“体认亲切法”）
>
> 理即是气之理，断然不在气先，不在气之外。（同上）

天地间只有一气，理即是气之理，决不能与气对立，这显然是气一元论。不过这里说得很简略，须和他的心性论合看才更精彩。蕺山讲心性问题最精，纯是根据他这气一元论的观点立论，说详下节，兹不赘。

（2）黄梨洲说：

天地之间，只有气，更无理。所谓理者，以气自有条理，故立此名耳。（《明儒学案》卷五十）

理气之名，由人而造；自其浮沈升降者而言，则谓之气，自其浮沈升降不失其则者而言，则谓之理。盖一物而两名，非两物而一体也。（《明儒学案》卷四十四）

梨洲是蕺山的高足弟子，蕺山学说的发皇光大多由他的力量。他在《明儒学案》中，于名家论理气处，如曹月川、薛敬轩、罗整庵、崔后渠……诸人的说法，都细加分析评论。他认定理只是气的“条理”，只是一个“名”，从实质上说，“只有气，更无理”，说得非常斩截。气一元论到他手里已经发挥得极为精透了。

（3）李恕谷说：

后儒改圣门不言性天之矩，日以理气为谈柄，而究无了义。曰，“理气不可分为二”；又曰：“先有是理，后有是气”，则又是二矣。其曰“太极是理，阴阳是气”，“太极生两仪为理生气”，则老氏道生天地之说矣。不知圣经言道，皆属虚字，无在阴阳伦常之外，而别有一物曰道曰理者。易曰：“立天之道，曰阴与阳；立地之道，曰柔与刚；立人之道，曰仁与义”。则道者，乃阴阳、刚柔、仁义之通名，不在阴阳、仁义前也。……理字则圣经甚少。《中庸》“文理”，与《孟子》“条理”同。言道秩然有条，犹玉有脉理，亦虚字也。易曰：“穷理尽性以至于命。”理见于事，性具于心，命出于天，亦条理之义也。今乃以理代道，而置之两仪人物以前，则铸铁成错矣。（《论语传注问》）

夫事有条理曰理，即存事中，今曰理在事上，是理别为一物矣。……天事曰天理，人事曰人理，物事曰物理。《诗》曰：“有物有则”。离事物何所谓理乎？（同上）

恕谷系实用学派，当然不会承认超绝的理之存在。他援引古义，力辟理气二元论之非，实为戴东原的先驱。

理气二元论和气一元论的对立，与欧洲中世纪实在论和唯名论的对立有点相似。实在论者和理气二元论者，都是把逻辑的范畴和实体论的范畴同样看待，把抽象的概念赋予以实在性。他们使抽象的概念从感性的事物独立起来。他们以为概念先于事物，共相重于个体。他们另有一个概念世界，非物质的，超经验的，存在着；而一切个别的具体的事物，都只是这个概念世界所表现，而却又永远不能表现完全。至于唯名论者和气一元论者则不然，他们认为实在者，只有个别的具体的事物。离开具体事物，不能有独立存在抽象的概念。他们看那些抽象概念并没有实在性，而只是一种逻辑的范畴——只是一个“名”。他们尊重现实，超现实的概念世界他们是不去悬想的。从实在论到唯名论，从理气二元论到气一元论，都是返于现实的一种倾向，都是中世纪思想崩解的一种表现。从这一点看，不仅戴东原，也不仅颜李学派，也不仅蕺山、梨洲等，即最称超妙的王学，实际上也反比朱学富有近代的精神。（阳明不大谈理气问题，但事实上他是个气一元论者，他的学说和理气二元论不能相容。）

（二）心性问题

理气问题所讲为宇宙一般的问题，心性论所讲则属于人生问题。人为宇宙的一部分，同样心性论也是理气论的一部分。所以对于理气问题主张一元论者，对于心性问题也每主张一元论；对于理气问题主张二元论者，对于心性问题也每主张二元论。此两者是互有关系的。不过也有例外。如罗整庵，在理气问题上是个一元论者，但在心性问题上却又主张二元论。象这种首尾不贯澈的地方，许多学者不能免掉。这一层姑且不管，我们仍先从程朱派的性气二元论讲起，然后再叙述明清间诸大师的心性学说。

自张横渠立“天地之性”与“气质之性”之说，于是言性者求诸“人生而静以上”，这是中国人性论上的一大变迁。但在横渠学说中，尚未标出“理”字，与“气”对立的，是“虚”不是“理”。所以性气二元论的正式提出，实由于程氏。伊川说：“论性不论气不备，论气不论性不明。”又说：“性即理也。”后来程朱派学者讲心性问题，其根本原则总不出此二句。“性”专属“理”，而心、情、才……则属“气”，于是由理气的对立，而性气的对立，而心性的对立，而性情的对立，而未发已发的对立，而静存动察，居敬穷理，尊德性道问学等等都对立起来，造成首尾一贯的二元论。这在朱子学说中表现得最为鲜明。他解释“性”字道：

性只是此理。（《语类》，下同此）

性是合当底。

性是天生成许多道理。

性是实理，仁义理智皆具。

又解释“心”字道：

心者，气之精爽。

气中自有个灵的物事。

灵处只是心，不是性，性只是理。

所觉者，心之理也，能觉者，气之灵也。又把“心”“性”二字配合着讲道：

性犹太极也，心犹阴阳也。太极只在阴阳之中，非能离阴阳也。然至论太极自是太极，阴阳自是阴阳。惟性与心亦然，所谓一而二，二而一也。

性便是心之所有之理，心便是理之所会之地。

心以性为体，心将性做馅子模样。

性是理，心是包含该载，敷施发用底。

再加上“情”字讲道：

性对情言，心对性情言。合如此是性，动处是情，主宰是心。

有这性便发出这情，因这情便见得这性。

命犹诰敕，性犹职事，情犹施设，心则其人也。

性是未动，情是已动，心包得已动未动。盖心之未动则为性，已动则为情，所谓“心统性情”也。

再加上个“才”字：

情只是所发之路陌，才是会恁地去做底。且如恻隐，有恳切者，有不恳切者，是则才之有不同。

性者心之理，情者心之动，才便是那情之会恁地者。情与才绝相近，但情是遇物而发路陌曲折恁地去底，才是那会如此底。要之，千头万绪皆是从心上来。

只就一个心上，起出多少名目来。我所以不惮烦的引证他这许多话，乃是要略略显示他那烦琐哲学的面貌。这里最当注意的，还是那个性字。伊川“性即理也”那句话，我们每滑口读过。朱子却很踏实的拿仁义礼智具体的规定理的内容说“性是合当底”，这明明指示着性是人的准则，人之所以为人者在此。“有物必有则”，上帝是依照着“则”而造“物”的。“则”亦可以说是“模型”。在天地未辟以前，这许多看不见的“模型”早已存在了。人有人的“模型”，那就是他的“性”，就是所以为人之理。所谓尽性，只是要把这个“模型”具体的实现出来。试更把朱子的理气论及其所讲性与气质的关系，和这里所述合看一下，当可以明了他整个的理论体系。这种理论和陆王派极不相容。陆王派主张“心即理也”，不承认心和性的对立。当明朝中叶，王学盛行以后，程朱派的二元论很受打击。及明末刘蕺山出，对于性气二元论或心性二元论更极力辩驳。他说：

盈天地间，止有“气质之性”，更无“义理之性”。如曰“气质之理”即是，岂可曰“义理之理”乎？（《语录》）

古今性学不明，只是将此理另作一物看。……佛氏曰，“性空也”。空与色对，空一物也。老氏曰，“性玄也”。玄与白对，玄一物也。吾儒曰，“性理也”。理与气对，理一物也。佛老叛理，而吾儒障于理，几何而胜

之？（同上）

凡所云性，只是心之性，决不得心与性对。所云情，可云性之情，决不得性与情对。（同上）

性者，心之理也。心以气言，而性其条理也。离心无性，离气无理。虽谓气即性，性即气，犹二之也。（《来学问答》）

盈天地间，一气而已矣。气聚而有形，形载而有质，质具而有体，体列而有官，官呈而性著焉，于是有仁义礼智之名。仁非他也，即恻隐之心是；义非他也，即羞恶之心是；礼非他也，即辞让之心是；智非他也，即是非之心是也。是孟子明以心言性也。而后之人必曰，心自心，性自性，一之不可，二之不得，又展转和会之不得，无乃遁已乎。（《原性》）

蕺山是个彻底的一元论者。“止有气质之性，更无义理之性”，这和上文所引“只有气，更无理”的话同一痛快。他不承认理与气对，同时也就不承认性与心对。理是气的条理，性是心的条理。离气无理，离心无性，离气质之性无义理之性，理论完全一贯，最后《原性》一段讲得更切实，他居然放形质在先，放性在后，有形质而后有性，带了些唯物气味。他一扫离心言性的玄谈，而恢复古代儒家“以心言性”的朴素面貌。这种倾向现实的时代精神，并没有为其玄妙的道学体系所遮掩，他竟以道学家的后劲而成为后来反道学派言性者的前驱了。

我们进而讲颜习斋。清初学风，转向现实，颜李学派实为其极端的代表。他们反对道学最猛烈，攻击理气二元论也最彻底，看前节所引李恕谷讲理气的话已可明了。从理气问题转到心性问题，他们的理论也完全一贯，尤其是习斋的《存性编》，对于心性问题有极透快的议论。他说：

> 孟子时虽无气质之说，必有言才不善情不善者。故孟子曰：“若夫为不善，非才之罪也”；“非天之降才尔殊也”；“人见其禽兽也，以为未尝有才焉者，是岂人之情也哉”。凡孟子言才情之善，即所以言气质之善也。归恶于才情气质，是孟子所深恶，是孟子所亟辩也。宋儒所自恃以为备于孟子，密于孟子，发前圣所未发者，不知其蹈告子二或人之故智，为孟子所辞而辟之者也。……明言气质浊恶，污吾性，坏吾性，不知耳目口鼻手足五脏六腑筋骨血肉毛发俱秀且备者，人之质也，虽蠢犹异于物也；呼吸充周、荣润运用乎五官百骸粹且灵者，人之气也，虽蠢

犹异于物也。故曰“人为万物之灵”，故曰“人皆可以为尧舜”。其灵而能为者，即气质也。非气质无以为性，非气质无以见性也。今乃以本来之气质而恶之，其势不并本来之性而恶之不已也。以作圣之气质，而视为污性坏性之物，明是禅家六贼之说，其势不混儒、释而一之不已也，能不为此惧乎。

程、朱各为绍述孟子主张性善，但他们所说的性实和孟子所说的性不是一种东西。孟子所谓性是就才情气质上讲的，说性善，就无异乎说才善，情善，气质善。他决没有把才情气质和性分家，说性善而才情气质有不善。程朱主张才情气质有不善，是事实上已抛开孟子，走向告子诸人那边去。至于什么“本然之性”、“义理之性”，那种超乎才情气质以上的东西，孟、告诸子根本想不到，根本不在他们所讨论的范围内，无论你把他说得多么善，那和孟子的性善论有什么相干，习斋极力揭发此点，实使程朱无话可答。他切实从气质上指明其“秀且备”，“粹且灵”，以为人之所以异于禽兽者正在气质。所谓性善，亦只是说人之气质“秀且备”，“粹且灵”，独能高出庶物而已。这种性善论很平易近人，和宋儒求性于“人生而静以上”者迥不相同。他更譬喻道：

譬之目矣：眶、疱、睛，气质也；其中光明能见物者，性也。将谓光明之理专视正色，眶、疱、睛乃视邪色乎？余谓光明之理固是天命，眶、疱、睛皆是天命。更不必分何者是天命之性，何者是气质之性。只宜言天命。人以目之性，光明能视，即目之性善，其视之也，则情之善；其视之详略远近，则才之强弱，皆不可以恶言。盖详且远者固善，即略且近亦第善不精耳，恶于何加？惟因有邪色引动，障蔽其明，然后有淫视，而恶始名焉，然其为之引动者，性之咎乎？气质之咎乎？若归咎于气质，是必无此目而后可全目之性矣，非释氏六贼之说而何？（《存性编》驳气质性恶）

看这个比喻，更见习斋立说的平实，更显出一些唯物气味。习斋是彻底主张性善的，才情气质全没有什么恶，那末恶是从哪里来的呢？他都归到“引蔽习染”上。他说：

……澄澈渊湛者，水之气质；其浊之者，乃杂入水性本无之土；正犹吾言性之有引蔽习染也。其浊之有远近多少，正犹引蔽习染之有轻重浅深也。若谓浊是水

之气质，则浊水有气质，清水无气质矣，如之何其可也。（《存性编》借水喻性）

……耳听邪声，目视邪色，非耳目之罪也，亦非视听之罪也，皆误也，皆误用其情也。误始恶，不误不恶也。引蔽始误，不引蔽不误也。习染始终误，不习染不终误也。去其引蔽习染者，则犹是爱之情也，犹是爱之才也，犹是用爱之人之气质也，而恻隐其当恻隐，仁之性复矣。义礼智犹是也。故曰“率性之谓道”也，故曰“道不远人”也。程朱惟见性不真，反以性质为有恶而求变化之。是戕贼人以为仁义，远人以为道矣。（同上）

恶的来源，是历来性善论者很难解答的一个问题。习斋把恶归到“引蔽习染”上，其说虽本于孟子，而特带颜李学派实习主义行为主义的本色。总算是“持之有故，言之成理”。综合起来看，习斋和蕺山虽都是气一元论者，但他比蕺山还进步，讲得还更切实些。他处处露出现实精神，处处带些唯物色彩。心性论至此，显然达到一个新阶段，质气二元论已被时代所抛弃了。

第七章　十七世纪中西思想界的比较

十七世纪是中西文化开始接触的时代。当时两方文化各到什么程度，彼此间所得到的印象所引起的感想是怎样，这些问题的解决，可予比较中西文化中西历史者以一种方便。以初接触时的两方情形为标准，而上比下比，穷源竟委，则中西历史发展的先后同异可以迎刃而解了。

明末清初，西学输入中国，当时思想界曾受很大的影响，在第一章中已大略说过。但当时学者对于西学的态度究竟怎样呢？我们知道有些学者是极端崇拜西学的。如徐光启、李之藻、杨廷筠等，不仅翻译西书，提倡西学、西艺，而且决然的皈依天主教了。但一般说来，西学之见重当时，实多在其技术方面，至于道德性命伦常教化，总觉得中华高于一切，不是那班夷人所能比上的。换句话说，当时学者对于西学，实只采取其“艺”，而并不尊重其“道”。就连徐光启，他的历学虽纯用西法，但是也还主张“镕西洋之巧算，入大统之型模”，不免带一点“中学为体西学为用”的意味。至于王寅旭、梅定九，这种态度更显明了。如王寅旭说：

吾谓西洋善矣，然以为潮候精详可也，以为深知法意未可也。

近代西洋新法，大抵与土盘历同源，而书器尤备，测候加精。

旧法之屈于西学也，非法之不若也，以甄明法意者之无其人也。今者西历所矜胜者，不过数端者。悉具旧法之中，而非彼所独得乎。

大约古人立一法必有一理，详于法而不著其理，理具于法中，好学深思者自能力索而得之也。西人窃取其意，岂能越其范围？

夫新法之戾于旧法者，其不善如此；其稍善者，又悉本于旧法如彼。（俱从《畴人传》中摘引）

他对于西洋历学，只佩服其书器备，测候精，至于“法意”，并非西人所能深知，就连西历所仅有的一些长处，也都是“窃取”我们古人之意，并不能超越我们古人的范围。后来梅定九更逐条指出西历某法即是中历某法。他们都以为中国古圣人把什么道理都说尽了，后人只能就其精义上变换花样，却终不能违背其原则，一有违背就错误了。王、梅二氏深通西洋天算，思想最为开明，但传统见解终不能免。当时思想界对于西学一般的态度可以想见。我现在再引王船山两段很有趣的话：

> 浑天家言天地如鸡卵，地处天中，犹卵，黄虽重浊，白虽轻清，而白能涵黄，使不坠于一隅耳。非谓地之果肖卵黄而圆如弹丸也。利玛窦至中国而闻其说，执滞而不得其语外之意，遂谓地形之果为弹丸，因以其小慧附会之，而为地球之象。……如目击而掌玩之，规两仪为一丸，何其陋也！（《思问录·外篇》）
>
> 利玛窦地形周围九万里之说，以人北行二百五十里则见极高一度为准，其所据者，人之目力耳，目力不可以为一定之征，……苏子瞻诗云："不识庐山真面目，只缘身在此山中。"王元泽有云："铢铢而累之，至两必差。"玛窦身处大地之中，目力亦与人同，乃倚一远镜之技，死算大地为九万里。使中国有人焉，如子瞻、元泽者，曾不足以当其一笑，而百年以来无有能窥其狂騃

者，可叹也！（同上）

这两段我们现在看来简直是笑话。与船山说，地圆之说并非西洋所原有，乃是利玛窦到中国后因误解浑天之说而附会出来的。他根本反对用人类感官去测度天地，什么望远镜之类都不足恃。他看西洋科学曾不足当我们古人之一笑。他觉得西洋人总没有我们古人通达，明理。总之，当时学者对于西学的技巧方面，因为事实太明显了，绝没有法子否认，只好佩服它。但是那些技巧算什么，那不过是一些“小慧”，根本是不值得重视的。只要明理，只要认识个大本大源，那些小小技巧，何足道哉？王寅旭说：

古之善言历者有二：《易》大传曰，“革，君子以治历明时”；子舆氏曰，“苟求其故，千岁之日至可坐而致”。历之道主“革”，故无数百年不改之历；然不明其“故”，则亦无以为改宪之端。……（《畴人传》）

从寅旭看来，像《易传》《孟子》那样讲历，才真是平正通达，万世无弊，才算认识了历学的大体。说话越空洞，越包括无遗，越笼统，越没有毛病，西洋多少天文学书，倒不如我们《易传》《孟子》上随便的两句话。我们所讲的是本，西人所讲的是末；我们所讲的是道，西人所讲的是艺；我们所讲的是精意，西人所讲的是粗迹。以中国古圣人之道来看西学，真是微末不足数，至多采取他一点技巧而已。从明末直到清末，中国人对于西学总是抱着这样鄙视态度。

现在我们再说十七世纪的西方学者对于中国是怎样的看法。我们知道当明清间沟通中西文化的全在一班传教士。当利玛窦等初入中国，颇能迎合中国人心理，研究中国经典，以儒家言附会天主教义。如利玛窦的《辩学遗牍》，极力表示钦慕儒学，与当时佛教大师相诘难。汪廷讷赠他的诗道：

> 西极有道者，文玄谈更雄；非佛亦非老，飘然自儒风。（《明季之欧化美术及罗马字注音》）

利玛窦居然有儒者气象了。这班传教士对于中国学问也的确肯下工夫，他们把许多经书用罗马字注音，并用拉丁文翻译过去（北平图书馆有殷铎泽翻译的《中庸》等书）中国经典从此始传入西方。当时西洋学者崇拜中国文化的颇有其人，如德国大哲莱伯尼兹（Leibniz），于一六九七年刊行其《现代中国记》，其绪论中谓欧西格致推理之学胜于中国，而中国之实践哲学及政治道德论则超越欧西。这种见解和当时中国学者的中西文化观颇相接近。许多久留中国的耶稣会教士亦多是这样看法。莱氏曾在罗马从某教士游，藉以洞悉中国许多情事，故对于沟通中西文化极有兴趣。另一位推崇中国文化的德国哲学家乌尔夫（Wolff），曾因研究中国实践哲学，大触国王之怒，不惟被削去哈勒大学教授职务，且被逐出普鲁士。他所以获罪之由，在称孔子的道德意义和基督教相同。其实这种说法，耶稣会教士早已盛唱，乌氏不过与之暗合，但在当时落后的普鲁士，听着就太嫌刺耳了。其在法国方面，推崇中国文化的，则有启蒙运动大领袖弗禄特耳（Voltaire，今译作伏尔泰。——编者注）。他一生与教会斗争，但其关于中国的知识则得之于耶稣会教士。他著有《中国的孤鬼》（今译作《中国孤儿》。——编者注）一个剧本，完全以表现孔子的道德意义为目的。他因为孟德斯鸠（Montesquieu）的《法意》（又译作《论法的精神》。——编者注）中有怀疑孔子学说的论调，遂发愤而著《道德论》以辨之。当时法国“百科全书派”所编百科全书，关于中国哲学，全采弗氏（伏尔泰。——编者注）之说，亦足见其影响之大。最可注意的是重农学派的创始者魁奈（Quesnay），他热心崇拜中国文化，他的全部理论几乎都是从中国经书中推演出来的。他主张天人一致——物理法与道德法的统一。为他的根本观念的“自然法”，正如《洪范》中所谓“彝伦”，及是总指天地人万事万物中所具的自然之道而言的。就天说是“天道”、“天纪”；就人说是“人道”、“人纪”。他把教育看作国家的基本任务，以为世界上只有中国古圣人懂得这个道理。他理想的政治制度是家长式的君主政体，是恩惠的专制主义。他把中国看作世界上唯一的模范国。他曾介绍邦巴度夫人劝法王路易十五效法中国君主举行春耕典礼，表示重农之意。在他的大著《中国专制政治》中随处可以看到他是个中国文化的热烈崇拜者，随处可以发现他和中国的正统思想——儒家思想——有许多共鸣之点。因此当时重农学者称魁奈为欧洲的孔子。他的门人说他实施孔子敬天爱人之教义，说他的名著《经济表解》深邃精微，寥寥四行足以释伏羲的六十四卦，推阐起来累卷不能尽其义。反对魁奈的人也说他没丝毫独到之见，谓其重农学说早已是苏格拉底和中国的伏羲、尧、舜、孔子等所讲过的。（本段材料，全根据《北大学生》月刊第三期李光忠的《法国重农学派与中国经济思想的关系》及神州国光社所出《读书杂志》第六期泷本诚一的《重农学派的根本思想的探源》两篇文章。）为近代正统派经济学前驱的重农学派，竟和中国思想有这样深的渊源，这真是意想不到的。

如上两节所述，十七世纪的中国学者为什么那样轻视西洋？果然当时西洋文化不及中国吗？十七世纪的西洋学者为什么那样推重中国？果然当时中国文化高过西洋吗？实际上完全不是那回事。首先我们应该知道当时欧洲正值工业革命之前夜，而中国却还在一个衰老的封建社会中走圈子。就表面看，当时中国商业资本高度发展，对于西洋科学技术颇能接受，很带一点进步色彩。但这点进步色彩终不免为封建气味所笼罩，把历史拉回旧道。至如上述几位欧洲学者，虽然崇拜中国古文化，但一种新曙光却从此透出来了。关于这一层，我很想说几句话。

魁奈等所赞美的中国，是古经典上所记载的中国，是耶稣会教士所传说的中国，而并非当时实际的中国。他们赞美中国，不过当作一种海外奇谈，当作一个乌托邦，藉以寄托其新社会的理想。实际上当时中国已成为东印度公司所正在注视正在攫取的一块肥肉了。这班学者为什么把一个衰老的封建帝国当作一个乌托邦？这可以说是当时欧洲暴君政治和重商主义的反动。他们痛感经济上政治上的种种箝制干涉，热望自由解放。一旦接触中国这样散漫松弛的社会，宽简因循的政治，倒觉得轻松自在，正合自己的脾味，再读中国古经上所记圣帝明王，太平盛世，传奇般的故事，更不禁心向往之了。前几年罗素来中国，游览西湖，悠然神往于中国古代文人学士的旷逸生活。这都是吃腻了酒肉想蔬菜，不见得中国社会真是多么美妙。

本来十七世纪的中国社会商业资本也很发展，专制气焰也很利害，像黄梨洲那班大师的思想见解也和欧洲的启蒙思想家有许多共鸣之点。当时中西社会发展阶段，相去并不甚远，所以彼此间思想学术容易互受影响。但当时欧洲工业发展，已非残余的封建势力所能阻抑，已非垄断的商业资本主义所能控制，社会大变革迫在眼前了，思想界也呈现出急转直下的情势。如弗禄特耳、魁奈辈的思想，虽比梨洲还带激烈色彩，但转瞬间已都落在时代之后了。至于中国，因自然条件的限制，工业革命遥遥无期。所以明清间天算学的发达，并没有兴起自然科学；梨洲辈的反暴君思想，并没有引起民主革命；蓬蓬勃勃的各派思想，结果都转到考古一路去。从此欧西列邦奔轶绝尘，而中国就瞠乎其后了。十七世纪实在是中西盛衰的一个大关键。（本章原拟详讲，但写到半途发生些疑问欲搁笔，却又不便搁笔，只好很简略的写一点，好把讲义结束，待将来再订补吧。）

这本明末清初思想史稿系嵇文甫同志1931年为北京中国大学编写的讲义稿。其中第四章曾在1932年7月出版的《百科杂志》第一卷第一期上发表。第一章以“附录”发表于《左派王学》一书之后。

（整理者：嵇道之、李育安）

国家新闻出版广电总局
首届向全国推荐中华优秀传统文化普及图书

大家小书书目

国学救亡讲演录	章太炎 著 蒙 木 编
门外文谈	鲁 迅 著
经典常谈	朱自清 著
语言与文化	罗常培 著
习坎庸言校正	罗 庸 著 杜志勇 校注
鸭池十讲（增订本）	罗 庸 著 杜志勇 编订
古代汉语常识	王 力 著
国学概论新编	谭正璧 编著
文言尺牍入门	谭正璧 著
日用交谊尺牍	谭正璧 著
敦煌学概论	姜亮夫 著
训诂简论	陆宗达 著
金石丛话	施蛰存 著
常识	周有光 著 叶 芳 编
文言津逮	张中行 著
经学常谈	屈守元 著
国学讲演录	程应镠 著
英语学习	李赋宁 著
中国字典史略	刘叶秋 著
语文修养	刘叶秋 著
笔祸史谈丛	黄 裳 著
古典目录学浅说	来新夏 著
闲谈写对联	白化文 著
汉字知识	郭锡良 著
怎样使用标点符号（增订本）	苏培成 著
汉字构型学讲座	王 宁 著

诗境浅说	俞陛云　著
唐五代词境浅说	俞陛云　著
北宋词境浅说	俞陛云　著
南宋词境浅说	俞陛云　著
人间词话新注	王国维　著　滕咸惠　校注
苏辛词说	顾　随　著　陈　均　校
诗论	朱光潜　著
唐五代两宋词史稿	郑振铎　著
唐诗杂论	闻一多　著
诗词格律概要	王　力　著
唐宋词欣赏	夏承焘　著
槐屋古诗说	俞平伯　著
词学十讲	龙榆生　著
词曲概论	龙榆生　著
唐宋词格律	龙榆生　著
楚辞讲录	姜亮夫　著
读词偶记	詹安泰　著
中国古典诗歌讲稿	浦江清　著 浦汉明　彭书麟　整理
唐人绝句启蒙	李霁野　著
唐宋词启蒙	李霁野　著
唐诗研究	胡云翼　著
风诗心赏	萧涤非　著　萧光乾　萧海川　编
人民诗人杜甫	萧涤非　著　萧光乾　萧海川　编
唐宋词概说	吴世昌　著
宋词赏析	沈祖棻　著
唐人七绝诗浅释	沈祖棻　著
道教徒的诗人李白及其痛苦	李长之　著
英美现代诗谈	王佐良　著　董伯韬　编
闲坐说诗经	金性尧　著
陶渊明批评	萧望卿　著

古典诗文述略	吴小如 著
诗的魅力 ——郑敏谈外国诗歌	郑 敏 著
新诗与传统	郑 敏 著
一诗一世界	邵燕祥 著
舒芜说诗	舒 芜 著
名篇词例选说	叶嘉莹 著
汉魏六朝诗简说	王运熙 著 董伯韬 编
唐诗纵横谈	周勋初 著
楚辞讲座	汤炳正 著 汤序波 汤文瑞 整理
好诗不厌百回读	袁行霈 著
山水有清音 ——古代山水田园诗鉴要	葛晓音 著
红楼梦考证	胡 适 著
《水浒传》考证	胡 适 著
《水浒传》与中国社会	萨孟武 著
《西游记》与中国古代政治	萨孟武 著
《红楼梦》与中国旧家庭	萨孟武 著
《金瓶梅》人物	孟 超 著 张光宇 绘
水泊梁山英雄谱	孟 超 著 张光宇 绘
水浒五论	聂绀弩 著
《三国演义》试论	董每戡 著
《红楼梦》的艺术生命	吴组缃 著 刘勇强 编
《红楼梦》探源	吴世昌 著
《西游记》漫话	林 庚 著
史诗《红楼梦》	何其芳 著 王叔晖 图 蒙 木 编
细说红楼	周绍良 著
红楼小讲	周汝昌 著 周伦玲 整理

曹雪芹的故事	周汝昌 著 周伦玲 整理
古典小说漫稿	吴小如 著
三生石上旧精魂 ——中国古代小说与宗教	白化文 著
《金瓶梅》十二讲	宁宗一 著
中国古典小说十五讲	宁宗一 著
古体小说论要	程毅中 著
近体小说论要	程毅中 著
《聊斋志异》面面观	马振方 著
《儒林外史》简说	何满子 著

我的杂学	周作人 著 张丽华 编
写作常谈	叶圣陶 著
中国骈文概论	瞿兑之 著
谈修养	朱光潜 著
给青年的十二封信	朱光潜 著
论雅俗共赏	朱自清 著
文学概论讲义	老 舍 著
中国文学史导论	罗 庸 著 杜志勇 辑校
给少男少女	李霁野 著
古典文学略述	王季思 著 王兆凯 编
古典戏曲略说	王季思 著 王兆凯 编
鲁迅批判	李长之 著
唐代进士行卷与文学	程千帆 著
说八股	启 功 张中行 金克木 著
译余偶拾	杨宪益 著
文学漫识	杨宪益 著
三国谈心录	金性尧 著
夜阑话韩柳	金性尧 著
漫谈西方文学	李赋宁 著
历代笔记概述	刘叶秋 著

周作人概观	舒　芜　著
古代文学入门	王运熙　著　董伯韬　编
有琴一张	资中筠　著
中国文化与世界文化	乐黛云　著
新文学小讲	严家炎　著
回归，还是出发	高尔泰　著
文学的阅读	洪子诚　著
中国文学1949—1989	洪子诚　著
鲁迅作品细读	钱理群　著
中国戏曲	么书仪　著
元曲十题	么书仪　著
唐宋八大家——古代散文的典范	葛晓音　选译
辛亥革命亲历记	吴玉章　著
中国历史讲话	熊十力　著
中国史学入门	顾颉刚　著　何启君　整理
秦汉的方士与儒生	顾颉刚　著
三国史话	吕思勉　著
史学要论	李大钊　著
中国近代史	蒋廷黻　著
民族与古代中国史	傅斯年　著
五谷史话	万国鼎　著　徐定懿　编
民族文话	郑振铎　著
史料与史学	翦伯赞　著
秦汉史九讲	翦伯赞　著
唐代社会概略	黄现璠　著
清史简述	郑天挺　著
两汉社会生活概述	谢国桢　著
中国文化与中国的兵	雷海宗　著
元史讲座	韩儒林　著

魏晋南北朝史稿	贺昌群　著
汉唐精神	贺昌群　著
海上丝路与文化交流	常任侠　著
中国史纲	张荫麟　著
两宋史纲	张荫麟　著
北宋政治改革家王安石	邓广铭　著
从紫禁城到故宫 ——营建、艺术、史事	单士元　著
春秋史	童书业　著
明史简述	吴　晗　著
朱元璋传	吴　晗　著
明朝开国史	吴　晗　著
旧史新谈	吴　晗　著　习　之　编
史学遗产六讲	白寿彝　著
先秦思想讲话	杨向奎　著
司马迁之人格与风格	李长之　著
历史人物	郭沫若　著
屈原研究（增订本）	郭沫若　著
考古寻根记	苏秉琦　著
舆地勾稽六十年	谭其骧　著
魏晋南北朝隋唐史	唐长孺　著
秦汉史略	何兹全　著
魏晋南北朝史略	何兹全　著
司马迁	季镇淮　著
唐王朝的崛起与兴盛	汪　篯　著
南北朝史话	程应镠　著
二千年间	胡　绳　著
论三国人物	方诗铭　著
辽代史话	陈　述　著
考古发现与中西文化交流	宿　白　著
清史三百年	戴　逸　著

清史寻踪	戴 逸 著
走出中国近代史	章开沅 著
中国古代政治文明讲略	张传玺 著
艺术、神话与祭祀	张光直 著 刘 静 乌鲁木加甫 译
中国古代衣食住行	许嘉璐 著
辽夏金元小史	邱树森 著
中国古代史学十讲	瞿林东 著
历代官制概述	瞿宣颖 著

宾虹论画	黄宾虹 著
中国绘画史	陈师曾 著
和青年朋友谈书法	沈尹默 著
中国画法研究	吕凤子 著
桥梁史话	茅以升 著
中国戏剧史讲座	周贻白 著
中国戏剧简史	董每戡 著
西洋戏剧简史	董每戡 著
俞平伯说昆曲	俞平伯 著 陈 均 编
新建筑与流派	童 寯 著
论园	童 寯 著
拙匠随笔	梁思成 著 林 洙 编
中国建筑艺术	梁思成 著 林 洙 编
沈从文讲文物	沈从文 著 王 风 编
中国画的艺术	徐悲鸿 著 马小起 编
中国绘画史纲	傅抱石 著
龙坡谈艺	台静农 著
中国舞蹈史话	常任侠 著
中国美术史谈	常任侠 著
说书与戏曲	金受申 著
世界美术名作二十讲	傅 雷 著

中国画论体系及其批评	李长之 著
金石书画漫谈	启 功 著 赵仁珪 编
吞山怀谷 ——中国山水园林艺术	汪菊渊 著
故宫探微	朱家溍 著
中国古代音乐与舞蹈	阴法鲁 著 刘玉才 编
梓翁说园	陈从周 著
旧戏新谈	黄 裳 著
民间年画十讲	王树村 著 姜彦文 编
民间美术与民俗	王树村 著 姜彦文 编
长城史话	罗哲文 著
天工人巧 ——中国古园林六讲	罗哲文 著
现代建筑奠基人	罗小未 著
世界桥梁趣谈	唐寰澄 著
如何欣赏一座桥	唐寰澄 著
桥梁的故事	唐寰澄 著
园林的意境	周维权 著
万方安和 ——皇家园林的故事	周维权 著
乡土漫谈	陈志华 著
现代建筑的故事	吴焕加 著
中国古代建筑概说	傅熹年 著
简易哲学纲要	蔡元培 著
大学教育	蔡元培 著 北大元培学院 编
老子、孔子、墨子及其学派	梁启超 著
春秋战国思想史话	嵇文甫 著
晚明思想史论	嵇文甫 著
新人生论	冯友兰 著

中国哲学与未来世界哲学　冯友兰　著
谈美　朱光潜　著
谈美书简　朱光潜　著
中国古代心理学思想　潘　菽　著
新人生观　罗家伦　著
佛教基本知识　周叔迦　著
儒学述要　罗　庸　著　杜志勇　辑校
老子其人其书及其学派　詹剑峰　著
周易简要　李镜池　著　李铭建　编
希腊漫话　罗念生　著
佛教常识答问　赵朴初　著
维也纳学派哲学　洪　谦　著
大一统与儒家思想　杨向奎　著
孔子的故事　李长之　著
西洋哲学史　李长之　著
哲学讲话　艾思奇　著
中国文化六讲　何兹全　著
墨子与墨家　任继愈　著
中华慧命续千年　萧萐父　著
儒学十讲　汤一介　著
汉化佛教与佛寺　白化文　著
传统文化六讲　金开诚　著　金舒年　徐令缘　编
美是自由的象征　高尔泰　著
艺术的觉醒　高尔泰　著
中华文化片论　冯天瑜　著
儒者的智慧　郭齐勇　著

中国政治思想史　吕思勉　著
市政制度　张慰慈　著
政治学大纲　张慰慈　著
民俗与迷信　江绍原　著　陈泳超　整理

政治的学问	钱端升　著　钱元强　编
从古典经济学派到马克思	陈岱孙　著
乡土中国	费孝通　著
社会调查自白	费孝通　著
怎样做好律师	张思之　著　孙国栋　编
中西之交	陈乐民　著
律师与法治	江　平　著　孙国栋　编
中华法文化史镜鉴	张晋藩　著
新闻艺术（增订本）	徐铸成　著
经济学常识	吴敬琏　著　马国川　编
中国化学史稿	张子高　编著
中国机械工程发明史	刘仙洲　著
天道与人文	竺可桢　著　施爱东　编
中国医学史略	范行准　著
优选法与统筹法平话	华罗庚　著
数学知识竞赛五讲	华罗庚　著
中国历史上的科学发明（插图本）	钱伟长　著

出版说明

“大家小书”多是一代大家的经典著作，在还属于手抄的著述年代里，每个字都是经过作者精琢细磨之后所拣选的。为尊重作者写作习惯和遣词风格、尊重语言文字自身发展流变的规律，为读者提供一个可靠的版本，“大家小书”对于已经经典化的作品不进行现代汉语的规范化处理。

提请读者特别注意。

北京出版社